LES ROIS DU YUKON

Adam Weymouth

LES ROIS DU YUKON

Trois mille kilomètres en canoë
à travers l'Alaska

Traduit de l'anglais
par Bruno Boudard

Albin Michel

Ce livre est publié sous la direction
de Francis Geffard

Édition originale anglaise parue sous le titre :
KINGS OF THE YUKON

Publiée par Particular Books

À toi, qui n'as pas encore de nom
et qui es née plus vite que ce livre,
et à mes parents, pour n'avoir jamais douté
que je savais où j'allais –
les générations précédentes, les générations à venir.

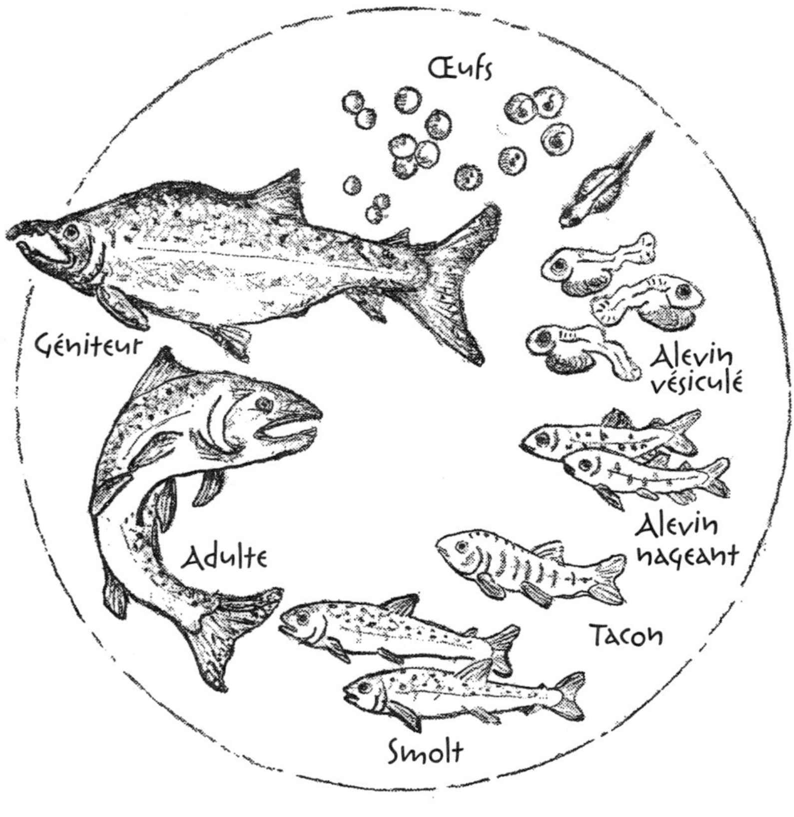
Œufs
Géniteur
Alevin vésiculé
Adulte
Alevin nageant
Tacon
Smolt

« Attends, je vois quelque chose :
nous remontons la rivière dans nos canoës rouges. »

Poème des Athabascans de l'Alaska,
rapporté par le missionnaire Julius Jette (1864-1927).

rival (n.)
du latin *rivalis* : « riverain faisant usage
du même cours d'eau qu'un autre ».

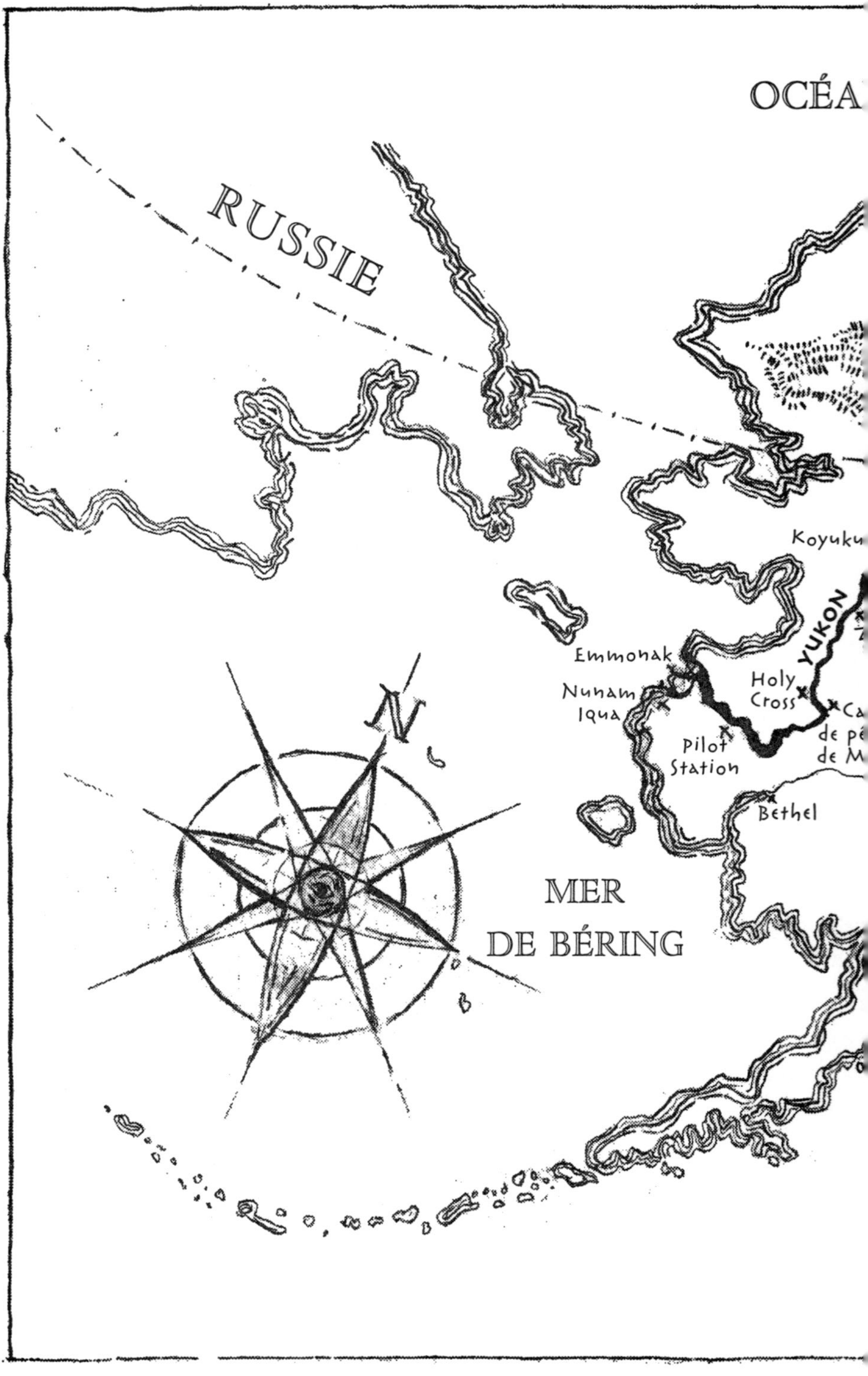
RUSSIE
YUKON
Emmonak
Nunam Iqua
Holy Cross
Pilot Station
Bethel
N
MER DE BÉRING

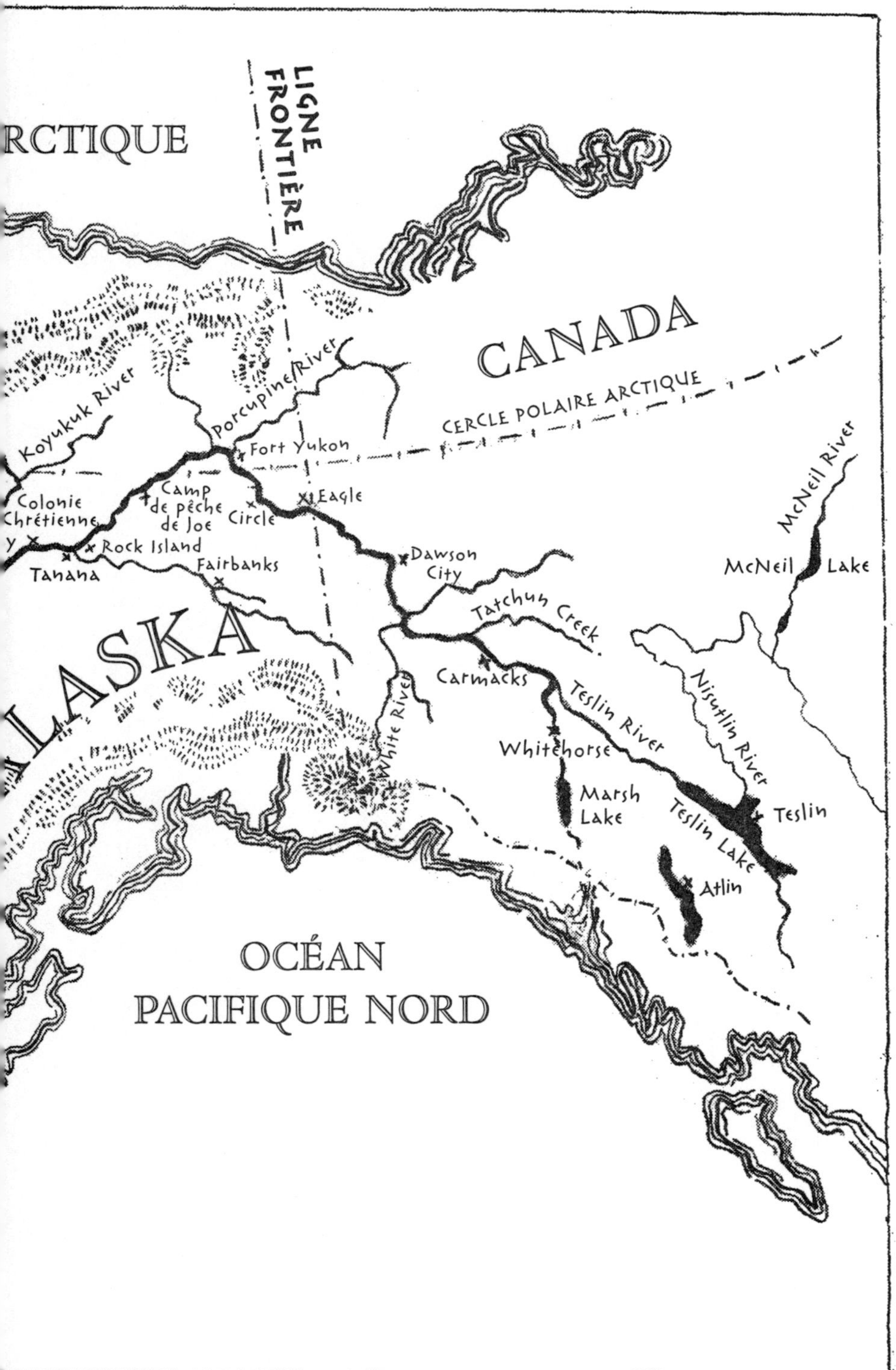
RCTIQUE
LIGNE FRONTIÈRE
CANADA
CERCLE POLAIRE ARCTIQUE
Porcupine River
Koyukuk River
Fort Yukon
Eagle
Camp de pêche de Joe
Circle
Colonie Chrétienne
Rock Island
Tanana
Fairbanks
Dawson City
Tatchun Creek
Carmacks
McNeil River
McNeil Lake
Nisutlin River
Teslin River
Whitehorse
Marsh Lake
White River
Teslin
Teslin Lake
Atlin
ALASKA
OCÉAN PACIFIQUE NORD

Note de l'auteur

On trouve en Alaska et dans l'ouest du Canada cinq espèces de saumons différentes. Ce livre s'attache principalement à l'une d'elles : *Oncorhynchus tshawytscha*, appelée en général saumon royal en Alaska et chinook au Canada. J'ai employé indifféremment les deux termes tout au long du texte.

Bien que l'essentiel des recherches pour *Les Rois du Yukon* aient été effectuées au cours de l'été 2016, je suis revenu du côté canadien de la frontière en 2017 pour une expédition moins longue. Dans le Grand Nord, l'été est tout simplement trop court pour parcourir les plus de trois mille kilomètres de fleuve que les saumons remontent entre la débâcle et l'englacement. Cependant, afin de préserver la fluidité du récit, j'ai réuni ces deux voyages en un seul. Toutes les données sur l'échappée des géniteurs, le sex-ratio, etc., se rapportent à la saison 2016. La plupart des interviews ont été recueillies par écrit soit lors de mon expédition, soit ultérieurement ; plusieurs ont été enregistrées. Le nom de quelques-uns des protagonistes a été modifié dans le but de protéger leur vie privée. Les entretiens réalisés au Canada l'ont été selon les règles des savoirs traditionnels des Premières Nations concernées, règles dont l'objectif est de prémunir leur patrimoine culturel contre toute forme d'exploitation.

Souvent jugées péjoratives, les dénominations « Esquimau » et « Indien » sont pourtant couramment utilisées en Alaska et au Canada, tant parmi les indigènes que parmi les Blancs. Les termes « Autochtone de l'Alaska » et « Première Nation » ne permettent pas de différencier ces deux groupes très dissemblables, ni de rendre compte des liens, côté esquimau, avec les autres populations qui habitent la région circumpolaire et, côté indien, avec les autres peuples natifs du Canada et des quarante-huit États contigus des États-Unis. À ce titre, je m'en suis parfois servi dans le texte à côté des vrais noms de certains clans et tribus. Alors qu'il est communément admis que le mot « Indien » viendrait du fait que Christophe Colomb croyait être arrivé en Inde, des personnalités et organisations comme l'activiste sioux Russell Means et l'American Indian Movement proposent une autre étymologie, ainsi expliquée par l'avocat d'origine cree Harold R. Johnson dans son livre *Firewater* : « Colomb n'était pas perdu, il savait où il était, et il nous a appelés *In Dios*, ce qui signifie “avec Dieu”. Ce n'est pas tant le mot qui importe que l'histoire que nous lui donnons. “Indien” est aussi un terme de droit précis qui figure dans nos traités ainsi que dans la Constitution canadienne. »

Enfin, pour des raisons qui leur appartiennent, les gens en Alaska appellent une motoneige un « engin à neige ». Il ne s'agit pas d'une machine servant à fabriquer de la neige, comme partout ailleurs dans le monde, mais d'un véhicule pour circuler. C'est le mot que j'ai choisi d'employer ici.

Le flot coule à l'envers, remonte de la mer.

Ils fendent le limon, yeux grands ouverts, sans ciller. Quinze, vingt, vingt-cinq kilos de chair ; ils déferlent par milliers. Leur dos moucheté semblable à un frai de grenouille, leur ventre qui se teinte de rouge, là où l'argent de leurs flancs se dilue en un rose profond et riche. Les mâchoires ouvertes, les lèvres qui se recourbent sur elles-mêmes telles des tenailles, maintenant la bouche entrebâillée, de sorte que le fleuve les traverse, et pourtant ces saumons ne mangeront plus, ne boiront plus jusqu'à la fin de leurs jours. Leurs organes vitaux, reins et estomac, se réduisent au contact de l'eau douce qu'ils ne connaissent plus depuis l'époque où ils n'étaient encore que des tacons, pas plus longs qu'un doigt, voilà des années de cela. Des parfums familiers depuis longtemps oubliés provoquent des réactions dans leur cerveau et dans leur corps : leur chimie interne a désormais d'autres priorités. Au cours de la montaison, les ovaires de la femelle grossiront jusqu'à atteindre un sixième de son poids tandis que la taille des testicules du mâle quintuplera.

Des années durant, le saumon a parcouru en bancs la mer de Béring, le chapelet des îles Aléoutiennes et la mer d'Okhotsk, migrant jusqu'aux rivages du Japon. Ses nombreuses espèces se mêlent. Ses voyages l'emmènent là où la science ne peut le suivre, et nous en sommes encore réduits aux conjectures en ce qui concerne une bonne partie de son régime alimentaire et de ses lieux d'hibernation. Les Yupiks disent que, dans l'eau, les saumons vivent sous une forme humaine dans cinq demeures, une pour chaque tribu, et que, le printemps venu, au commandement de leur roi, ils enfilent leurs nageoires et leur livrée argentée pour rejoindre le monde des humains. Lors du tardif printemps arctique, poussés au voyage avant les autres, les saumons royaux se dirigent vers la côte ouest de l'Amérique du Nord. Californie, Oregon, État de Washington, Colombie-Britannique, Alaska. Leur cerveau contient des cristaux ferreux et c'est leur boussole interne qui les a guidés jusqu'ici ; à présent ils flairent leur lieu de naissance. Un composé chimique de végétal et de minéral propre aux eaux qui les ont vus naître et qui les tire comme au bout d'un fil tout au long de milliers de kilomètres de fleuve. Ils sont capables de distinguer une goutte de leur rivière natale parmi des millions de mètres cubes d'eau de mer.

Le mouvement d'un seul d'entre eux qui change de direction se propage au reste, telle une onde électrique. Par moments, ils affleurent à la surface : un dos sombre et luisant, une nageoire dorsale, ondulant comme des dauphins. Ces poissons, ce sont plusieurs kilos de muscles raffermis par des années à affronter tête baissée les tempêtes du Pacifique, et leur chair est rouge comme le sang. Ils luttent contre le cours du Yukon, se fraient un chemin vers l'amont, tirent des bords dans le flot, dressent leurs nageoires pareilles à des voiles. Leurs ombres passent sur le fond à la façon des nuages. Ils se reposent dans les remous formés entre les rochers qui tapissent le lit, blocs erratiques abandonnés là par les glaciers. À l'embouchure du fleuve, l'eau est encore saumâtre, le courant se mélange au flux de la marée. Mais le sel se dilue, et plus ils remontent le delta plus la mer relâche son étreinte, se résignant à les laisser partir. Aspirés par cette grande inhalation de la terre, les saumons royaux se déploient dans le fleuve et ses affluents pour se répandre dans tout le bassin hydrographique. Ils s'enfonceront sur des milliers de kilomètres à l'intérieur du continent. Ils atteindront les lacs de montagne, ils atteindront les nuages.

C'est la fin du mois de mai et le printemps se fait attendre. Cela ne signifie pas qu'il soit tardif car, sous des latitudes aussi septentrionales, il n'y a pas de règle en matière de saisons (« Ça fait cinquante ans que j'habite ici, et la seule année normale que nous ayons connue, c'était il y a deux ans », me dit un ancien), mais à en croire les gens, il n'est pas au rendez-vous. La ville est cernée de montagnes dont les flancs sont encore enneigés jusqu'à des altitudes assez basses. Les pissenlits ne sont en fleur que depuis une semaine. Ne trouvant pas leur pitance au sortir de l'hibernation, les ours se sont aventurés jusqu'aux limites de la ville de Whitehorse pour renifler poubelles et poulaillers. Le gouvernement en a fait abattre six le mois précédent.

Whitehorse – Cheval blanc –, territoire du Yukon, dans le nord-ouest du Canada, doit son nom aux crinières blanches qui jadis tressautaient dans les rapides de Miles Canyon, mais c'était il y a plus d'un siècle, à l'époque de la ruée vers l'or, presque à la préhistoire ; le barrage a été bâti en 1958, noyant tous les chevaux. En amont de l'ouvrage s'étend Schwatka Lake, ainsi baptisé en hommage à celui qui avait cartographié pour le compte de l'US Army le bassin du fleuve Yukon avant de s'efforcer de le dompter. C'est sur ce plan d'eau que les habitants de la région viennent essayer leurs jet-skis l'été venu. L'hydrobase du site se résume à un appontement en planches maintenu à flot par des barils de pétrole vides, une balance surannée pour la pesée des bagages et un Cessna amarré par une mince corde, d'un rouge éclatant sur le bleu de l'eau. Le pilote n'a que très récemment remplacé les skis de l'appareil par des flotteurs. Il ignore si McNeil Lake, où nous nous rendons, est encore pris par les glaces. J'étais à Londres trois jours plus tôt et je ne suis pas habitué à l'incertitude. Mais ici, au bout du monde, une information n'existe pas tant qu'elle n'a pas été constatée de visu.

Le poids de nos sacs frôle la limite autorisée de trois cent soixante kilos. Le pilote nous demande le nôtre afin de pouvoir nous disposer au mieux dans l'habitacle. C'est une journée parfaite, sans le moindre souffle de vent, et le reflet des nuages se dessine avec netteté sur la surface de la retenue. À l'intérieur du cockpit règne une chaleur étouffante. Sur une eau aussi lisse, sans points de friction sur lesquels s'appuyer, le décollage peut s'avérer délicat.

« Ça va être sympa, cette balade », annonce le pilote avec un grand sourire tandis qu'il charge les bagages.

Il porte une chemise à carreaux rentrée dans son pantalon ainsi qu'une casquette et des Ray-Ban. Plus jeune, il a servi en Afghanistan et je suppose que les balades sympas sont aujourd'hui sa raison de vivre. Nous attachons nos ceintures et mettons nos casques à écouteurs, puis nous nous dirigeons au pas vers le bras du lac dans le halètement du moteur mis au ralenti, en vue d'augmenter la longueur de la zone de décollage. Après quoi il coupe le contact. L'appareil danse sur les flots. Le clapotis de l'eau, qui fouette paresseusement les flotteurs.

Je voyage en compagnie d'Hector MacKenzie, un Écossais qui a émigré au Canada à l'époque où c'était chose facile, lorsqu'il était encore jeune homme à la fin des années 60. Il est venu, a aimé ce qu'il voyait et il est resté. Il a passé de nombreuses années perdu en pleine nature – ce qu'on appelle le bush par ici – avant de finalement se fixer à Whitehorse, ses enfants atteignant un âge auquel l'éducation prodiguée à la maison ne suffisait plus à couvrir leurs besoins en matière d'instruction. Hector a escaladé, guidé et pagayé aux quatre coins du monde. Aujourd'hui septuagénaire à la retraite, sa vie n'a guère changé, si ce n'est qu'il vagabonde moins loin de chez lui et ne pratique le canoë ou le ski que lorsque l'envie le prend, c'est-à-dire souvent. Barbe bien taillée, cheveux blancs, visage buriné par les éléments. Le calme qui émane de sa personne a sur moi un effet rassurant : avant ce jour, j'avais peut-être passé une semaine à tout casser dans un canoë, et sur des rivières britanniques qui, aux yeux d'un Canadien, seraient de simples ruisselets – la Medway, la Dart, la Wye. J'ai appris à manier la pagaie dans des livres.

« On a un petit vent de nord-ouest qui se lève et ça ouvre une fenêtre pour un décollage sud-nord, annonce la radio.

– C'est pour nous, ça », explique le pilote.

Il démarre et met les gaz. Nous commençons à glisser à la surface du lac, des gerbes d'écume jaillissant des flotteurs. Il tripote des cadrans et branche quelque chose sur l'écran de navigation. Nous dépassons à vive allure deux pêcheurs dans un bateau, avec leurs cannes et leurs moulinets, la main levée pour nous saluer. L'extrémité du lac, où se dresse le barrage, se rapproche rapidement.

« Il y a des pilotes qui essaient de décoller sans attendre, poursuit-il dans l'interphone de bord. Il ne faut pas aller plus vite que la musique. Il suffit de le conduire comme un hors-bord et il s'élèvera tout seul. » Puis, indiquant les flotteurs d'un signe de tête : « Vous sentez les talons qui décollent ? »

Je jette un coup d'œil par les vitres et constate que le nuage de mousse a disparu à l'arrière de l'appareil. Le pilote tire fort sur le manche et nous nous envolons au-dessus du barrage pour monter vers le ciel.

Nous nous élevons. En regardant vers le nord, je ne parviens déjà plus à distinguer la maison d'Hector, aux abords de la ville. Capitale du territoire du Yukon, Whitehorse est une agglomération de 25 000 habitants. La région elle-même ne compte que 35 000 résidents. Les gens aiment à répéter qu'il y a plus d'orignaux que d'êtres humains dans le Yukon mais, à vrai dire, il y a plus de tout : plus de castors, plus de saumons, plus de kilomètres carrés. La tache rouille d'une mine de molybdène grignote le flanc d'une colline mais, pour l'essentiel, le paysage est constitué de vallées et de forêts d'épicéas, parfois fendues par un sentier.

Whitehorse connut son premier âge d'or durant la dernière décennie du XIXe siècle grâce à la construction du chemin de fer qui reliait la côte à la ville, d'où un bateau à aubes permettait de rejoindre Dawson City, offrant un itinéraire sûr, quoique coûteux, jusqu'aux terrains aurifères du Klondike. Le deuxième survint avec l'ouverture de l'Alaska Highway en 1942, deux voies tracées entre l'Alaska et Whitehorse, à la frontière canadienne, qui ouvraient à partir de là le chemin pour Vancouver et le reste du monde. La population doubla, composée pour un tiers de squatters, dont l'âge moyen était celui à partir duquel on peut légalement s'acheter une bière. Une vieille dame rencontrée en ville m'a raconté que la première fois où elle avait emmené ses enfants à Vancouver, ils avaient pleuré parce qu'ils n'avaient jamais vu quelqu'un avec des rides. Nombreux sont ceux, parmi ces arrivants de fraîche date, à n'être jamais repartis d'ici.

Nous volons pendant une heure en direction de l'est. Au-dessous, notre ombre nous accompagne. Les lacs sont aussi vastes que des mers intérieures. Ceux qui occupent les cuvettes à l'ombre des sommets sont encore gelés ou en phase de dégel, bleu et blanc comme du papier marbré. Mais, plus loin devant nous, Moss Lake est ouvert et c'est bon signe, puisqu'il ne se trouve que cent mètres plus bas que McNeil Lake, notre destination. Nous coupons des rivières étroites, d'un blanc resplendissant sous la lumière du soleil. Nous dépassons Mount Hogg, Mount Placid, les montagnes de la Big Salmon Range et tous les pics qui n'ont jamais reçu de nom. Nous ne voyons pas un seul animal.

« Vous venez souvent dans le coin ? je demande au pilote dans le casque.

– L'été, j'emmène des chasseurs, répond-il.

– Orignal ?

– Orignal, mouton, chèvre, ours, confirme-t-il avec un hochement de tête. Tout ce qui marche, ils tirent dessus. »

Il s'enquiert des raisons de ma venue. Je lui explique que je suis à la recherche du saumon royal.

En Amérique du Nord, il existe cinq espèces de saumon du Pacifique : le chum, le coho, le sockeye, le rose et le chinook. Chacune a son petit nom : le chum est le chien ou le keta ; le coho, l'argenté ; le sockeye, le rouge ; le rose, le bossu et le chinook, le royal. Les Indiens Chinooks étaient à l'origine un peuple du Nord-Ouest pacifique dont la langue formera le noyau du jargon chinook, un pidgin utilisé pour les échanges commerciaux de l'Alaska jusqu'à la Columbia River, le long de ce qui marque aujourd'hui la frontière entre les États de Washington et de l'Oregon. Ce sabir incorporait des mots de nombreuses tribus ainsi que du vocabulaire français et anglais. Tout Canadien emploie encore l'appellation chinook pour désigner le royal, le meilleur et le plus gros des poissons que vendaient autrefois les Chinooks.

Le saumon du Pacifique (*Oncorhynchus*, terme grec signifiant « museau crochu ») et celui de l'Atlantique (*Salmo salar*) ont un ancêtre commun. Ils se sont éloignés l'un de l'autre il y a quinze à vingt millions d'années, lors du refroidissement de l'océan Arctique au cours du miocène, qui a érigé entre eux une barrière d'eau trop glaciale pour être franchie. Séparés, ils ont évolué en deux genres différents mais, contrairement au saumon de l'Atlantique, qui n'a pas vécu d'autres changements, son cousin du Pacifique a continué à se subdiviser jusqu'à parvenir aux diverses espèces que nous connaissons aujourd'hui (avec au passage certains exemples remarquables, comme *Oncorhynchus* – ou *Smilodonichthys* – *rastrosus*, le saumon à dents de sabre, qui pouvait mesurer jusqu'à trois mètres et peser plus de cent cinquante kilos). Chacune d'entre elles a trouvé sa place dans les innombrables lacs, estuaires et cours d'eau de montagne de la côte ouest de l'Amérique du Nord. Il est largement admis que *Oncorhynchus* a été façonné par les bouleversements géologiques spectaculaires survenus le long de ces rivages, comparativement à la relative stabilité qui caractérise ceux de l'Est : des soulèvements impressionnants sur tout le littoral du Pacifique ont donné naissance aux Sierras nord-américaines, aux montagnes Rocheuses, à la chaîne de l'Alaska, tous ces pics qui ont joué des coudes pour se dresser jusqu'au ciel, créant les habitats variés propices au développement des cinq espèces. Et celles-ci ont elles-mêmes poursuivi leur mutation, chaque population particulière s'adaptant à la zone de frai qu'elle occupait, avec pour conséquence l'existence de groupes aussi divers d'un point de vue génétique que le nombre de rivières dans lesquelles ils frayaient. Vagabonds, migrateurs sillonnant les océans, les saumons sont retournés génération après génération vers les eaux mêmes qui les ont vus naître, la mère imitée par la fille, le père imité par le fils, et ce des dizaines de milliers d'années durant. On pense que les premiers pèlerinages sont ceux des nomades qui revenaient sur la tombe de leurs aïeux. Le retour du saumon est du même ordre.

L'histoire de ce poisson se confond avec celle de cette terre. En Alaska, on a découvert à l'embouchure de certaines rivières des pétroglyphes vieux de dix mille ans. De gros saumons gravés dans le grès. De petits saumons qui remontent le courant. Un saumon bicéphale, ce qui indique une connaissance de leur cycle de vie, de leur départ et de leur retour. Des dessins sculptés par des chamans, peut-être, pour invoquer leur migration annuelle ; ou des emblèmes pour signaler des droits de pêche sur les différents cours d'eau ; ou encore des griffonnages tracés dans l'ennui des jours de crue ou lors de ceux où la montaison se faisait attendre. Jadis, les habitants de cette région pêchaient à l'aide de filets fabriqués à partir de tendons de lapin et de babiches, de nasses semblables à des entonnoirs en branches de saule entrelacées. D'épuisettes en écorce du même arbre et de lances armées d'un os pointu. Des ossements de saumon retrouvés dans des tertres de la vallée de la Tanana ont été datés de onze mille cinq cents ans.

Le Yukon est le plus long fleuve au monde à accueillir des remontes de saumon. Le lieu exact où il prend sa source est impossible à déterminer, car les réponses sont multiples, vu les innombrables affluents qui l'alimentent dans tout l'ouest du Canada. Rien que sur le territoire du même nom, on compte cent dix rivières dans lesquelles le royal vient se reproduire, mais la McNeil, où nous nous rendons, est la plus éloignée de toutes ses frayères connues. Aucune espèce ne va au-delà, ce qui signifie que les quelques chinooks qui atteignent McNeil Lake ont effectué une plus longue montaison que n'importe quel saumon sur la planète.

Partis de quelque part au cœur du Pacifique, ces royaux arrivent à l'estuaire du Yukon, d'où ils parcourent le fleuve à contre-courant en prenant une voie qui coupe l'Alaska en deux avant de franchir la frontière pour rejoindre le territoire du Yukon, au Canada, puis de remonter sur la gauche par la Teslin River, de traverser Teslin Lake, d'emprunter le bras qui débouche sur la baie de Nisutlin afin de s'engager dans la Nisutlin River, de continuer jusqu'à Moss Lake et enfin d'en ressortir pour suivre la McNeil River jusqu'à sa source. De l'avion, nous pouvons voir une partie de cette carte, aussi loin que la Teslin River, à quelque cent trente kilomètres de là. Au-dessous de nous la McNeil River serpente dans son lit majeur et, en passant la crête qui ferme la vallée, nous découvrons le lac et ses eaux turquoise, miroitantes, comme si la couche de glace de plusieurs dizaines de centimètres qui le recouvre pendant plus de la moitié de l'année n'était qu'un rêve.

« Chouette endroit », dit le pilote.

Nous survolons la rive orientale et la berge, puis amerrissons. La chaîne qui borde l'extrémité nord de McNeil Lake, la St Cyr Range, avec ses sommets pie sous la neige, marque traditionnellement la frontière entre le territoire des Tlingits et celui des Dénés, entre la zone littorale et l'intérieur, entre les bassins hydrographiques du Yukon et du MacKenzie, et c'est ici que s'achève le voyage des chinooks. Malgré les prouesses herculéennes dont ils sont capables, il leur est impossible de se hisser sur leurs nageoires pour escalader l'épine des montagnes et dévaler de l'autre côté. Ceux qui parviennent à rallier le lac ont grimpé un dénivelé de 1 054 mètres et nagé à contre-courant sur 3 200 kilomètres. Pas plus tard que cette semaine, sur l'e-mail d'information quotidien de l'Alaska Department of Fish and Game (ADF&G) – le département de la Pêche et de la Chasse de l'Alaska –, j'ai lu que les premiers royaux de l'année avaient été aperçus à l'embouchure du Yukon, remontant avec les marées. Un ou deux d'entre eux se rendront ici, attirés par des forces aussi irrépressibles que la gravité. Je compte avoir atteint l'estuaire pour leur arrivée, début septembre. Chemin faisant, nos routes se croiseront certainement.

Le pilote nous dépose sur une plage de cailloux. L'air est froid et les nuages s'amoncellent. La main levée bien haut pour le saluer, nous regardons l'avion regagner le ciel et repartir en direction de Whitehorse. Puis le silence s'installe. Nous avons une montagne d'affaires avec nous : cannes à pêche, ustensiles de cuisine, chaises, combinaisons de plongée, vêtements, médicaments, cordes, canot pneumatique, sangles à cliquet, pagaies, pagaies de rechange, des provisions de nourriture pour quatre semaines environ et une énorme tente en toile. Nous nous trouvons à côté d'une cabane de trappeur vide, barricadée par des planches de contreplaqué pour empêcher les ours d'y pénétrer. À l'extérieur, des pièges rouillés sont suspendus à des pitons. C'est peut-être la seule trace de vie humaine à cent cinquante kilomètres à la ronde. Un ruisseau peu profond, au lit rocailleux, se jette dans le lac à cet endroit. Quelques bécasseaux aux ailes courtaudes rasent la surface du cours d'eau. Les trilles de leur chant, que j'entends pour la première fois, deviendront la mélodie du fleuve.

Nous campons sur la rive, quelques centaines de mètres plus bas que la cabane, près du déversoir du lac, où le courant commence à prendre de la vitesse. Il est tard et le froid est plus vif, mais il ne fera pas nuit avant, eh bien, le mois d'août, alors rien ne nous presse. Hector plante la tente pendant que je vais ramasser de quoi allumer un feu, un assortiment de bois échoué sur le rivage et de branches mortes que j'arrache à la base des épinettes. Nous nous préparons du riz aux légumes et attaquons notre réserve de viande, qui ne sera pas éternelle. Nous avons un peu de whisky que nous pouvons faire durer quelques semaines si nous sommes vigilants. Après notre dîner, je reste assis dehors auprès du feu. La passe est si étroite que l'on pourrait jeter une pierre sur l'autre rive. Le regard est irrésistiblement attiré par l'eau, bien plus que par les flammes ; il ne viendrait à l'idée de personne de lui tourner le dos. Elle coule, elle coule, déjà impatiente de rejoindre la mer. Elle y parviendra bien avant moi. Si vous la contemplez suffisamment longtemps, c'est la terre qui vous semblera bouger lorsque vous relèverez les yeux.

C'est comme si nous avions remonté le temps, remonté la saison pour nous retrouver juste à la fin de l'hiver. On ne voit presque pas de jeunes pousses, ici. Les chatons des saules sont roulés serrés et, en dehors de cette essence, aussi près de la limite des arbres il n'y a plus que de l'épicéa. Des plaques de glace dansent à la surface des bras marécageux de la rivière. Une seule espèce de fleur parsème les plages, une sorte d'anémone à cinq pétales blancs dont la face inférieure est teintée de bleu, comme un ciel d'été aperçu au travers des nuages.

Trois jours depuis le centre de Londres, me dis-je. C'est tout ce qu'il faut.

Je me réveille en sursaut ; j'ai dû trop dormir. La lumière entre à flots dans la tente. J'attrape ma montre. 1 heure du matin. Je la fixe sans comprendre. Je me rendors.

Je suis venu pour la première fois dans le Grand Nord en 2013. C'était soi-disant pour étudier de plus près les problèmes liés au changement climatique et à l'exploitation du pétrole mais, en réalité, j'étais attiré par le mythe. J'ai été biberonné à Jack London et à Farley Mowat ; je me suis étoffé avec *Into the Wild* de Jon Krakauer, mais aussi avec les documentaires sur le bluegrass et la vie sauvage. J'ai passé trois mois à me rendre partout où je le pouvais : sur la côte souillée par la marée noire de l'Exxon Valdez vingt-cinq ans auparavant ; à une fête qui célébrait la pêche à la baleine dans le village inuit de Point Hope, le plus ancien site d'établissement humain en Amérique du Nord ; à Newtok, qui s'enfonce lentement dans la mer au fur et à mesure que fond le permafrost sur lequel est construite la bourgade ; à Chicken, où convergent les chercheurs d'or de tout l'État pour les cérémonies du 4-Juillet. J'avais lu des articles sur un homme nommé Mike Williams, chef de la nation yupik, qui s'était beaucoup exprimé sur les conséquences du changement climatique pour son peuple. Il m'a invité dans sa ville, au cœur du delta du Yukon-Kuskokwim. Tous les vols qui desservent la zone atterrissent à Bethel et le hasard a voulu que, durant mon séjour, Mike s'occupe de la coordination du procès de vingt-trois pêcheurs yupiks, jugés pour avoir, au cours de l'été 2012, pris des saumons royaux pendant une période de fermeture de la pêche.

« Gandhi avait son sel, nous avons notre saumon », dit Mike.

Cette mesure avait été mise en place par l'ADF&G en réponse à la chute brutale, inattendue et inexplicable du nombre de chinooks. Les accusés plaidèrent non coupables. Ils se justifièrent en affirmant que le saumon royal était partie intégrante de leur pratique spirituelle, de leur patrimoine culturel.

L'affaire ne fit pas la une des grands médias, seulement celle de la radio locale. Mais elle eut un fort retentissement dans tout le delta. Il y eut des larmes dans le tribunal. J'écrivis un papier publié par le magazine américain *The Atlantic*. Une fois rentré en Grande-Bretagne, j'ai gardé un œil sur les évènements. En 2014 fut promulguée une interdiction de toute forme de pêche au saumon royal, commerciale ou de subsistance, et ce sur la totalité du cours du Yukon, au Canada comme en Alaska. Une décision sans précédent. Cette interdiction fut maintenue en 2015, avec toutefois l'autorisation de quelques prélèvements minimes côté canadien. Dans ce pays, les Premières Nations sont autonomes et déterminent elles-mêmes leurs propres quotas de pêche, le gouvernement fédéral n'intervenant que si la situation devient critique ; aux États-Unis, ce sont les départements de la Pêche et de la Chasse de chaque État qui établissent les règlements. Depuis les interdictions complètes de 2014 et 2015, l'ADF&G a tenté d'accorder quelques dérogations pour la pêche à usage personnel, sans pour autant perdre de vue le souci de protection de la ressource. Cette approche contraste fortement avec celle des années précédant la forte chute des chiffres, quand le département était accusé de toutes parts de conduire les populations de chinooks à l'effondrement par son laxisme réglementaire.

Personne ne prétend que la gestion du saumon soit chose aisée. Fred Andersen, ancien ichtyobiologiste, a expliqué que la pêcherie de saumon du Yukon est sans doute l'une des plus complexes au monde. Trois mille acronymes différents entrent en jeu. Les responsables s'efforcent de maintenir un équilibre entre pêche de subsistance, pêche commerciale et bonne santé de l'écosystème. Pendant la saison, l'ADF&G s'exprime chaque matin pour évoquer la stratégie du jour. Stephanie Quinn-Davidson, qui a géré la montaison du chinook jusqu'en 2015, m'a confié que la communication constituait 85 % de son travail – avec les autres responsables, les médias et, surtout, les pêcheurs. Les royaux parcourent une mosaïque de terres, tant fédérales que provinciales ou d'État, et traversent les États-Unis puis le Canada, les pêcheries de chacun de ces deux pays étant divisées en plusieurs catégories. La pêche de subsistance n'a pas le même statut dans la loi locale que dans la loi fédérale. Pour couronner le tout, la diplomatie vient s'en mêler : laborieusement élaboré sur une période de trente ans, le Yukon River Salmon Agreement impose à l'Alaska un plafond des prises permettant de laisser passer chaque année entre 42 500 et 55 000 chinooks au Canada. À cinq reprises au cours des dix dernières années les États-Unis n'ont pas respecté cet objectif, la dernière fois en 2013.

En Alaska, il y a des rivières où certaines espèces de saumon – le rose, le sockeye, le chum – se comptent encore par millions d'individus. Au point que ceux qui nagent sur le bord sont poussés sur la rive. À ce que l'on dit, le dos de ceux qui sont à la surface est brûlé par le soleil, et le ventre de ceux qui se trouvent en dessous est écorché par les graviers du lit, tant ils forment une masse compacte. C'est le poisson emblématique, le symbole suprême de la nature sauvage, le séjour de pêche rêvé. Sur toute la planète, de l'Extrême-Orient à l'Europe, de la côte est à la côte ouest d'Amérique du Nord, des cours d'eau qui jadis connaissaient semblable profusion ne voient plus à présent qu'une petite fraction de leurs chiffres historiques ; nombre d'entre eux ont carrément perdu leurs saumons. Dans la rivière Salm, en Allemagne – à laquelle le poisson devrait son nom –, il n'y en a plus un seul. À une époque, l'Alaska n'avait rien d'exceptionnel. Aujourd'hui il est tout simplement la seule exception.

Cependant, dans tout ce que j'ai pu lire sur le sujet, personne ne s'accorde sur l'origine du déclin. Est-il dû à une mauvaise gestion, au changement climatique à long terme, aux prises accessoires des bateaux de pêche dans les océans, à la maladie ou encore aux fluctuations naturelles ? La seule chose qui semble certaine, c'est que non seulement l'avenir du saumon royal dans le Yukon est en jeu, mais que c'est notre toute dernière chance de réparer les dégâts. Le royal est le poisson-emblème de l'État de l'Alaska et, de l'autre côté d'une frontière que les animaux ne reconnaissent pas, au Canada oriental, le lien avec le chinook est du même ordre. Si tu veux vraiment essayer de mieux comprendre le Grand Nord, me suis-je dit, alors peut-être devrais-tu partir à la recherche de l'une de ses espèces les plus caractéristiques avant qu'elle ne disparaisse à jamais.

Le saumon royal a depuis des millénaires tissé un lien entre les communautés qui habitent le long du Yukon. Longtemps avant que ces peuples aient eu connaissance de leurs existences respectives, il joignait déjà intimement le quotidien d'un Indien Tlingit de la source du fleuve et celui d'un Esquimau Yupik de la côte de l'Alaska, à plus de trois mille kilomètres de là. Il constitue à la fois un trait d'union avec les ancêtres et un espoir pour les descendants. Jadis camps de pêche saisonniers, quantité de villages du Yukon sont distants de plusieurs centaines de kilomètres de la route la plus proche et, à moins d'utiliser l'avion, il n'y a pas d'autre moyen de s'y rendre que par voie fluviale. En effectuant mon périple en bateau au moment de la montaison des chinooks et en empruntant le même chemin qu'eux, mais en sens inverse, j'espérais avoir une meilleure compréhension des transformations à l'œuvre, non seulement dans la vie du fleuve mais dans celle des populations qui en dépendent. Et je voulais voir les effets, sur l'une des régions les plus reculées du globe, des forces climatiques et économiques qui sont en train de façonner le reste du monde. Avant cela, j'avais traversé d'autres pays en prenant mon temps et je m'étais aperçu que ces longs voyages étaient très révélateurs de par les relations qu'ils permettaient d'instaurer, les histoires que les habitants étaient disposés à partager, la confiance qu'ils m'accordaient parce que j'arrivais d'un village qu'ils connaissaient et allais à un endroit où eux-mêmes étaient déjà allés. À présent, je me demandais si une telle expédition pourrait aussi m'apporter un éclairage sur ce qui se passait avec le saumon royal du Yukon.

À 6 h 30, je me réveille de nouveau. Je ne suis pas encore remis du décalage horaire, n'ai pas encore les idées claires, et toute cette lumière dépasse mon entendement. La rivière a marmonné toute la nuit. Je m'éloigne de la tente et une paire d'arlequins plongeurs, avec leur face maquillée, décolle précipitamment de la rive en protestant pour filer à tire-d'aile au-dessus des méandres de la McNeil River. Une pelure de givre recouvre tout notre matériel. J'allume un feu et prépare du café dans la petite bouilloire noircie qui m'accompagne partout. Dans l'air glacial et humide, la brume s'accroche aux branches de l'épicéa qui se dresse sur la berge opposée. Malgré ma doudoune, mon bonnet et mes gants, le froid s'insinue en moi. Je place une casserole de porridge sur les braises et la regarde monter à ébullition.

Le sable a conservé les histoires de la nuit. Les empreintes de sabots d'un orignal et de son petit, semblables à deux séries de points d'interrogation sorties de l'eau pour se diriger vers les saules. Sur toute la longueur du rivage les flèches délicates et nerveuses des bécasseaux, pointées dans toutes les directions. La femelle de cet oiseau est polyandre : elle quitte le mâle avec lequel elle s'est accouplée pour couver ses œufs tout en cherchant un nouveau partenaire. Hector me l'explique pendant que nous mangeons. Il adore les oiseaux et en parle avec émerveillement, comme s'il s'agissait de ses propres enfants. Quelque temps après, alors que, couchés sous la tente un soir, nous écoutons un chant particulier, il me chuchotera soudain d'une voix enfiévrée :

« T'entends ça ? Le pluvier semi-palmé ! C'est un son qui me fait frissonner jusqu'à la moelle ! »

Je me lève pour aller faire la vaisselle. Il y a un remous à cet endroit, au niveau de l'extérieur du coude de la rivière, là où elle commence réellement. Le tourbillon tourne faiblement, à contre-courant, et a creusé au fil du temps un profond trou d'eau. Alors que je récure la casserole de porridge, je vois des petits poissons jaillir des ténèbres pour venir becqueter les flocons d'avoine. J'ai le souffle coupé de constater combien il a été facile de les trouver. Ils sont exactement là où ils sont censés être. Ce sont des saumons royaux, vieux de quelques mois seulement, les premiers que je vois de ma vie. Je les observe tandis qu'ils se nourrissent des restes de notre petit-déjeuner.

À ce stade – selon le lexique complexe d'un poisson qui a généré son propre glossaire –, on les appelle des tacons. C'est durant cette phase qu'apparaissent sur toute leur longueur des marques caractéristiques, traînées oblongues semblables à un relevé d'empreintes digitales et qui, à l'instar de celles-ci, permettent de distinguer une espèce d'une autre. Elles s'assombrissent avec l'âge mais, pendant cette période, elles leur servent de camouflage pour se protéger des goélands, sternes, brochets, harles, loutres, inconnus, huards et tout autre prédateur. Ils résistent au courant, avec leurs corps étroits parcourus de vibrations et leurs petites nageoires qui effectuent constamment des ajustements en fonction de la force du flux. Chacun mesure peut-être trois centimètres maximum. L'un d'eux se précipite vers un insecte posé à la surface, qu'il secoue dans sa gueule avant de revenir se fondre au sein du groupe. Sur ce fond de débris flottants immergés, ils sont parfaitement visibles, mais sur l'obscurité du lit de la rivière il est presque impossible de les distinguer. Je m'agenouille pour les observer au travers du miroitement de l'onde et en dénombre entre vingt et trente. Ils ne sont peut-être pas nés à cet endroit précis, mais pas loin en tout cas.

Par où commencer une histoire aussi cyclique que celle du saumon ? Si vous étiez venu ici au moment de l'automne, en octobre, quand les dernières feuilles des saules s'accrochent encore aux branches et que la neige est susceptible de tomber d'un jour à l'autre, juste avant que l'hiver n'ensevelisse les cours d'eau, vous auriez eu du mal à en trouver trace. Mais si vous saviez où chercher – pourquoi pas dans le ruisseau qui se jette à côté de la cabane de trappeur ? –, vous auriez remarqué sur le lit des rivières, au milieu des algues qui ont poussé pendant la belle saison, des bandes de galets retournés, plus pâles, d'environ trois mètres de long sur un mètre cinquante de large : ce sont les frayères, lieux de ponte des chinooks. Elles ont été creusées par les femelles arrivées ici à la fin de l'été, lesquelles se sont alors couchées sur le flanc pour labourer le fond avec leur queue et tracer dans le gravier des sillons profonds de plus de trente centimètres où elles ont ensuite déposé leurs œufs. Luttant pour se ménager un espace à côté d'elles, les mâles ont éjaculé leur laitance – parfois plusieurs mâles à la fois. Maintenus ensemble par leur consistance gluante et par la force des turbulences au creux de la dépression, l'œuf et la semence ont fécondé.

Au début de leur développement, les œufs durcissent et prennent une teinte plus foncée. Encore une fois à l'aide de sa queue, la femelle les recouvre alors en faisant sauter le gravier dans les flots afin qu'il retombe sur le lit. Ils se calent dans les interstices entre les galets. Avec l'arrivée de l'hiver et du froid qui gèle la surface, les œufs évoluent. La vitesse de leur mutation est directement dépendante de la température de l'eau. En quelques semaines, deux points noirs regardent depuis l'intérieur. Sous l'épaisseur de glace, le courant décape les rochers de leur couche de limon ainsi que des excrétions et autres déchets de la croissance, permettant ainsi aux embryons de respirer. La température chute. À moins quarante, seuls les corbeaux bougent encore. L'air est si glacial qu'on l'entend craqueter, et le froid si intense qu'il ne peut neiger. La fumée de la cabane de trappeur s'élève tout droit tel un fil tendu entre la cheminée et le ciel. Au milieu de l'hiver, les saumons éclosent. De gros yeux globuleux sur une tête minuscule, un corps translucide au travers duquel on distingue l'épine dorsale et le sac vitellin sous le ventre, près de la tête, à la façon d'un goitre rattaché par une unique veine, pareil à la racine de quelque plante sanglante. Appelés maintenant alevins vésiculés, ils s'enfouissent profondément sous le gravier, la gueule orientée vers l'amont de sorte que l'eau s'engouffre dans leurs branchies naissantes. Les étoiles tournent ; le soleil broute l'horizon pendant une heure chaque jour ; les aurores boréales balaient la voûte céleste. Au fil des semaines, le volume du sac vitellin diminue et les alevins s'extirpent jour après jour de la couche caillouteuse de la frayère pour remonter vers la surface. Ils enregistrent déjà dans leur mémoire l'odeur particulière de ce ruisseau, celle qui, quelques années plus tard, sera leur boussole à l'heure du retour dans leurs eaux natales. Plus de la moitié d'entre eux périssent en se dégageant ainsi du lit de la rivière.

Ils se tiennent là, dans les petites turbulences entre les galets qui tapissent le fond, à s'alimenter de ce que l'onde leur amène, tous ces organismes microscopiques. À ce stade, on parle d'alevins nageants. Chaque nageoire – dorsale, adipeuse, caudale, anale, ainsi que les pelviennes et pectorales – est désormais identifiable. Ils nagent et se nourrissent de flagellés, de rotifères ou de minuscules crustacés, formes de vie infimes aussi complexes que des flocons de neige. Les journées se réchauffent ; quand le soleil se montre, la neige fond. La glace qui fige la surface commence à se fendiller et un jour, brutalement, c'est la débâcle. Quelques-uns entament alors l'avalaison, mais la majorité va demeurer encore un an dans ces trous d'eau. Le soleil est haut dans le ciel et rien ne filtre ses rayons qui plongent directement jusqu'au lit du ruisseau. Au fur et à mesure de leur croissance, les royaux mangent larves, nymphes et autres organismes qui tournoient dans l'eau. Ils ont le ventre argenté, le dos moucheté et olive, les flancs zébrés par les marques des tacons. Et voilà que nous les découvrons dès le premier matin, à plus de 3 000 kilomètres de la mer. Ce qui semble de bon augure.

Nous gonflons le canot pneumatique, sur lequel nous chargeons notre équipement. Hector a choisi ce type d'embarcation pour la première semaine à cause des rapides du cours supérieur de la Nisutlin River. Nous n'avions glané que très peu d'informations sur leur impétuosité, en dehors de la carte établie en 1897 par Arthur Saint-Cyr sur commande du gouvernement canadien, dans le cadre d'un relevé des itinéraires « 100 % canadiens » pour les terrains aurifères du Klondike, carte sur laquelle l'arpenteur avait noté « six milles de mauvais rapides » sur toute la longueur des gorges de la Nisutlin. Un ichtyobiologiste qui connaît le pays nous a affirmé qu'ils étaient répertoriés en classe 6, laquelle n'existe pas, est hors catégorie, presque mythique ; et j'espère simplement qu'il ne confondait pas avec le nombre de milles. Mais ce sera pour dans quelques jours. Nous pagayons pour attraper le courant.

La pente de la rivière est assez marquée et l'eau, bien que calme, s'écoule à grande vitesse ; il faudrait courir à un bon rythme pour arriver à nous suivre. Les épicéas sont impressionnants, ici. Sous ce climat et à cette altitude, ils poussent lentement : certains, parmi les plus gros, doivent être vieux de plusieurs siècles. De nos jours, il n'est pas simple de dénicher des grumes de bonne taille pour les chalets, car toutes ont été coupées depuis des années mais, pour qui voudrait élire domicile dans cette région, ces arbres seraient parfaits. Les épicéas tombés sur la berge sont penchés au-dessus de l'onde, leurs branches tendues comme pour vous saisir : on appelle ça des arbres en surplomb. Comme le flot est plus rapide sur l'extérieur des courbes, il nous entraîne souvent droit sur eux ; dans les virages serrés il est difficile d'anticiper leur présence. Au bout de dix minutes à peine, nous ne pouvons faire autrement qu'en traverser un de part en part, ce qui me vaut de perdre mon bonnet. Le canot n'est plus qu'une pile d'aiguilles mortes. Par endroits, certains arbres se sont déracinés et ont fini par s'échouer au milieu de la rivière. D'autres troncs viennent s'entasser contre eux, après quoi un empilement de terre et de limon se forme en amont de ces obstacles. Enfin les saules prennent racine, achevant de souder cet amalgame, et ainsi naissent des îles, que nous devons contourner.

Vers midi, la McNeil River nous a amenés à Moss Lake, où le courant s'atténue jusqu'à devenir indiscernable. Haut dans le ciel, deux sternes arctiques – ces animaux voient davantage de lumière que toute autre créature sur Terre – planent, cruciformes, scrutant l'eau à la recherche de jeunes saumons. Elles ont parcouru la planète d'un bout à l'autre pour nicher ici et, dans quelques mois, elles repartiront en Antarctique. Elles ont comme des casquettes à visière rabattues sur les yeux, qui leur confèrent un air cavalier doublé d'une élégance nonchalante. Le soleil a des reflets étincelants sur l'eau et, en l'absence d'ombre, la chaleur me fait tourner la tête, me donne mal au cœur. Nous écoutons le clapotis de nos pagaies. Ellipses, ovales et cercles miroitent sur la surface étale du lac. Puis, quelques heures plus tard, nous gagnons l'autre extrémité de Moss Lake, et là le courant nous entraîne alors de nouveau.

Au fur et à mesure de notre descente, nous laissons l'hiver derrière nous. Nous remarquons à présent les bourgeons au bout des branches d'épicéa, d'un vert luminescent qui contraste avec celui plus foncé des pousses de l'année précédente. Ils ont une saveur vive et citronnée, un peu comme les câpres dans un plat. Encore quelques heures de descente et les chatons des saules commencent à se déployer. Nous avisons le premier peuplier faux-tremble, puis, plus tard, le premier peuplier de l'Ouest, aux nouvelles feuilles si fraîches et brillantes qu'on les croirait vernies. Et les premières fleurs – gyroselles, lupins, vesces –, mouchetures de couleur sur l'éventail de verts et de bruns, et encore les jeunes tiges d'épilobes en épi, qu'Hector cueille pour les ajouter aux salades. Nous campons sur de petites îles ou sur des plages de sable et, avec la lumière, il est difficile de différencier un jour du suivant, chacun n'étant qu'un moment dans le voyage.

Trois jours après le lac, la McNeil River se jette dans la Nisutlin River par un canyon aux parois rocheuses marquées par les motifs des plis anticlinaux. Bien que la McNeil soit plus importante, la rivière prend maintenant le nom de Nisutlin par déférence pour le peuple tlingit dont elle traverse les terres ancestrales. Une après-midi, en franchissant un coude, nous découvrons un orignal planté sur un banc de gravier, trempé. En nous voyant, il se raidit et hume l'air, mais ne bouge pas et garde les yeux fixés sur nous. Il flotte dans l'atmosphère une méfiance palpable. Se retrouver nez à nez avec un autre mammifère en cet endroit reculé a quelque chose de déconcertant. Nous arrêtons de ramer, nous contentant de voguer afin de ne pas l'effaroucher, et nous l'observons tandis que notre embarcation dérive au large du haut-fond. Puis Hector pointe tout à coup le doigt en s'écriant :

« Un balbuzard ! »

Le rapace décolle des branches supérieures d'un épicéa, un poisson prisonnier de ses serres. L'élan en profite alors pour déguerpir en direction des bois, levant haut ses pattes telle une improbable marionnette disproportionnée, et mon champ de vision embrasse tout ce tableau – orignal, balbuzard, poisson, rivière –, cet instant intemporel.

Au quatrième jour, nous atteignons les rapides. Ce matin, au bivouac, j'ai éprouvé un étrange pressentiment alors que nous préparions le raft, sanglions l'équipement et arrimions les lignes de jet tout en discutant des éventualités : quelle conduite adopter si l'un de nous deux tombe à l'eau ou si nous passons tous les deux par-dessus bord, comment procéder pour nous retrouver, que faire si nous perdons le canot. Whitehorse est loin, très loin, à pied. Nous ne savons guère à quoi nous attendre. Puis, pendant une heure ou deux, nous nous laissons porter par le courant, le long d'agréables méandres, au milieu de forêts brûlées par le soleil. Nous apercevons garrots à œil d'or et fuligules à dos blanc, pilets et canards siffleurs. Les montagnes s'estompent dans une ombre toujours plus ténébreuse. Et j'en viendrais presque à oublier les difficultés qui approchent quand, au détour d'un virage, nous voyons devant nous une longue ondulation blanche qui s'étire d'une rive à l'autre.

« On y est », déclare Hector, l'œil pétillant.

Et nous nous engouffrons dans les rapides.

Le marmonnement se mue en un grondement assourdissant. Les vagues se dressent, hostiles, en creux impressionnants et crêtes gargouillantes. L'embarcation est ballottée et nous enfonçons profondément nos pagaies dans l'onde tumultueuse pour tenter de la maintenir droite. Derrière des rochers dégringolés depuis les flancs de sommets lointains se tapissent des trous béants qui la retourneraient comme une crêpe. Les flots veulent y entraîner le raft et nous luttons pour les en empêcher.

« En arrière, dit Hector d'une voix ferme et calme. Rame fort. *Plus fort. Maintenant.* »

Nous basculons de côté dans une tranchée liquide et la rivière nous submerge. Je pique honteusement vers le fond du canot. L'eau déferle au-dessus de moi. Sous mes mains, la Nisutlin se soulève et bande ses muscles. Le raft pivote autour de l'endroit où Hector coince sa pagaie. Puis nous émergeons à l'autre bout du tourbillon, ruisselants mais indemnes, et je regagne ma place.

« C'était censé être l'itinéraire le plus facile », lance-t-il dans un sourire, comme pour dire : « Eh bien maintenant, on doit aller jusqu'au bout. »

Les rapides se succèdent et s'entremêlent dans un brouillard. Nous montons puis replongeons au gré de la houle qui nous fouette le visage, à peine le temps de s'essuyer qu'il faut se pencher en avant pour affronter le prochain assaut. La rivière se jette sur nous, tremblante, et décoche des coups de griffe au canot.

« Tiens, regarde un peu ça ! s'exclame Hector en montrant des canards au moment où nous franchissons une vague. *Encore* une paire d'arlequins plongeurs. C'est vraiment fascinant. »

Je crois que j'ai peur mais, chaque fois que nous ressortons d'un rapide, je me surprends à en redemander. Et je suis servi. Les turbulences s'enchaînent. Nous choisissons un passage le long de la rive gauche dans le but d'éviter les plus violentes, mais les flots nous renvoient vers le canal central que nous dévalons pour nous retrouver dans un remous niché au creux d'un coude serré, où le courant nous pousse dans un sens, mais pas suffisamment pour esquiver le monticule rocheux qui surgit soudain au sommet du saut que nous abordons. Je perçois la tension dans la voix d'Hector au moment où nous soulevons notre poids afin de tirer sur la droite, et nous y arrivons, frôlant le rocher pour ensuite contempler le gouffre qui s'ouvre au-delà, puis je regarde derrière moi tandis qu'Hector crie : « En arrière ! En arrière ! », et je me rends compte que nous ramons à contresens en vue de passer le rapide suivant, de justesse, après quoi nous tournons pour nous redresser, et ainsi de suite. Et la seule pensée qui me revient sans cesse à l'esprit est : le saumon remonte ça *à contre-courant*.

Puis, au bout d'un moment, c'est terminé. La rivière s'élargit, ralentit, le paysage semble s'aplanir. Le lit sablonneux absorbe la puissance de l'eau. Nous nous allongeons et voguons, laissant au soleil le soin de nous sécher. Je regarde Hector, couché à l'autre bout du raft. Nous affichons tous les deux un large sourire – d'adrénaline, de soulagement.

« Avant, je me faisais peur à peu près une fois par semaine, confesse-t-il. Maintenant j'essaie de ne pas dépasser une fois par an. J'espère que c'était ce coup-là. »

Quelques jours plus tard, la Nisutlin River croise South Canol Road, première rencontre du fleuve avec la civilisation. C'est là qu'Hector doit me laisser pour ramener le raft. Ann, l'amie qui est venue le chercher, m'a apporté mon canoë. Il ne reste plus qu'un seul petit rapide entre ici et l'océan, 3 100 kilomètres plus loin. C'est une embarcation en fibre de verre, d'un jaune vif, qui mesure cinq mètres cinquante, ce qui en fait un grand canoë mais, avec les réserves de nourriture pour plusieurs semaines qu'il me faudra emporter en prévision des longues portions du parcours dépourvues de routes et de magasins, un tel espace est essentiel. C'est en tout cas un changement vraiment bienvenu. Il y a eu un violent vent de face et les canots pneumatiques ne sont pas conçus pour des conditions pareilles. Un canoë tient mieux le cap et réclame de moins gros efforts. J'entends le moteur de la voiture qui s'éloigne pendant de longues minutes avant de me retrouver seul dans le silence.

Je pagaie quatre jours durant sur la Nisutlin, dont le cours se ralentit et le lit s'élargit au fil du trajet. Le soleil est ardent, le vent porte le parfum des épicéas que ses rayons ont chauffés et le paysage est accueillant. Je passe devant des berges élevées, où le sol semble avoir été coupé en deux. Hautes de quinze à trente mètres, abruptes, couronnées par une ligne d'épinettes, la mécanique interne de la terre dévoilée. Certains arbres, déracinés, ont basculé et glissé jusqu'à la rivière, où ils dépassent à présent de l'eau. Les trous creusés par l'hirondelle de rivage, *Riparia riparia*, criblent le sable nu telles les fenêtres d'une barre d'immeuble, comme si la paroi avait servi de cible pour des exercices de tir. Des volées d'oiseaux encerclent le bateau, virevoltant, plongeant et jacassant avec l'eau. Il n'y a presque pas d'insectes, encore un symptôme du printemps tardif, et je me demande ce que ces oiseaux vont manger, eux qui arrivent au terme de périples homériques, ou même s'ils vont pouvoir manger. Un couple de harles en vol, le cou tendu, me dépasse en filant vers l'amont au son de leur curieux coassement.

C'est avec une certaine stupeur que je prends de nouveau la mesure de ma solitude. Le Yukon draine un bassin de près de 850 000 kilomètres carrés, sur lequel on compte environ 0,29 habitant tous les trois kilomètres carrés, soit l'équivalent d'une société pré-agraire. Avec une densité similaire, la population globale de la planète serait celle d'une ville comme Istanbul, ce qui était réellement le cas il y a 7 000 ans. En un lieu aussi reculé, tout signe d'existence humaine est comparable à un objet d'archéologie, trace d'autres êtres distants non dans le temps mais dans l'espace. Un piquet de tente, une cartouche de fusil, une pièce de un penny : chaque trouvaille réclame un examen minutieux, autant qu'une foulée d'animal ou un morceau de bois rongé. Une fois, sur un banc de sable où j'avais planté ma toile pour la nuit, alors que je cherchais du bois, je suis tombé sur la braise éparpillée d'un ancien feu, maintenant réduite en charbon de bois, découverte qui m'a aussitôt fait sursauter et lever la tête, comme si je prenais soudain conscience que je n'étais pas le seul occupant de ce paysage.

Un soir, je m'arrête et allume un feu pour me préparer du café. Il est 22 heures et le soleil est à la même hauteur que mes yeux. Directement à l'opposé, une tache de lune semblable à une empreinte de pouce dans le ciel. Un ruisseau dégringole entre deux rives et j'y remplis ma bouilloire avant d'aller la poser sur les brindilles qui sont en train de brûler. Je me remets debout pour m'étirer en attendant que l'eau frémisse. La fumée du feu monte en minces volutes. Un bruissement de feuilles me parvient du sommet de la berge. Je tressaille nerveusement à l'idée d'un ours, mais j'aperçois alors un renard qui descend la pente en levant haut ses jambes pour enjamber le fouillis de faux-trembles tombés qui jonche le sol. Il ne m'a pas encore vu. Il a une allure complètement différente de celle des renards de Londres que je connais, avec son épais pelage lustré, sa queue touffue, dressée comme celle d'un coq. Sa robe offre un dégradé de roux, de rouille et de brun réparti en plusieurs plaques. Il s'immobilise un instant, une patte en l'air, puis baisse brusquement la tête et, après s'être assuré que tout était en ordre, poursuit son chemin jusqu'au bas de la côte.

Je le perds de vue quelque part dans les broussailles. Je me sers un café, puis urine sur le feu et remonte dans mon embarcation avec l'intention de le boire en naviguant. « Café à emporter », me dis-je en riant de mon bon mot, sans personne pour me contredire. Je défais le laguis et me laisse dériver lentement le long de la rive, la proue du canoë orientée vers l'arrière. Je revois le renard, un peu plus loin sur le bord. Je cale mes jumelles sur lui. Il a sur chaque joue une tache blanche et il me fixe directement. Je continue à flotter, à reculons, m'éloignant petit à petit. L'animal ne me quitte pas des yeux, aux aguets. Rien ne le presse. Puis il incline la tête, tend le cou pour se désaltérer, lance un ultime regard à ma silhouette qui décroît progressivement et traverse le ruisseau en dansant sur un rondin avant d'aller vaquer à ses activités de la soirée.

Une semaine plus tard, j'accoste à Teslin. Premier village sur le cours du fleuve, il est installé sur la rive ouest, là où la baie de Nisutlin rejoint Teslin Lake et où l'Alaska Highway enjambe l'eau sur un long pont constitué de poutrelles d'acier. Le bourg est à trois heures de voiture de Whitehorse, mais j'ai emprunté le chemin des écoliers. *Tes̄lin-to*, « le lac long et étroit ». Quelque 250 habitants vivent là, appartenant majoritairement à la Première Nation Tlingit. J'amarre mon canoë au pied d'une côte, que je grimpe pour me rendre au Yukon Motel Restaurant. Je commande un café et une part de gâteau à la cerise. Il y a beaucoup de monde, tout à coup. Des parlementaires britanniques passent à la télé. Je suis ici pour rencontrer Richard Dewhurst, un rendez-vous pris bien avant que j'embarque pour mon expédition fluviale. Teslin est la localité la plus proche des sources du Yukon et donc, comme me le dit Richard, « nous sommes les dernières personnes sur la planète à utiliser ce poisson », terme qui, dans sa bouche, désigne le chinook. Il a la cinquantaine et est garde-chasse pour le département de la Terre et des Ressources du conseil des Tlingits de Teslin. Il me demande si cela me plairait d'aller voir l'ancien camp de pêche de sa mère.

Richard conduit un RAM 3500 Heavy Duty Cummins, tout en pneus démesurés, suspensions et chromes. Alors que c'est un homme de forte stature, il paraît petit dans un tel véhicule. Il veut savoir si j'ai vu des orignaux en descendant la Nisutlin. Je lui réponds que oui, et beaucoup.

« Des mâles ? » s'enquiert-il.

Je confirme d'un hochement de tête.

« Grands ? Comme ça ? »

Il écarte les bras pour m'illustrer l'envergure de la ramure, les ouvrant presque aussi grands que l'habitacle, et il sourit à cette idée. Nous quittons l'Alaska Highway pour emprunter une route cahoteuse, une piste à vrai dire, envahie par des plants d'aulnes. L'Alaska Highway a été construite en 1942 dans le cadre de l'effort de guerre, au cas où les Japonais arriveraient par l'Alaska. En quelques semaines, Teslin, qui n'était jusqu'alors qu'un bourg perdu au fin fond du bush, s'est retrouvé à deux jours de route de Vancouver. Les anciens se souviennent de la ligne de bulldozers qui festonnait l'horizon pour tracer un chemin jusqu'à leur village.

Nous nous arrêtons au-dessus de la plage du lac, à quelques kilomètres de Teslin. Dans le silence, l'eau vient buter doucement contre les galets de la rive. Un écureuil terrestre détale le long d'un poteau du camp de pêche délabré, jacassant pour protester contre notre intrusion. Jadis, la famille de Richard venait ici à la rame. Il marche sur le tapis de feuilles de l'année précédente, laissant courir sa main sur les objets. Un canapé qui vomit son rembourrage en mousse et dont le similicuir se détache comme la peau d'un animal à demi dépouillé. Des flotteurs suspendus aux branches des arbres, un tuyau de poêle qui gît sur le sol, des bacs cabossés qui servaient à laver le poisson. Tombée du toit, la tôle ondulée de l'une des structures a été placée latéralement autour de ses piliers en bois, formant un brise-vent d'un mètre de haut à l'abri duquel deux chaises en plastique ont été disposées devant un foyer creusé dans le sol. Richard contemple cette installation.

« C'est nouveau, ça », lâche-t-il au bout de quelques instants.

Il sort une blague à tabac d'une poche de son blouson en jean et se roule une cigarette avant de l'allumer. Il règne un tel calme que je l'entends se consumer, crépiter comme des brindilles qui brûlent. Un œil fermé pour se protéger de la fumée, Richard s'assied sur le bord d'une table qui devait être utilisée dans le temps pour couper le poisson, puis il me regarde. Une fine cicatrice court sur toute la longueur de son nez. Il m'explique qu'ils venaient ici tous les ans à la fin juillet, quand ils voyaient le vent rider l'onde et les crêtes d'écume se former au loin ; toute la famille – frères et sœurs, cousins et cousines, neveux et nièces, amis – y restait jusqu'à la fin août. Ils séchaient et fumaient le poisson, cueillaient des baies, chassaient l'orignal. C'était un lieu où les jeunes pouvaient passer du temps avec les anciens, où les petits entendaient des histoires, apprenaient à chasser, à travailler en équipe. Le sang du saumon attirait les ombres de rivière et les gamins se plantaient dans l'eau avec une lampe torche, une ligne et un hameçon amorcé avec des œufs de saumon pour attraper leurs premiers poissons.

« Ils apprenaient comment faire fonctionner les moteurs, poursuit Richard. Et ils apprenaient cette eau, tu vois. Cette eau peut te tuer ou te sauver la vie. Tu dois la respecter. Moi, en tout cas, je la respecte. »

Il me montre des photographies qu'il a apportées avec lui, teintées par le temps. Des saumons étendus en une rangée sur la grève, comme des quilles de bowling après un strike. Lui-même au camp, lorsqu'il était plus jeune et plus mince. Son père, en chemise marron et stetson, qui regarde l'appareil en plissant les yeux, cigarette aux lèvres, tandis qu'il brandit un royal absolument énorme, et sa mère en arrière-plan, la figure barrée d'un grand sourire. Un autre saumon exhibé par son oncle.

« Mon oncle mesure dix ou douze centimètres de plus que moi, explique Richard, alors tu imagines le format de ce poisson. »

Le premier saumon qu'ils pêchaient, ils lui souhaitaient la bienvenue et le remerciaient d'avoir parcouru tout ce chemin pour les nourrir. Ils le cuisaient entier au barbecue, boyaux et tout le toutim, et chacun en prenait un morceau puis, une fois la chair mangée, ils plongeaient les arêtes dans l'eau en les orientant dans la direction de laquelle étaient venus les poissons afin qu'elles en ramènent davantage encore l'année suivante. Au moment de la montaison, il était impossible d'aller se baigner dans la rivière. À l'époque, ils pouvaient mettre de côté jusqu'à quatre-vingts saumons, de quoi permettre à la famille de tenir tout l'hiver. Mais ça, c'était avant. Il fut une époque où Teslin était une ville morte pendant l'été, quand toute la population avait migré vers les camps. À ce souvenir, il secoue la tête de dépit.

« Ma mère est arrivée à un âge où elle ne reverra plus de parties de pêche ici », se désole-t-il.

Richard a bâti l'atelier de découpe il y a vingt et un ans et il ne l'a utilisé qu'une année seulement. Le déclin a débuté doucement, presque imperceptiblement, même si les anciens disaient depuis des décennies que quelque chose était en train de changer avec leur poisson. Vu la situation géographique de Teslin, dernière étape de la remonte, ils ont été les premiers témoins de ces fluctuations, tant au niveau de la taille que du nombre des chinooks. Ils ont commencé par restreindre leur activité de pêche à cinq jours par semaine. Puis ils sont descendus à trois. Et ensuite deux. Rien n'y faisait, visiblement. Tous les clans Tlingit de Teslin ont alors décidé, voilà vingt ans, de tenir une réunion d'urgence, au cours de laquelle fut voté un arrêt total de la pêche.

Il fut convenu que cette mesure ne serait que temporaire : une fermeture jusqu'à ce que la situation s'améliore. Mais elle ne s'est pas améliorée. Richard confie que c'est dur de se tenir sur la berge et de voir passer ces saumons, quand vous savez qu'en aval, en Alaska, les gens continuent à en prendre. Quand vous regardez ces émissions de télé dans lesquelles on voit ces mêmes individus montrer leurs cabanes sur pilotis remplies de poissons.

« Est-ce que ça en vaut la peine ? je demande.

– Il y en a qui pensent : "Si eux ils pêchent, pourquoi est-ce que *nous* on s'embête autant de notre côté ?", répond Richard en écrasant sa cigarette entre deux doigts. Et puis tu te retournes et tu regardes tes gosses, et ça te donne toutes les meilleures raisons du monde. »

Le saumon qui parvient jusqu'à Teslin aujourd'hui est acheminé par avion à partir d'Atlin, un autre village Tlingit situé à une centaine de kilomètres au sud-ouest et dont la population pêche dans la Taku River. Il s'agit principalement de saumon rouge et argenté, le royal ne constituant qu'une petite partie de l'ensemble des saumons de la région. Ces poissons sont chers et n'ont pas le même goût, sans compter que les estomacs des gens d'ici ne sont pas habitués à une chair aussi riche et grasse. En outre, la technique employée pour leur séchage est différente de celle qui a été transmise de génération en génération à Teslin. Et enfin ils sont livrés sans la tête, considérée par tous comme le morceau de choix. Il y a des jeunes, au village, qui n'ont jamais pêché et qui croient que le vrombissement d'un hydravion derrière Mount Bryde marque le début de la montaison. Le poisson volant, c'est ainsi qu'on l'appelle désormais.

Pendant vingt ans, Teslin n'a plus pêché, avant de s'y remettre l'année dernière. Les habitants ont construit deux camps de pêche, l'un sur le lac, l'autre en aval de la rivière, et, entre les deux, ils ont pris un peu moins de quarante poissons. Autrefois, ils en auraient peut-être attrapé mille, mais l'idée était surtout d'ordre symbolique, cérémoniel. Autant il y avait une nécessité de préserver la ressource, autant il y avait le besoin de sauvegarder la culture Tlingit. Avec le produit de cette pêche, ils ont préparé un festin pour tout le village.

Le lendemain, dans les bureaux du gouvernement tribal du conseil des Tlingits de Teslin, je rencontre Madeleine Jackson, qui fait partie des anciens de la communauté et qui m'explique :

« C'était la toute première fois qu'on posait le filet pour les jeunes générations, pour que tous puissent voir notre saumon quand il monte jusque-là. On avait cinq clans ici, mon petit. J'ai pris un gars de chaque clan pour poser ce filet, et quand ils sont revenus le lendemain matin, j'en ai pris un de chaque clan pour le remonter. Quand ils l'ont sorti, on a fait une cérémonie et, bon sang, y avait des larmes chez tout le monde ; ils pleuraient parce que c'était la toute première fois qu'ils voyaient le saumon. Et il y a des anciens qui sont venus pour montrer aux mômes ce qu'il faut faire, comment il faut découper le poisson, et comment il faut le respecter. C'est pas pour nous qu'on fait ça. Les anciens ont eu leur part. J'ai eu ma part. C'est pour les jeunes générations qui viendront après nous.

– Les saumons sont un peuple généreux, renchérit son neveu, Duane Aucoin, assis à côté d'elle. À bien des égards, ils trouvent le sens de leur existence en nous donnant la vie. Et ils donnent leur vie pour leurs enfants, en remontant aussi loin pour frayer. Leur seul but c'est : il faut qu'on le fasse pour nos enfants. Quel bel exemple à suivre ! »

Il marque une pause.

« Bon, vos saumons atlantiques sont différents, reprend-il. Ils ne meurent pas quand ils se reproduisent. Ils retournent à l'océan et disent à leurs partenaires : “À l'année prochaine !” C'est peut-être l'influence européenne », ajoute-t-il avec un sourire.

Au camp de pêche, je demande à Richard s'il a apprécié le festin. Il secoue la tête.

« J'ai refusé d'y aller, répond-il. J'ai refusé d'y prendre part. À mes yeux, il y avait une chance sur un million pour que mon fils – qui a aujourd'hui cinq ans – puisse un jour aller à la pêche. Et je voudrais bien ne plus jamais pêcher si cela pouvait lui offrir la possibilité de connaître ce que j'ai moi-même connu au cours de mon existence. J'ai un peu la sensation que nous trichons, que nous ne sommes pas honnêtes avec nous-mêmes. »

Nous restons plantés là, côte à côte, le regard perdu au-dessus de l'eau. Au loin, parmi les hauts-fonds, devant l'un des chalets d'été qui bordent la route, des gamins grassouillets dans des kayaks gonflables s'amusent dans des gerbes d'éclaboussures. Leurs cris parviennent jusqu'à nous. On croirait presque qu'il y a eu un accord tacite entre tous les épicéas pour que chacun libère son pollen ce matin et un déferlement de poussière jaune tapisse le bord des rives. Il se dégage de ce vieux camp l'atmosphère d'un cimetière, d'un lieu qui a connu le deuil mais qui est à présent en paix. J'écoute la respiration lente et bruyante de Richard.

« C'est vrai que c'était chouette d'entendre ces vagues, en se couchant le soir », dit-il.

À l'instar des oiseaux migrateurs mis en cage, les jeunes saumons en captivité affichent un comportement nommé *zugunruhe*. C'est-à-dire qu'ils font preuve d'un surcroît d'agitation et d'activité au moment où, dans la nature, débute la migration des autres saumons de leur espèce. Les cônes de leurs yeux se modifient pour mieux les préparer à la vision dans l'océan. Ils deviennent plus agressifs. Dans leurs aquariums, ils s'orientent selon les points cardinaux ou intercardinaux vers lesquels nagent leurs cousins sauvages – à l'ouest, au nord-ouest, au sud.

L'augmentation des périodes de lumière ainsi que le réchauffement de la température de l'eau poussent les tacons à se mettre en route lors des premières crues de leur deuxième printemps et à suivre les glaces jusqu'à l'océan. Ils commencent leur voyage en bancs clairsemés, la queue la première, ce qui signifie qu'ils descendent le courant dans la même direction que moi, au rythme de quinze kilomètres par jour, ou trente. Au fil de l'avalaison, les marques de leur peau s'effacent et leur petit corps prend une livrée argentée, une métamorphose appelée smoltification. Des bancs venus d'autres affluents viennent grossir leurs rangs. Puis, un jour, ils croisent au passage des royaux adultes qui remontent péniblement le fleuve à contre-courant, ou qui se débattent furieusement dans les filets fixes qui les retiennent prisonniers. En deux à trois mois, les smolts atteignent le delta. Au cours de leur périple, ils ne se seront guère nourris, se contentant de ce que l'eau leur aura apporté, mais à présent ils s'arrêtent pour prendre le temps de s'alimenter. Ils mangent du plancton, des puces de mer, des crevettes, des crustacés, et ils se développent rapidement, grandissant de plus de deux centimètres par mois. Quinze, dix-huit, vingt. Au gré des marées, ils découvrent le goût saumâtre de l'eau salée dans laquelle ils passeront leur vie adulte.

Le saumon n'a pas toujours été une espèce migratrice. La question de son origine – marine ou fluviale ? – a fait l'objet de maints débats aussi enflammés que ceux sur l'œuf et la poule. Mais maintenant il est programmé pour le voyage. Dans *Le Parfait Pêcheur à la ligne* (1653), l'auteur anglais Izaak Walton décrit le saumon « pareil à certains personnages possédant honneurs et richesses qui disposent à la fois de maisons d'hiver et de maisons d'été », mais il y a, dans l'aptitude de ce poisson à survivre aussi bien dans l'eau fraîche que salée, quelque chose de bien plus remarquable. Seul 0,5 % des 30 000 espèces de poissons a la faculté de s'adapter à ces deux environnements différents.

Être un animal poreux dans n'importe quel environnement aquatique est un défi. Dans les rivières, l'eau s'infiltre dans le corps du poisson et les reins sont contraints de l'évacuer continuellement sous forme d'urine ; parallèlement, les cellules des branchies prélèvent sels et électrolytes dans le milieu environnant pour les transférer au sang afin que celui-ci ne soit pas trop liquide. Mais lorsque le saumon arrive dans l'eau de mer, sa physiologie doit changer. Dans l'océan, l'eau est extraite du corps et l'animal boit celle dans laquelle il évolue pour la remplacer, ses reins filtrant l'excès de sel tandis que ses ouïes inversent leur fonction pour excréter sodium et chlorures. Les royaux ne retrouveront l'eau douce que quatre ou cinq ans plus tard, dans les derniers mois de leur existence.

Je quitte Teslin au bout de trois jours. C'est le début du mois de juin. Sur le lac, il fait chaud, trop chaud pour ramer, trop chaud pour réfléchir. Je me laisse flotter, dériver, je lézarde. Quelque part, un plongeon pousse son cri bizarre. Je chante des rengaines idiotes. Pour m'occuper, j'effarouche les canards, comme un petit garçon. Là-bas, au loin, j'entends le grondement des camions sur la route. Tout au long de la rive, j'aperçois les vestiges d'autres camps de pêche, vieux morceaux de métal luisant sous le soleil. Avec mes jumelles, je vois deux gamins sur un quad en explorer un en vue d'y glaner du bois. J'observe ma pagaie, le dessin et le tourbillon de chaque coup dans l'eau divaguant derrière moi telles des empreintes de pas sur la surface. Je m'arrête pour me baigner et poursuis mon chemin, puis je m'arrête pour me baigner et dresse mon campement. Un soir, je pêche un ombre que je fais frire à la poêle avec des pommes de terre. J'ai déjà oublié la nuit.

J'ai toujours l'impression qu'il me faut quelques jours pour me dépouiller de la ville, quelques jours avant de me sentir de nouveau à mon aise. Avant que mes muscles soient détendus, avant que les gerçures et les coups de soleil sur ma peau cessent d'être douloureux pour qu'enfin je m'en accommode. Avant que mes yeux s'ouvrent autant qu'ils le devraient. Je me penche sur le côté et plonge une tasse dans l'onde pour me désaltérer. Pas même au jet d'une source, mais directement dans le lac. Il est ahurissant de songer qu'autrefois l'eau de toutes les rivières était potable, qu'autrefois j'aurais pu plonger mon gobelet dans la Tamise. Et alors me reviennent les mots de Bill Mason, le Canadien qui a fait plus que quiconque pour populariser la pratique moderne du canoë, lequel avait pour règle de ne jamais naviguer sur une eau qu'il ne serait pas prêt à boire.

Deux jours me sont nécessaires pour gagner l'extrémité ouest du lac qui, après un second pont, se mue en rivière. J'avise un petit restaurant où je m'attable pour commander des œufs Bénédicte et du café. Lorsque je reprends l'eau, le temps change et je peux même isoler le moment précis où s'opère ce basculement. Le vent tourne soudain au nord et balaie les flots en noires bourrasques. La pression atmosphérique chute comme une pierre, les nuages s'amoncellent, après quoi il pleut pendant quelques jours. Le cours de la Teslin River s'accélère aussitôt qu'elle quitte le lac. On peut juger de sa vitesse par les reflets des nuages qui se bousculent en un lacis de dentelle à sa surface, à quinze ou vingt kilomètres à l'heure. Elle bouillonne comme un chaudron. Des castors montrent le bout de leur museau à côté du bateau et, effarouchés par ma présence, replongent après avoir fait claquer leur queue. Étant le plus grand castor de la rivière, je leur réponds en faisant à mon tour claquer ma pagaie sur le tourbillon qu'ils laissent.

Les noms des ramifications du tronc principal constituent un véritable manuel d'introduction au Grand Nord : Log Cabin Slough (le Marécage de la cabane en rondins), Muskrat Creek (le Ruisseau du rat musqué), Little Salmon River (la Rivière du petit saumon), Fish Hook Bend (le Coude de l'hameçon), Mosquito Gulch (le Ravin des moustiques). De nombreux autres endroits sur ma carte portent le patronyme des premiers Blancs à s'y être installés et témoignent de la diversité des origines des prospecteurs venus dans ce pays : McGregor Creek, Von Wilczek Creek, O'Brien's Slough, Johnson's Crossing, Erickson's Woodyard. Un soir, je campe sur la plage de Mason's Landing. Dans les bois, en retrait de la rive et à l'abri de la pluie, on peut remarquer un ensemble de cabanes délabrées construites un siècle auparavant, après que de l'or eut été découvert dans Livingstone Creek. Cette plage devait alors constituer le point d'accès le plus rapide au site : il suffisait de descendre le Yukon depuis Whitehorse jusqu'à sa confluence avec la Teslin River, puis de remonter la rivière jusqu'ici à la force de la perche et ensuite de crapahuter à travers les broussailles pour rejoindre Livingstone Creek. Jadis, le site avait également abrité une taverne et une écurie, ainsi qu'un comptoir commercial et un poste télégraphique. La police apportait deux fois par semaine le courrier de Whitehorse. Ce qui revient à dire qu'il était nettement plus facile en 1902 d'être en contact avec le monde extérieur que ce ne l'est aujourd'hui pour moi. Si je voulais envoyer un message, il me faudrait ramer jusqu'à Carmacks, à environ quatre jours d'ici. À présent, les bâtiments se fondent dans le paysage, avalés par les églantiers, ensevelis sous les arbres tombés, leurs poutres affaissées. Ils évoquent plus une singulière constellation d'éléments naturels qu'une œuvre de l'homme. Le toit de l'un d'eux est recouvert d'une épaisseur de mousse si fournie que rien ne le distingue du sol de la forêt, tandis qu'en son centre jaillit un épicéa haut de dix mètres. Sur le fer dévoré de rouille des tuyaux et des plaques de protection arrière des poêles à bois, je discerne encore le nom des marques autrefois gravées dessus.

Le Yukon est jalonné sur toute sa longueur de souvenirs du temps où le fleuve grouillait de vie : attirails de chercheurs d'or ; vestiges d'auberges tous les trente à quarante kilomètres, indispensables étapes sur la route des voyageurs, avec leurs jardins dans lesquels poussent encore rhubarbe et framboises ; anneaux d'amarrage toujours fixés dans les rochers. Sur Shipyard Island, l'épave du vapeur *Evelyn* pourrit là où elle s'est échouée. L'apparition de ce bateau au milieu des arbres s'apparente à la découverte d'un ancien temple inca : long de quarante mètres et aussi haut que les arbres, il pouvait accueillir quatre-vingt-cinq passagers en première classe. La coque fendue en éclats, les lattes effondrées, la chaudière sur laquelle des amoureux ont gravé leurs prénoms. Je parcours les ponts supérieurs, scrutant l'intérieur des cabines.

C'est à cet endroit, après deux semaines de navigation, que je rejoins enfin ce que l'on s'accorde généralement à reconnaître comme le cours principal du Yukon. Après Whitehorse, ses eaux sont bleues comme celles d'une piscine, si claires que l'on peut distinguer les poissons mais, au confluent, la Teslin River les rend boueuses et, jusqu'à l'océan, plus jamais elles ne retrouveront leur limpidité. « Yukon » est une contraction de l'expression gwich'in *chųų gąįį han*, qui peut se traduire par « rivière aux eaux blanches ». Celles-ci sont denses, d'un brun laiteux. Charrié depuis les montagnes lointaines, le limon chuchote contre la coque et, si je plongeais la pagaie en collant mon oreille contre le manche, je l'entendrais encore plus nettement, comme si le fleuve était en train de se dégonfler. Chacun des nouveaux affluents – dont plusieurs sont eux-mêmes d'importantes rivières – ajoute sa part d'alluvions, à tel point que lorsque je passe la confluence avec la White River du même nom, les flots sont si troubles que l'on ne voit pas plus profond que la phalange d'un doigt sous la surface.

Les berges élevées cèdent la place à des falaises basaltiques, dont les pentes inférieures sont recouvertes d'une épaisse couche de genévriers que vient égayer le rose vif des premières fleurs apparaissant sur les épilobes en épi. Cette plante est surnommée ici « le sablier de l'été », car on peut lire la progression de la floraison sur sa tige comme un indicateur de la proximité de l'hiver, de sorte que même en ce moment, dans la lumière sans fin de ce début d'été, elle porte aussi les signes annonciateurs de sa fin. Et puis le fleuve s'élargit, s'étirant par endroits sur près d'un kilomètre d'une rive à l'autre. Sculptés par le vent et les éléments, les hoodoos, ces cheminées de fée gaudiesques, se dressent haut par-dessus les flots, menaçants avec l'auréole de corbeaux qui hantent leurs cimes en s'interpellant de leurs cris furieux. Une après-midi, je vois un glouton qui nage en diagonale par rapport au courant, pareil à un morceau de bois flotté qui n'en ferait qu'à sa tête. Puis il se hisse hors de l'eau, s'ébroue et, m'apercevant, détale dans les broussailles. Un glouton ! Quand mes grands-parents s'étaient installés dans leur maison actuelle, ils avaient découvert un vaste placard dont les parois intérieures étaient lacérées de rayures, comme si une bête sauvage y avait été enfermée. À partir de cet instant, il fut rebaptisé « le placard au glouton », mot qui, allez savoir pourquoi, évoquait plutôt à mes oreilles d'enfant un verbe. Quelle terrible créature aurait donc pu gloutonner ce placard ? me demandais-je. Cet animal est depuis resté mythique dans mon imagination. Et en avoir vu un ne lui enlève aucunement son aura.

Enfin le ciel s'éclaircit et les journées s'égrènent selon un schéma immuable : matinées chaudes, puis lent amoncellement de cumulus qui, en fin d'après-midi, donnent des orages distants. Je regarde au loin les éclairs par-dessus la crête des montagnes et, un soir, un voile sombre s'en vient envelopper le fleuve. Une odeur de bois flotte dans l'air, semblable à celle des planches neuves par une journée torride, et le paysage autour de moi se fige dans une immobilité absolue. Tout ce qui se situe au-delà du promontoire le plus proche se retrouve drapé d'un halo de brume bleuâtre, qui s'estompe en un dégradé plus clair à l'approche des sommets, presque pâle sur un ciel plus blafard encore. L'odeur de fumée se fait plus âcre et me prend à la gorge. Puis, transpercé par le soleil déclinant, le jour se pare d'une teinte sépia qui a exactement la même couleur que l'eau, et je traverse ce décor comme dans un rêve. Peu après, dans cette mélasse, j'entends de la musique. Ne pouvant apercevoir aucune des deux rives, je suis incapable de savoir d'où elle sort. Éthérée, lointaine, elle me fait l'effet de sirènes qui m'appelleraient de leur chant. Je finis par me convaincre que c'est le bruit du moteur des Canadair qui apportent de l'eau pour lutter contre un incendie. Et pourtant, tandis que je dérive au cœur de cet espace hors de toutes proportions, tous ces sons résonnent en harmonie au fond de moi et semblent provenir de partout à la fois.

Une semaine plus tard, je gagne Dawson City, où la Klondike River se jette dans le fleuve. La Klondike est une jolie rivière qui apparaît étroite et modeste comparativement au Yukon, mon nouveau mètre étalon. Elle palabre sur des rapides peu profonds, longe plusieurs centaines de kilomètres carrés de résidus d'exploitation, gravats déposés là par les dragues d'orpaillage, ainsi que le dédale des trous d'eau dont ils ont été extraits. Certains de ses affluents prennent leur source au sommet de King Solomon's Dome et leur nom raconte l'histoire de cette ville. Eldorado Creek, Bonanza Creek, Gold Bottom Creek, Last Chance Creek, Independence Creek, Little Gem Gulch, Nugget Gulch, American Gulch, Oro Grande Gulch, Too Much Gold Creek, All Gold Creek, Not Much Gold Gulch. « Klondike » est une absurdité phonétique anglaise dérivée du terme hän *Tr'ondëk*, qui signifie pierre-marteau, un bloc de pierre dure utilisé pour enfoncer dans le lit de la rivière des pieux destinés à maintenir les bordigues, des barrages qui guideront les saumons dans les nasses. Klondike, un mot onomatopéique, le son de la pierre sur le bois et de la course de l'eau sur la roche, un mot comme un cri en manchette des journaux, un mot qui a répandu des rumeurs dans tous les bistrots, qui a séduit un monde plongé dans les abîmes de la Dépression. J'arrive à Dawson City de la même manière que des dizaines de milliers d'autres avant moi, il y a un peu plus d'un siècle de cela.

Aujourd'hui, Front Street est livrée aux touristes. La localité a conservé ses trottoirs en planches bancals et n'a pas goudronné ses rues. Le casino Tooth Gertie's Gambling Hall propose tous les soirs trois représentations de french cancan. Dawson City abrite la cabane en rondins du poète Robert Service et la moitié de celle de Jack London (l'autre moitié est à Oakland, en Californie, où elle a été convertie en un petit musée), deux hommes qui, peut-être plus que tout autre, sont responsables de bon nombre d'œuvres de fiction inspirées par ce lieu. La loi oblige toute nouvelle construction à donner l'impression d'avoir été bâtie à la fin du XIXe siècle. Chez Maximilian's

Gold Rush Emporium, vous pouvez acheter des pépites, des vieilles batées d'orpailleur, des défenses de mammouth et des éditions originales de Jack London. Des hommes et des femmes vêtus de tuniques en peaux de daim et de robes à jupon vous feront visiter le bureau de poste, la banque, le bateau à aubes, tous d'époque ; ils vous conteront des récits d'hommes courageux et de danseuses lascives, d'étranges rituels accomplis sous le soleil de minuit. Chaque soir, au Downtown Hotel, avec sa façade originale en bois et son bar qui court d'un bout à l'autre de la salle, on trouve Dwayne, un sourire tout en gencives, le pantalon remonté haut par des bretelles et qui, bourré, martèle sur le piano droit de l'établissement son répertoire, des versions ragtime de l'ouverture de *Guillaume Tell*, de « Drunken Sailor », de « Heads and Shoulders, Knees and Toes ». Il tète une bouteille d'eau. Plus tard, à l'extérieur de l'hôtel, il m'en offre une petite gorgée et je dois dire que, même pour un tord-boyaux, il est particulièrement ignoble. « C'est à base de café soluble », plaisante-t-il en me dévoilant son sourire édenté. À la table d'en face, un barbu coiffé d'une casquette de capitaine sert aux touristes de passage des rasades de Sourtoe Cocktail, un petit godet de gnôle dans laquelle flotte un orteil humain semblable à une cacahuète carbonisée pourvue d'un ongle. « Vous pouvez le boire vite ou lentement, mais vos lèvres doivent toucher l'orteil », proclame un écriteau sur le mur. Le message sous-jacent est que, dans une ville de pionniers, loin du monde réglementé et policé, c'est le genre de chose que les habitants sont prêts à faire et que seules quelques lois nous empêchent encore de boire des morceaux de corps humain. Avaler le doigt de pied est expressément interdit, mais cela a pu se produire à l'occasion. L'amende pour ce « délit » était de cinq cents dollars, jusqu'au soir où un homme se l'est délibérément enfilé, puis a posé d'un geste sec l'argent sur la table avant de ressortir. Le montant de la contravention a depuis été relevé. C'est le dixième orteil. Il y a des gens qui lèguent les leurs par testament. Une fois, alors que je faisais du stop au sud de Dawson, j'ai été pris par le seul flic résidant en ville et dont le travail, cette semaine-là, consistait uniquement à rechercher le fameux doigt de pied, lequel avait été dérobé le week-end précédent. Au cours du trajet, il avait reçu un appel sur sa radio d'un homme qui prétendait être le voleur et, afin de pouvoir l'interroger, il m'avait demandé de descendre. Une inculpation pour trafic de restes humains est aussi sérieuse que vous pouvez l'imaginer. L'objet du larcin fut renvoyé plus tard par la poste.

Dawson accueille un mélange de touristes venus en couple et de saisonniers débarqués là en stop pour planter des arbres, cueillir des morilles ou tout autre boulot éreintant, payé de la main à la main. Les planteurs d'arbres logent dans les bois pour économiser les douze dollars du camping de l'État, à plusieurs dans un van avec leurs chiens, avides de dénicher du travail et fouillant les poubelles pour se nourrir. Les couples, quant à eux, se regroupent sur les terrains aménagés pour camping-cars, où ils s'installent avec leurs énormes engins rutilants, aux noms qui fleurent bon l'aventure : Prowler (Rôdeur), Hitch-Hiker (Auto-stoppeur), Bounty Hunter (Chasseur de primes), Wild Cat (Chat sauvage), Ultimate Advantage (Avantage suprême). Beaucoup d'entre eux ont vendu leur maison au moment de la retraite pour habiter des véhicules de valeur équivalente, à bord desquels ils migrent vers le Texas l'hiver venu. Ces retraités hivernants sont surnommés les « outardes », ainsi que sont nommées familièrement les bernaches du Canada. L'une et l'autre de ces deux tribus remplissent le tiroir-caisse des bistrots à des heures différentes, échangeant des anecdotes de voyage. Les bars ne ferment jamais. À 2 heures du matin on voit les passants déambuler dans la lumière qui baigne les rues.

« Alors, quoi de neuf ? lance un homme de l'autre côté de la rue.

– Rien, réplique son ami. Que du vieux ! »

Dawson City est à six heures en voiture de Whitehorse et à quatre de la première bourgade de l'Alaska, de l'autre côté de la frontière (Chicken, population : 23 habitants en été, 7 en hiver) : elle reste ce qu'il y a de plus approchant d'une ville de l'Ouest sauvage telle qu'on peut se la figurer. Dans l'un des bazars pour touristes, la devise du Yukon Order of Pioneers est clouée sur une poutre : « Ne fais pas à autrui ce que tu ne voudrais pas qu'on te fasse », et c'est cette éthique anarchiste, importée dans le Grand Nord à la fin du XIXe siècle, qui continue d'attirer les foules aujourd'hui. Ce code des pionniers qui fuyaient les hommes qu'ils étaient, ou Dieu sait quoi encore, qui rejetaient toute forme de hiérarchie ou de classe et qui comptaient implicitement sur la solidarité de leurs semblables puisqu'ils ne pouvaient compter sur rien d'autre. Le fantasme d'un enrichissement rapide, aussi : un vrai dur peut toujours décrocher le gros lot, ici. On les remarque, en ville, à leur style typiquement yukonnais. Les cheveux gris, mi-longs, jusqu'au col de chemise – pas l'allure du rebelle rétif à toute autorité, mais plutôt celle de militaires qui ont rendu les armes –, avec des mèches que l'on voit jaillir derrière les oreilles de sous une casquette de base-ball arborant fièrement l'inscription « Canada », brodée au-dessus du drapeau cousu sur le devant. Une touffe de moustache en forme de bourrelet de porte qui surmonte les lèvres. La chemise à carreaux, probablement rentrée dans un jean fermé par un ceinturon à boucle en cuivre, tendue sur un petit ventre ferme, et les pieds chaussés de lourds brodequins de travail qui résonnent sur les planches des trottoirs à leur approche. Ils s'attablent aux bars de Main Street en groupes informels pour boire du café léger et manger de la tourte, parler pistons, ours et météo, regarder le fleuve et les jolies filles qui passent dans la rue. Des vieux aux genoux blancs descendent de leur camping-car pour aller s'essayer à la batée lors d'excursions organisées sur le thème de l'orpaillage : j'aurais pu vivre comme ça, se disent-ils, il y a un siècle, si bobonne m'avait laissé faire. J'aurais ramassé le pactole.

C'est en 1896 que fut découvert le premier gros gisement du Klondike. En 1897, la population de Dawson s'élevait à 5 000 habitants. En 1898 on en comptait 40 000. En 1902, la ville abritait des bâtiments administratifs, une centrale électrique, les sièges de quatre journaux, plusieurs églises, une bibliothèque, une cour de justice, un réseau de distribution d'eau, de nombreuses écoles, une piscine, un bowling et un club de curling. Mais l'extraction de l'or avait déjà atteint son pic. En 1900, on en avait récolté plus de vingt-huit tonnes ; en 1904, ce chiffre était retombé à un peu plus de onze, alors que la population redescendait à son niveau de 1897. Aujourd'hui, Dawson City est peuplée de 1 375 âmes. Toute la ville exsude la nostalgie pour ces temps troubles et lointains où des hommes intrépides exprimaient des terres la richesse comme on exprime l'eau d'une serpillière, ces terres que Jack London – qui a passé moins de neuf mois ici, la plupart du temps alité par le scorbut – avait décrites comme « nouvelles et nues ».

J'entre au syndicat d'initiative, au centre duquel trône la pièce maîtresse de la salle : les ramures inextricablement enchevêtrées de deux orignaux qui s'étaient battus et avaient fini par mourir faute de quelqu'un pour les démêler. Cette relique est intitulée : « Combat à mort ». Elle est festonnée de drapeaux et de serpentins rouges et blancs en l'honneur de la fête nationale du Canada qui va être prochainement célébrée. Un homme contemple la chose avec perplexité.

« Je ne sais pas si ça a été bien réfléchi », dit-il.

Dawson est un palimpseste, une autre histoire se tapit derrière elle. Avec un siècle, voire plus, d'avance sur son époque, le missionnaire Hudson Stuck déclara en 1917 que « la grande ruée vers le Klondike entre 1897 et 1898 n'a apporté que du malheur aux populations autochtones ». Ne fais pas à autrui ce que tu ne voudrais pas qu'on te fasse.

À quelques pâtés de maisons de Front Street, je rends visite à Percy Henry, un ancien des Tr'ondëk Hwëch'ins. On ne croise guère de membres des Premières Nations dans les rues touristiques, mais à l'arrière de l'artère commerçante se dévoile une ville différente, plus calme. Percy m'invite d'un geste de la main à me servir du café qui est en train d'infuser sur le plan de travail et je me remplis un mug orné d'un verset de l'épître aux Galates. Au mur est accrochée une peinture psychédélique de Jésus, tandis qu'un papier punaisé à la porte proclame : *ENSEMBLE, nous pouvons tous être les intendants de la création de Dieu, ALORS ALLONS-Y… sauvons la planète.* Percy est attablé devant une barquette réchauffée au micro-ondes, enfournant à grands coups de fourchette sa viande accompagnée de rutabagas et de pois. La peau du dos de ses mains est aussi fine que du papier de soie. Du haut de ses quatre-vingt-neuf ans, il a ce regard loufoque et espiègle des gens qui sont conscients d'être parvenus à un âge auquel ils peuvent tout se permettre. Il n'y a pas meilleure publicité pour les bienfaits du poisson sauvage, de l'eau et de l'air purs que les vieillards rencontrés par ici. En 2000, les parents de Percy sont entrés dans le Guinness des records, où ils sont recensés comme étant le couple marié depuis le plus longtemps sur terre : quatre-vingt-deux ans. Joe Henry a arrêté de pêcher à quatre-vingt-douze ans et est décédé à cent quatre. Annie est morte à cent un ans.

« Alors, dit Percy en mettant son appareil auditif, c'est quoi votre problème ? »

Voilà deux ans, suivant l'exemple de Teslin, les Tr'ondëk Hwëch'ins ont décidé d'un moratoire de sept années sur la pêche. Cette interdiction, fondée sur le volontariat, a été globalement respectée. Le fleuve est resté tranquille. On apprend aux jeunes à alterner avec du chum congelé. C'est évidemment bien moins excitant. Je demande à Percy ce qu'il pense de tout cela.

« Lorsqu'il y a un souci, les saumons royaux envoient un message aux autres, explique-t-il. Quand j'ai découvert ça je suis allé en parler au département de la Pêche et de la Chasse. Mais ils m'ont pas écouté. Ils tripatouillent trop les poissons, ils les marquent et leur donnent un numéro. Je sais pas pourquoi ils s'embêtent encore à trafiquer avec les poissons. Le saumon royal, c'est notre nourriture. Bien sûr, tous les poissons sont comestibles, mais celui-là, c'est autre chose, hein ? »

Il se cale contre le dossier de sa chaise et j'attends. J'ai appris à ne pas interrompre les anciens quand ils parlent.

« L'automne dernier on a pêché du sockeye ici, reprend-il. Il vient de la Fraser River. En Alberta, ils pompent le sable pour en tirer du pétrole. À présent ils ont empoisonné la grande rivière. La mer est en train de mourir. Quand on voit ces grosses baleines venir agoniser sur la côte, on sait qu'il y a un problème. Elles n'ont nulle part où aller. Je devrais pas dire que c'est la faute des Blancs, mais ils font beaucoup de dégâts. Ils savent ce qui va se passer, mais ce qui compte le plus c'est les dollars. Le poisson a pas changé. C'est nous qui changeons. »

Avant 1897, le mode de vie des Tr'ondëk Hwëch'ins était resté plus ou moins immuable pendant plusieurs millénaires. Chaque année s'organisait selon un cycle qui amenait les familles à se transporter de camp en camp afin de suivre la ressource dont elles dépendaient. Quand le dernier des chums d'automne était séché, l'été touchait à sa fin. Profitant des ultimes journées de chaleur, ils cueillaient baies et racines en vue de les mettre en conserve, fabriquaient raquettes et traîneaux pour pouvoir se déplacer en hiver. À mesure que l'automne avançait, ils montaient dans les collines pour chasser le caribou et le mouton, dont ils faisaient sécher la chair, qu'ils entreposaient une fois gelée dans des cachettes vers lesquelles ils retourneraient le moment venu. Pendant l'hiver, ils s'habillaient de fourrures et s'abritaient dans des habitations bâties à la va-vite, isolées par de la mousse doublée de peau de caribou. Plus tard dans la saison, ils chassaient l'orignal et l'arrivée du printemps les voyait remonter à la source de la Klondike River, où ils grimpaient en altitude pour piéger castors, rats musqués et oiseaux. À la fonte des glaces, ils construisaient des embarcations en peau d'élan avec lesquelles ils descendaient ensuite le cours du Yukon. C'était le temps des rassemblements et Percy se souvient que, lorsqu'il était petit, les gens de sa famille remontaient parfois le fleuve à la perche jusqu'à la White River, où ils allaient à la rencontre de membres des peuples voisins, les Tutchones et les Tananas. Le temps des retrouvailles avec les amis et de la nourriture que l'on partageait, le temps des couples qui se formaient et se mariaient avant de redescendre jusqu'au Klondike pour y accueillir le retour du saumon royal. Les détails pouvaient être différents, bien sûr : le lieu de rendez-vous, les personnes qui les y accompagnaient, la durée du séjour. Mais il y avait une constance, un rythme.

S'il s'était agit d'un été ordinaire, Percy et sa famille seraient déjà au camp de pêche, en train de se préparer. Ils auraient déjà entendu les premiers grondements du tonnerre, les queues des saumons qui, au loin, frappent la surface pour dire « Nous voilà ! Tenez-vous prêts ! » Percy se souvenait des énormes chinooks de son enfance. Ils travaillaient toute la journée, à découper et à sécher le fruit de leur pêche, puis, quand arrivait l'heure du repas, ils s'asseyaient en rond et chacun déposait au centre du cercle ce qu'il avait – pain bannique et myrtilles, viande et poisson séché. Si vous étiez trop vieux, trop pauvre ou trop faible pour pêcher, alors la communauté s'occupait de vous. Les gens prenaient la quantité dont ils avaient besoin pour l'année et laissaient le reste poursuivre la montaison.

À cette évocation, Percy sourit. Puis il se penche vers moi d'un air complice et me glisse :

« Je suis pas un véritable ancien. Je suis vieux, mais j'ai connu les temps modernes. Si vous parliez avec de *vrais* anciens, d'avant les Blancs, ils vous diraient *plein* de choses. *Eux*, ils vous diraient l'avenir. »

Joe Henry avait vécu assez vieux pour le connaître, l'avenir. Le père de Percy est né en 1896, quand fut découvert le premier gisement d'or, et il est mort quelques années après que la première interdiction de pêche commerciale eut été décidée par des bureaucrates qu'il n'avait jamais rencontrés, habitant une ville qu'il n'avait jamais vue. Dès les années 1870, des Blancs avaient commencé à s'aventurer dans la région – chercheurs d'or, trappeurs, missionnaires, agents du gouvernement –, mais c'est avec l'exploitation de l'or du Klondike que les vannes se sont véritablement ouvertes.

À la fin du printemps 1897, le premier afflux d'orpailleurs débarqua et, en quelques semaines, les Tr'ondëk Hwëch'ins furent déplacés de leurs camps le long de la Klondike River. Les Autochtones traversèrent pour gagner Dawson, où ils se rendirent compte que le lieu était déjà occupé par les spéculateurs fonciers et par la police montée canadienne. En l'espace d'une saison, ils furent évincés d'un territoire que leur peuple occupait depuis la nuit des temps. À l'exception des pieux destinés à fixer les bordigues et de quelques habitations rudimentaires, leurs sites de pêche traditionnels ne portaient que bien peu de traces de leur présence millénaire. À présent ils étaient envahis par plusieurs centaines de tentes, une scierie, deux saloons, un quartier de prostituées et une épidémie de typhoïde. Dans la nouvelle langue qu'ils étaient en train d'apprendre, les Tr'ondëk Hwëch'ins baptisèrent l'endroit Lousetown – « Morpionville ».

Un missionnaire anglican, Frederick Fairweather Flewelling, acheta seize hectares à Moosehide, environ trois kilomètres en aval de Dawson et sur la même rive. Il y construisit une église, puis donna le reste du terrain aux populations indigènes déplacées mais, malgré ce geste, Flewelling ne pouvait dissimuler son mépris : « C'est une race qui n'a aucune ambition, que ce soit au niveau temporel ou spirituel... Ils n'ont que peu de traditions, voire aucune, et n'ont nulle personnalité en tant que race… Il est difficile de travailler parmi eux, du fait de leur nature et aussi parce que, pendant presque neuf mois de l'année, ils partent chasser et pêcher en petites bandes. »

Les chasseurs-cueilleurs sont considérés comme des peuples nomades, alors qu'en réalité c'est tout le contraire. Il ne fait guère de doute que, comme d'autres Premières Nations, les Tr'ondëk Hwëch'ins étaient constamment par monts et par vaux avant que l'homme blanc ne débarque, puis entreprenne de leur bâtir des églises et des écoles. Mais ils restaient sur leurs terres. Ceux qui ont la bougeotte, ce sont plutôt les éleveurs, les fermiers. Ce sont Colomb et Cortés, deux citadins, qui ont voyagé jusqu'aux Amériques. Il faut distinguer le nomadisme de la bougeotte, et c'est cette dernière qui pousse l'homme à aller toujours plus loin, au-delà du monde qu'il connaît. Et encore une fois ce sont des citadins qui ont posé le pied sur la Lune.

Percy est l'un des deux derniers locuteurs du hän, l'une des sept langues que parlent les Tr'ondëk Hwëch'ins. Il ne sait ni lire ni écrire. Il possède un ordinateur qu'il utilise pour écouter la Bible en livre audio, comme du temps où, petit garçon, sa mère lui lisait les Écritures traduites dans leur langue. Percy était allé en classe jusqu'à la fin du CE1, quand un autre élève l'avait assommé d'un coup de poing sur la figure. En reprenant ses esprits, il avait constaté qu'il n'avait rien de cassé, mais qu'il avait totalement oublié toute l'éducation reçue jusqu'alors. Il avait ensuite annoncé à son père son intention de quitter l'école.

« Et qu'est-ce que tu vas faire, dans ce cas ? avait demandé celui-ci.

– Je vais aller à *ton* école », avait répondu Percy.

Cet hiver-là, il commença le piégeage et la pêche aux côtés de son père. Il pense toujours que ce coup de poing est la meilleure chose qui lui soit arrivée.

À l'âge de douze ans, il fut embauché comme aide par un pêcheur, effectuant des journées de dix-huit heures payées un dollar pour surveiller les filets dans la rivière. Depuis cette époque, avec l'esprit typique de ceux qui tentent leur chance dans l'Ouest sauvage, il a fait presque tous les boulots possibles et imaginables. Il a œuvré neuf ans durant à la scierie de Mayo. Il a travaillé en foresterie et à l'entretien des routes. Il a intégré des équipes de lutte contre les incendies et été capitaine du ferry de Dawson. Il a pendant des années exercé sur le chaland qui empruntait la Porcupine River pour approvisionner Old Crow.

« J'suis allé pour la première fois à Old Crow en 1943, explique-t-il. J'ai rencontré *des tas* d'anciens. Y en avait plein qui étaient encore vivants, à cette époque. Et y me racontaient des histoires. Y me racontent toujours des histoires. Les canards, là-bas à Old Crow, y en avait des *millions*. Ils me disaient "Tu vois ça ?" Je répondais "Ouais." Ils disaient "Si tu vis assez longtemps pour voir ce qu'on va t'annoncer, sache qu'à l'avenir y aura plus rien." »

Percy regarde par la fenêtre.

« Autrefois, sur cette route, on roulait au milieu des canards. Je dis bien, au milieu des canards ! Maintenant on n'en voit même plus *un seul.* »

Ses amis lui ont appris que dernièrement, à Old Crow, un grand nombre de femelles caribous avaient cessé de mettre bas.

« C'est une mauvaise nouvelle, reprend-il. On trouve beaucoup de caribous qui meurent parce que le docteur a arrêté de s'occuper d'eux.

– C'est qui, le docteur ? je demande.

– Le loup est le docteur de tous les animaux, réplique Percy. Il chasse les caribous. Il les tue pas tout de suite. Il pourrait. Mais sa mère lui a appris qu'on tuait que ceux qui tombent sur le côté. C'est les bêtes faibles. Donc c'est ce qui les maintient en bonne santé. Faut qu'ils soient angoissés. Vous connaissez le parc de Yellowstone ? Les animaux étaient à moitié morts, là-bas. Alors ils ont introduit des loups et les animaux sont heureux maintenant. Ça a ramené leur vie à la normale. »

Mais maintenant, poursuit-il, les jeunes loups ne savent plus ce qu'il faut faire. Ça a commencé quand l'État a décidé de procéder à des abattages afin de protéger les caribous. Ils ont éliminé les animaux plus âgés, ceux qui éduquaient les jeunes. Désormais, Percy voit des loups entrer dans les jardins pour attaquer les chiens ou encore courir après les motoneiges. On ne leur a pas enseigné la peur ; ils n'ont bénéficié d'aucune éducation de la part de leurs aînés.

« Mais les gens me croient pas, lâche-t-il sans rancœur. Parce que c'est pas écrit dans un livre. »

En 1968, Percy a été élu chef des Tr'ondëk Hwëch'ins, une fonction qu'il a exercée jusqu'en 1984. Je déambule dans la pièce en m'arrêtant devant les photos encadrées qui ornent les murs et qui le montrent en compagnie de divers Premiers ministres canadiens : Jean Chrétien, Pierre Trudeau, Justin Trudeau.

« C'étaient les premiers temps de nos revendications territoriales, vous voyez, continue-t-il. Ça arrêtait pas. Ça me bouffait. Mes premiers gamins, je les connais à peine, et eux ils me connaissent pas. »

Les revendications territoriales au Canada ont pris de l'ampleur au cours des années 70 et 80, période au cours de laquelle de plus en plus de Premières Nations ont contesté l'occupation de leurs terres ancestrales par le gouvernement canadien.

« Ça me bouffait tellement que ma femme m'a quitté », conclut-il.

Mais Mabel est revenue. Cela fait seulement cinquante-huit ans qu'ils sont mariés.

« Parfois ça va pas bien entre nous, me confie-t-il. Et puis après ça repart. »

Percy a récemment reçu un moteur hors-bord qu'il avait commandé, un Yamaha de cent cinquante chevaux. Il est posé sur la table du jardin et il aimerait bien le ranger dans la remise. Il a fait une crise cardiaque voilà quelques années, du temps où il buvait, et depuis il lui est interdit de soulever des charges lourdes. Il a du mal à trouver quelqu'un pour lui donner un coup de main. Mais comme le hasard a voulu que je pousse sa porte…

C'est terriblement lourd. Nous grognons et haletons. Mais après vingt minutes à installer rampes et élingues, associées à des tendeurs et des pièces de bois, nous finissons par reconnaître qu'il nous est impossible de le bouger. Dans le terrain pour camping-cars situé de l'autre côté de la rue, je mets le grappin sur un Australien d'âge moyen aux gros bras recouverts de tatouages. En unissant nos forces, nous parvenons tous les trois à transporter l'engin jusqu'à la remise. Nous formons un curieux tableau vivant. La tâche accomplie, nous nous serrons la main et l'homme retourne à son transat. Je m'appuie sur la porte pour reprendre mon souffle.

« Le monde est beau, mais nous l'avons bousillé, dit Percy en reprenant le fil de ses pensées. Y a des millions et des milliards de voitures. Le gouvernement, le monde, toujours à vouloir fabriquer de meilleurs avions, de meilleures bombes, pour tuer encore plus de gens, vous voyez. »

Je lui demande ce que, selon lui, nous pouvons faire pour y remédier.

« On ne peut plus arrêter ça, maintenant, c'est allé trop loin. On est dans la merde jusqu'au cou, ajoute-t-il en souriant de sa familiarité. Je pense que nos gamins vont mourir de faim. Je sais pas si vous croyez à la Bible, mais tout ce qui y est dit est en train de se produire. En ce moment même. J'étudie les Écritures. J'étudie aussi les histoires que racontaient nos anciens. Les deux ne sont pas si éloignées que ça. Dans la Bible, Dieu dit : "Je ne le referai plus." Eh bien cette fois, on va se le faire à nous-mêmes. On va détruire notre maison. »

Il lâche un petit rire étouffé à l'idée de toute cette folie.

« Les autres animaux vivent selon les commandements de Dieu. Que pouvons-nous faire ? Mourir, peut-être. Si ça se trouve, c'est ça qui nous guérira. »

Le long de Front Street, le bâtiment en tôle ondulée de la vieille usine de traitement du poisson de la Hän Fisheries donne sur le fleuve. Voilà des années maintenant qu'il est condamné. Cet édifice historique-là n'est inclus dans aucun programme de visite guidée. Mais si vous recherchez les premiers indices de l'effondrement des populations de saumons royaux, les prémices du début de la fin, alors il pourrait constituer l'un des points de départ.

À côté de l'usine, au siège du département de la Pêche de la nation Tr'ondëk Hwëch'in, une photo en noir et blanc punaisée sur le flanc d'un classeur a été légendée ainsi : « Saumon royal (38 kg) pêché à Dawson, Yukon Territory, le 26 juillet 1924 ». Un homme très chic, avec son costume trois-pièces, sa casquette plate et sa cravate, regarde l'objectif, campé sur le trottoir en planches qui passe devant Jimmy's Place. À côté de lui est exposée sa prise. Le poisson s'étire de sa casquette jusqu'au bas de ses tibias. Les « June Hogs » étaient l'une des expressions par lesquelles on désignait jadis ces saumons-là. Ce sont des animaux monstrueux, d'énormes torses reptiliens. Le plus gros royal jamais pêché à la ligne pesait quarante-quatre kilos et dix grammes. Et en 1949, près de Petersburg, en Alaska, on remonta dans une nasse un mastodonte de cinquante-sept kilos, soit la limite supérieure d'un poids plume.

Si le saumon est le roi des poissons, comme on le qualifie souvent, le chinook est le roi des rois. Sa robe est semblable à du chrome poli, dont chaque écaille est frappée par la lumière de façon à ce qu'elle se détache avec netteté de l'ensemble. Dans l'océan, elle constitue le camouflage idéal, chatoyant dans le miroitement de l'eau. Sa livrée glisse du blanc pâle de son ventre au gris foncé de son dos, de sorte que les prédateurs d'en haut ne peuvent le distinguer du lit de l'océan et que ceux d'en bas sont incapables de le différencier du ciel. Pour accentuer encore l'effet, le dos et les nageoires sont tachetés. Une ligne d'écailles plus sombres, semblable à l'horizon, court de son nez à sa queue. Chez le saumon de l'Atlantique, celle-ci est magnétisée à la façon d'une boussole afin de l'aider à trouver son chemin (chez celui du Pacifique, la magnétite se trouve dans le crâne). Le chinook est une bête large et solidement charpentée, musculeuse à l'extrême, presque jusqu'à l'hypertrophie. La couleur de sa chair va du blanc nacré au rouge le plus profond et le plus riche en passant par le rose clair.

Le saumon royal du Yukon a pour la première fois acquis une valeur vénale au moment de la ruée vers l'or, lorsqu'on le vendait dans les camps pour sa chair. Nombreux étaient ceux arrivés dans la plus absolue impréparation, et une bonne part de ces hommes mouraient de faim. En 1914, un agent de l'US Bureau of Fisheries, le bureau américain des pêches, effectua le voyage depuis St Michael, près de l'embouchure du Yukon, jusqu'à Whitehorse, et il parvint à la conclusion que la pêche commerciale sur le cours du fleuve ne serait ni rentable ni recommandée. Il souligna le rôle crucial joué par le saumon dans le maintien de l'écosystème du fleuve, tant pour les Autochtones que pour les Blancs ou pour les attelages de chiens. La chasse étant par nature aléatoire, les montaisons de saumons assuraient à date fixe, année après année, une abondance de protéines qui rendait la vie possible sous ces latitudes. Le rapport rédigé à la suite de cela avertissait : « Il y a une forte hostilité à l'installation de conserveries sur le cours inférieur du Yukon, si jamais telle entreprise était jugée faisable, car cela se traduirait en amont par une importante réduction, voire un tarissement, de la ressource que représente le saumon, ce qui aurait pour conséquence de sévères privations et difficultés pour les populations de cette région. »

La première fabrique de conserves, propriété de la Carlisle Packing Company, sortit de terre à peine quatre ans plus tard. Sur toute la côte de l'Alaska, il existait déjà des usines du même genre qui assuraient la moitié de l'approvisionnement mondial en saumon, mais l'arrivée de la première du genre sur les rives du Yukon se heurta à une certaine résistance. Le chef Paul, du village de Koyukuk, craignait que la compagnie ne prenne « chaque poisson qui remontait le fleuve ». En 1917, une remonte de saumons faméliques avait fini par contraindre les habitants à tuer des chiens de traîneau parce qu'ils n'avaient rien d'autre pour se nourrir. Les chiens étaient aussi cruciaux pour la vie autour du fleuve que le sont les chevaux ailleurs : ils étaient indispensables pour la chasse, le transport de marchandises, les déplacements et la distribution du courrier. Les gens de la région étaient réticents à toute activité susceptible d'affecter encore les montaisons. La Carlisle Company répliqua que si les Autochtones n'étaient pas capables d'attraper suffisamment de poissons, c'était parce qu'ils étaient fainéants et leurs méthodes de pêche primitives. En 1919, la conserverie captura plus de 100 000 royaux, un chiffre qui ne serait surpassé qu'en 1961.

Il est vrai que les remontes de saumons ont toujours connu des fluctuations, parfois impressionnantes. Les épisodes pléthoriques pouvaient être suivis de périodes de pénurie, tandis que la conjugaison de crues et d'une météo exécrable entraînait à l'occasion une année de disette. En 1919, un an après le démarrage de l'activité de la Carlisle Packing Company, beaucoup de gens se retrouvèrent affamés et un prêtre local affirma : « La famine nous guette vraiment. » L'US Bureau of Fisheries rappela aux Autochtones qu'il existait une multitude d'autres poissons, sans parler du gibier, et qu'en outre aucun cas de privation anormale n'avait été attesté. « Il faut sans aucun doute prendre en considération l'effet psychologique qu'a pu avoir l'installation de la conserverie sur les indigènes ; à la nouvelle de sa mise en activité, ils ont aussitôt supposé que plus un seul saumon ne remonterait vers l'amont », écrivit-il. Le juge chargé d'examiner la question parla des « droits de la propriété privée dans une société libre ainsi que du caractère sacré de l'investissement honnête et de bonne foi ». Deux visions du monde se télescopaient frontalement.

Mais malgré ces analyses rassurantes, le bureau décida d'envoyer le Dr Charles Gilbert et Henry O'Malley enquêter sur le problème. Ces derniers découvrirent que la montaison de 1919 avait été « l'une des pires, sinon la pire, que le Yukon ait jamais connue » et que, si la saison n'avait pas été aussi faste pour les chasseurs et les trappeurs, l'hiver aurait été désastreux. Il était difficile de mesurer l'impact réel des prélèvements effectués par la compagnie mais, couplées à leurs propres estimations, les informations recueillies auprès de la population indiquaient que l'activité de la conserverie n'avait fait qu'exacerber une situation déjà catastrophique. Gilbert et O'Malley laissèrent entendre qu'il était anormal « de jouer avec le bien-être des populations de l'intérieur en se livrant à des expériences hasardeuses ». En 1924 fut décrétée une interdiction totale de la pêche commerciale destinée à l'export. La Carlisle Company plia bagage pour aller s'installer au bord de la baie de Bristol, dans le sud-est de l'Alaska.

Mais au cours des années 30, les avions remplacèrent progressivement les traîneaux et, comme il y avait de moins en moins besoin de saumons pour nourrir les chiens, cette interdiction fut levée, bien que remplacée au début par des restrictions plus sévères. Au moment de prendre sa retraite, en 1942, C. F. Townsend, inspecteur des pêches pendant plus de vingt ans, expliqua dans une note que l'industrie apportait un revenu plus que bienvenu aux « quelques Blancs et à tous les Autochtones du voisinage », mais avertissait : « Je ne recommande aucune augmentation des prises au-delà de la limite actuellement en vigueur, car je redoute qu'à peine ce plafond dépassé les problèmes ne commencent à apparaître. »

Cet équilibre tint un certain temps, mais les années 60 apportèrent les bateaux à moteur ainsi que le monofilament, des innovations technologiques qui permirent un nouveau type de pêche au filet dérivant : grâce à des rets de quatre-vingt-dix mètres tirés jusqu'au lit central du fleuve, il était possible d'attraper des royaux dans des endroits jusqu'ici inaccessibles et en quantités jamais atteintes auparavant. En 1960, on comptait 46 filets dérivants dans le Yukon ; en 1975, 314. En 1976, l'Alaska Department of Fish and Game (ADF&G) accorda 700 autorisations de pêche au filet dérivant. Le nombre de prises explosa. En 1980, 150 000 royaux furent capturés par l'industrie de la pêche, un chiffre jamais dépassé depuis. L'ADF&G interpréta cela comme un signe d'amélioration des montaisons et décida d'augmenter les quotas en conséquence.

L'usine de traitement de la Hän Fisheries ouvrit en 1981 à Dawson City et le pasteur Don Meeks lança un service de navette fluviale pour aller acheter le poisson qui devait l'alimenter. Puis une route fut construite qui relia Forty Mile, où tous les pêcheurs se retrouvaient chaque matin à 11 heures afin d'aider au chargement du bateau. Pendant un temps, les affaires furent florissantes et l'argent coulait à flots. Certains jours, on pouvait transporter plus de six tonnes de poisson. « Un effort surhumain », me confia un homme avec cette jubilation qui accompagne le souvenir nostalgique du dur labeur accompli durant ces années d'avant le travail de bureau et la bedaine. « Il ne serait pas exact de dire que je dépendais du poisson, mais c'est sûr que ça rendait la vie beaucoup plus facile », ajouta-t-il.

Mais le cours du marché s'effondra avec l'avènement du poisson d'élevage. Et on assista simultanément à une diminution importante et graduelle du nombre comme de la taille des saumons sauvages. Dans les années 80, les acheteurs de chinook refusaient tout poisson de moins de six kilos et demi. Puis la limite s'abaissa à cinq kilos et demi avant de tomber à quatre et demi. Durant les quelques années précédant 2007, date de l'interdiction de la pêche commerciale sur le cours canadien du Yukon, ces mêmes acheteurs étaient prêts à acquérir tout ce qui se présentait. En 2006, Dan Bergstrom, le responsable de la gestion du fleuve pour l'ADF&G, annonça : « À ce stade, nous n'anticipons pas de crise. » Alors que, de part et d'autre de la frontière, les agences fédérales comme celles de l'État de l'Alaska avaient déclaré 1997, 1998, 2000, 2001, 2002, 2009, 2010, 2011 et 2012 comme années de « désastre économique » ou de « désastre halieutique », il fallut attendre 2011 pour que la pêche commerciale soit enfin fermée du côté américain. À ce moment-là, les chiffres de la montaison s'étaient effondrés. La moyenne historique, avant 1997, se situait à 300 000 poissons. En 2013, seuls 37 000 étaient revenus. En 2014, une interdiction totale de la pêche au saumon royal fut décrétée, y compris celle de subsistance, et ce des deux côtés de la frontière. Jamais jusqu'alors la pêche de subsistance n'avait fait l'objet d'une telle mesure, laquelle suscita de la colère chez beaucoup de gens – et les laissa avec un frigo vide.

« On a été élevés pour vivre sur ce fleuve, m'a confié Peggy Kormendy, qui fait partie des anciens de Dawson. Alors quand ils ont dit qu'on ne pouvait plus pêcher, ça m'a fait vraiment *bizarre*. »

Le pire, c'est que personne ne pouvait ou ne voulait expliquer ce qui arrivait. Les pêcheurs restèrent tout l'été plantés sur les berges à regarder remonter les saumons.

En 2011, Debbie Nagano fut piégée par deux gardes-pêches qui s'étaient fait passer pour des touristes de l'Alberta et lui avaient infligé une amende de cinq mille dollars pour vente illégale de chinook.

« Le procès a été totalement délirant, me raconte-t-elle lors de notre rencontre. Ils m'ont montrée du doigt en disant : “Vous auriez dû avoir un peu plus de jugeote.” Après ça, je ne voulais même plus voir un poisson. J'étais trop furieuse. J'ai encore du mal à en parler. S'ils étaient venus me voir en me demandant : “Est-ce que vous vendez du poisson ?”, j'aurais répondu : “Oui, je vends du poisson. Vous le savez. J'en ai vendu toute ma vie.” Faut bien s'occuper, c'est pour ça qu'on vend du poisson. Alors s'ils nous enlèvent ça, qu'est-ce qu'on va bien pouvoir faire, bon Dieu de bon Dieu ? »

En 2011, des échanges limités étaient encore autorisés entre les Premières Nations. Je demande à Debbie pourquoi elle ne s'est pas contentée de vendre aux membres de son peuple. Elle secoue la tête.

« Ils viennent te voir en disant : “Allez, ça fait si longtemps qu'on n'en a pas eu.” Je me vois pas leur répondre : “Vous êtes pas des Autochtones, je peux pas vous en vendre.” J'ai pas été élevée comme ça. Quand les premiers Blancs se sont pointés ici, beaucoup d'entre eux n'avaient rien du tout. Pas de viande. Ils ont sauvé un tas d'étrangers, les Autochtones d'autrefois. »

Debbie est désespérée. D'entendre les histoires des anciens sur l'harmonie qui régnait jadis en cet endroit, aujourd'hui menacé par la pollution des exploitations aurifères et des mines d'amiante qui s'infiltre dans les rivières, par les ravages des bateaux de touristes, tout cela suite à des décennies de gestion pitoyable de la part des autorités. De subir les tracasseries consécutives à des lois dont on n'avait autrefois nul besoin, d'être gouvernée par des gens qui n'ont aucun respect pour l'environnement, à tel point qu'ils envisagent même présentement de lancer des opérations de fracturation hydraulique le long de la Dempster Highway. Son grand-père lui répétait tout le temps que l'Amérique était le pays de Dieu.

« Nous voulons que nos enfants puissent voir ce que nous-mêmes avons vu au cours de notre vie, dit Debbie. Et si nous continuons à manquer de respect à la Nature, ils ne le verront jamais. »

Pour ma deuxième nuit après mon départ de Dawson, je campe sur un terrain plat qui s'élève au milieu du fleuve. Voilà plusieurs semaines maintenant que j'ai commencé mon périple et les tâches quotidiennes m'apparaissent moins comme des corvées que comme des nécessités de l'existence qu'il serait ridicule de discuter. Elles sont banales, en un sens – ces deux heures que je dois consacrer chaque soir à décharger le bateau, planter ma tente, ramasser du bois, allumer le feu, préparer mon dîner, traîner le canoë sur la plage, le retourner pour l'attacher à quelque chose de solide au cas où le vent se lèverait durant la nuit, puis ces deux autres heures le lendemain matin pour effectuer le processus inverse –, mais pas plus que ne l'est pour une sterne le fait de construire son nid ou pour un castor celui de travailler un saule. Il y a des obligations qui me sont dictées par la vie dans cet environnement et je m'en acquitte, c'est tout.

Ma perception change. Il m'est de plus en plus facile de discerner des formes dans le paysage, de voir dans un morceau de bois qui flotte au loin une ramure d'orignal, ou encore dans un bouleau chétif un homme qui m'attend : avec mon esprit qui papillonne en toute liberté, j'invente des curiosités dont j'imagine que, sous peu, je les incorporerai à des histoires. Je relève aussi des détails bizarres, de sorte qu'à force de me concentrer sur une petite tache blanche aperçue à près d'un kilomètre de distance, je finis par découvrir un pygargue à tête blanche perché, immobile, sans savoir comment j'y suis arrivé. Je constate que je parviens à déterminer l'espèce d'un arbre par sa façon de s'agiter dans le vent : les feuilles du tremble paraissent scintiller, alors que celles du bouleau frémissent. Je ne l'avais jamais remarqué jusqu'alors. Il en va de même avec le cri des oiseaux. J'avais toujours pensé qu'apprendre leur chant était au-dessus de mes capacités, mais ici je commence à les mémoriser : le junco ardoisé, semblable à une sonnerie de téléphone ; le bruant à couronne blanche ; le martin-pêcheur et son crépitement rauque. Bien qu'étant citadin depuis de nombreuses années, je crois que mon cas n'est peut-être pas désespéré, après tout.

Et puis je tombe amoureux du canoë. Avec son élégante simplicité, il représente l'essence même de ce qu'est un bateau : symétrique sur les deux plans, seule la position des bancs de nage permettant de distinguer l'avant de l'arrière. À mesure que je passe du temps à son bord, je me rends compte que je peux sentir le fleuve à travers lui, qu'il est davantage un intermédiaire entre l'eau et moi qu'un véhicule qui nous sépare l'un de l'autre. Chaque soubresaut du courant, chaque frémissement du vent se propage par la coque ou par la pagaie en bois, et plus j'y prête attention, plus je perçois ces variations. Bill Mason, le légendaire canoéiste canadien, encore une fois : « Quand vous regardez la physionomie du Canada et que vous étudiez attentivement sa géographie, vous ne pouvez vous empêcher de penser que Dieu a peut-être conçu le canoë avant d'imaginer ensuite une terre sur laquelle il s'épanouirait. »

Les premiers canoës étaient fabriqués avec de l'écorce de bouleau : une carcasse en cèdre blanc était recouverte de couches d'écorce de bouleau liées ensemble à l'aide de racines d'épicéa et de tendons de caribou, le tout imperméabilisé au moyen de gomme d'épinette. Ils devaient peser dans les cinq kilos. Dans leurs écrits, les premiers explorateurs blancs exprimaient leur stupéfaction devant l'habileté avec laquelle les Indiens les maîtrisaient, le pagayeur pouvant se lever pour transpercer un saumon avec sa lance sans que l'embarcation ne chavire dans les rapides. Ce qui était remarquable dans leur conception, c'était qu'on pouvait les réparer avec des matériaux disponibles dans l'environnement immédiat et que, lorsqu'un canoë était irréparable, il suffisait de le laisser pourrir sur place pour qu'il retourne à la forêt. Le mien, en revanche, est en fibre de verre et il durera jusqu'à la fin des temps. Mais ce que l'on perd en termes de pérennité écologique est compensé par la maniabilité du bateau, même pour qui ne possède pas de grandes compétences techniques : ce canoë peut se jouer de tous les obstacles. Sur la côte, les Tlingits construisaient leurs pirogues de guerre – qui pouvaient accueillir jusqu'à quarante hommes – à partir de billots de cèdres géants évidés dans lesquels ils disposaient ensuite des blocs de pierre chauffés pour attendrir le bois. Cette méthode est encore employée à Teslin pour les régates estivales annuelles. Et bien qu'au quotidien tous les habitants de la région utilisent aujourd'hui des skiffs, ces bateaux en aluminium sommaires, ou des hors-bords – je ne verrai aucun Autochtone se déplacer en canoë durant tout mon voyage, les plus jeunes générations manifestant même souvent une certaine méfiance à l'égard de ce type d'embarcation –, mon mode de transport réveille en eux une curiosité culturelle profondément ancrée, la même que j'éprouverais envers un Tlingit qui déciderait de parcourir Londres à cheval pour ses vacances.

Je veille tard. Des blocs de glace récalcitrants se prélassent au soleil tels des morses, salis par l'incessant passage du limon. Je les écoute fondre goutte à goutte. À demi immergés dans l'eau, ils sont les messagers d'une autre saison : c'était la carapace du fleuve avant l'offensive du printemps. À terre, les épicéas ont été décapés par la glace, leur écorce en lambeaux évoquant le griffoir de quelque énorme bête. Une grive pousse son chant si proche de celui de notre merle, appel solitaire dans un crépuscule diaphane. Sous ces latitudes, la tombée du jour s'étire pendant si longtemps que les astronomes la fractionnent en différents couchants – le civil, le nautique et l'astronomique – en fonction du nombre de degrés dont a décliné le soleil sous la ligne de l'horizon. Demain, je serai en Alaska.

L'Alaska est délimité par le détroit de Béring. Son nom est dérivé de l'ancien mot aléoute *alaxsxaq*, qui signifie « l'objet vers lequel l'action de la mer est dirigée » ou, selon une autre traduction, « la côte sur laquelle la mer se brise le dos ». La région a attiré aussi bien les Russes dans leur expansion vers l'est que les Européens dans leur marche vers l'ouest, mais ces pionniers venaient pour la fourrure et non pour l'or. En 1728, l'explorateur danois Vitus Béring navigua de la Russie à l'Amérique du Nord à la tête d'une expédition commanditée par Pierre le Grand dans le but de déterminer si les deux continents étaient reliés. Large de quatre-vingt-cinq kilomètres en son point le plus étroit, le détroit qui maintenait ces deux masses de terre à un jet de pierre l'une de l'autre prit naturellement son nom. Lors d'un voyage ultérieur, en 1741, Béring aperçut le cône volcanique du mont Saint-Élie d'où, en 1825, une ligne serait tracée, remontant droit vers le nord le long du cent quarante et unième méridien jusqu'à la mer de Beaufort, cela afin de marquer la limite entre le Canada britannique et l'Alaska russe. L'équipage de Béring rapporta de ce voyage une cargaison de huit cents peaux de loutres de mer qu'il vendit à son retour pour une fortune. La première ruée vers l'Alaska était lancée.

Les *promyshlenniki*, c'est ainsi qu'on les appelait. Les marchands de fourrure. Loin de chez eux, non entravés par l'autorité ou la moralité, ils partaient vers l'est et parcouraient d'île en île tout l'archipel des Aléoutiennes, décimant les populations animales et humaines. Ils retenaient en otages femmes et enfants pour s'assurer que les hommes leur ramèneraient les peaux au retour de la chasse. Il arrivait parfois que les Aléoutes se rebellent contre leurs nouveaux maîtres et les massacrent – l'idée de hiérarchie leur était jusqu'alors inconnue. Les colons russes fondèrent des localités et des comptoirs commerciaux sur tout le cours inférieur du Yukon. On peut lire la trace de ce legs dans les noms de certaines familles qui vivent au bord du fleuve – les Demoski, Kozevnikoff, les Chaïchnikoff – et dans les bulbes des églises orthodoxes des villages implantés en aval.

Le mont Saint-Élie est actuellement le deuxième plus haut sommet des États-Unis et du Canada réunis. Les fourrés sont défrichés sur trois mètres de part et d'autre de la frontière, éraflure qui sépare les deux pays du nord au sud. Tous les vingt-cinq ans, les tronçonneurs viennent raser les taillis qui ont repoussé. Du fleuve, on n'aperçoit que fugitivement cet accroc dans le paysage, seule crénelure dans des centaines de kilomètres de forêt intacte. Quand on songe au côté brutal et anonyme de la plupart des frontières internationales, celle-ci a une rusticité qui lui confère tout son charme. Elle est franchie par beaucoup plus d'animaux que d'êtres humains. C'est ici que change l'appellation du saumon et que le chinook canadien devient le royal américain.

Sur la partie alaskienne est disposé un sonar qui permet de contrôler et d'enregistrer le passage de chaque saumon qui remonte le fleuve, mais pour le moment l'appareil est encore dans sa boîte, car le travail n'est pas pour tout de suite. (L'avant-garde des chinooks se trouve encore à quelque huit cents kilomètres de là.) Mais c'est peut-être l'endroit idéal pour celui qui voudrait traverser subrepticement la frontière sans être repéré. Au village d'Eagle, à une douzaine de kilomètres à l'intérieur de l'Alaska, il y a une cabine téléphonique reliée directement aux douanes américaines. Je décroche le combiné pour les informer de ma présence sur le sol des États-Unis.

« Avez-vous un fusil de chasse ? » me demande une voix à l'autre bout du fil.

Je réponds que non.

« Très bien, dit la voix. Alors bonne visite. »

Je déambule dans le bourg. J'avise un hôtel qui, à en juger par ses dimensions, semble conçu pour recevoir davantage de clients qu'il n'en accueillera sans doute jamais. Je m'assois dans un coin du restaurant, aussi sonore qu'une église, pour boire du café, dont on me ressert généreusement chaque fois que ma tasse est vide. Je me suis lavé exprès dans le fleuve le matin même, mais au fond de moi je me sens crasseux. Sur un mât, au-dessous de la bannière étoilée, claque le drapeau de l'Alaska, dessiné en 1927 par un garçon alutiiq de treize ans, Bennie Benson, lauréat du concours lancé par l'État. Sur un champ bleu foncé apparaissent huit étoiles jaunes configurées pour représenter la Grande Ourse et Polaris, l'étoile Polaire, mais l'effet d'ensemble est plutôt celui d'un drapeau européen qui tombe en lambeaux. Dans le Memorial Park Amundsen de la ville d'Eagle, le long d'Amundsen Street, on peut voir, trônant au bout d'un pieu de métal, un globe sur lequel une ligne indique le trajet depuis la Norvège jusqu'à l'Alaska, tandis que sur le pilier de pierre qui soutient l'œuvre, une plaque commémore le souvenir de Roald Amundsen et de sa « visite à Eagle ». L'explorateur, en quête d'un poste de télégraphe, est arrivé ici le 5 décembre 1905 à midi après avoir passé un mois et demi sur un traîneau tiré par des chiens. Eagle avait été reliée au télégraphe en 1903, et Amundsen avait un message à communiquer de toute urgence au monde : il avait découvert la voie qui permettait de rejoindre le Pacifique en passant par l'océan Arctique, le fameux passage du Nord-Ouest qu'on recherchait depuis si longtemps.

« Alaska, la dernière frontière », proclame la plaque minéralogique de chaque pick-up. Ici, me rabâcheront inlassablement orpailleurs, mushers, travailleurs de l'industrie pétrolière, pêcheurs à la mouche, natifs comme nouveaux venus, ici se trouve le dernier grand espace sauvage de la planète.

En 1890, le directeur du recensement déclara que les États-Unis n'avaient plus assez de terres inhabitées pour que l'on puisse continuer à parler de ligne frontalière, et que la notion de Frontière en tant que telle ne figurerait plus sur les documents du recensement. Les zones grises avaient été gommées de la carte. Et cette annonce, écrivit l'historien Frederick Turner en 1893, marqua la fin de la première période de l'histoire américaine. D'après lui, c'est l'interaction entre la civilisation et les contrées reculées qui a véritablement forgé le caractère de la jeune nation, et « américanisé » son peuple. C'est sur la Frontière que les habitudes européennes raffinées se sont frottées au pays farouche, en ce lieu liminal où le monde primitif a débridé l'esprit civilisé :

> Elle voit arriver un Européen – de par ses vêtements, ses techniques, ses outils, ses modes de transport et de pensée. Elle le fait passer du wagon au canoë en écorce de bouleau. Elle le dépouille des oripeaux de la civilisation pour l'habiller de la chemise de chasse et des mocassins. Elle l'installe dans la cabane en rondins du Cherokee et de l'Iroquois, qu'elle ceint d'une palissade indienne. Il ne tarde pas à semer du maïs et à labourer avec un bâton pointu, à pousser le cri de guerre et à scalper à la manière traditionnelle des Indiens. En somme, l'environnement de la Frontière se révèle au départ trop brutal pour l'homme.

Dans un premier temps, l'homme erre dans ce paysage, puis il finit par le dominer. Pendant plus de deux siècles, les pionniers se sont ouvert un chemin vers l'Ouest, domestiquant et évangélisant sur leur passage. Aux yeux de ceux qui arrivaient sur ce « continent simple et inerte », les peuples indigènes étaient une composante de ce territoire vierge, comme s'ils étaient modelés dans sa glaise même, un complément de ces solitudes qu'il convenait de dompter avec le reste. En 1845, le chroniqueur politique John L. O'Sullivan formula la mission : « C'est notre destinée manifeste de nous déployer sur le continent confié par la Providence pour le libre développement de notre grandissante multitude. » La terre fut soumise par la charrue, l'Indien par le fusil. Et l'Américain poursuivit sa marche en avant. C'est l'esprit pionnier qui l'avait amené ici : il ne pouvait trouver la paix dans les limites de sa ferme. Il possède intrinsèquement une « mentalité conquérante », écrivait Turner, une « énergie nerveuse bouillonnante », et à peine se sent-il entravé par les autres colons qu'il repart aussitôt dans les bois. C'est la malédiction originelle de l'être humain, cette aspiration à la fois à la liberté et aux habitudes casanières. Et il reprend donc sa course perpétuelle vers l'Ouest, ce jusqu'au crépuscule du XIXe siècle, où l'océan Pacifique met un terme à son avancée. Alors il se tient là, à contempler cette étendue d'eau, adossé à près de cinq mille kilomètres de terres, et, bandant ses muscles, il se demande : Et maintenant ? Où, maintenant ?

Je quitte Eagle à coups de pagaie pour ensuite dériver à travers une quinzaine de kilomètres d'immensité. Il y a une beauté dans la monotonie de cette infinité d'arbres, dans le classicisme de cette palette répétitive de verts et de bruns, de gris et de bleus. Des taches de couleur, lupins et vesces, surgissent parfois parmi les sombres broussailles qui tapissent les berges. Le temps change, change. Le vent, tantôt remontant le fleuve, tantôt dévalant des hauteurs. Les moustiques s'agitent dans tous les sens, les pattes ballantes, furetant autour de mes vêtements. Les flots pareils à un tapis roulant qui bouillonne, tourbillonne, creuse des remous et m'emporte.

Le courant commence à faiblir. Je ne suis qu'à 260 mètres au-dessus du niveau de la mer, une mer encore distante de plus de 1 600 kilomètres. Le paysage s'adoucit, les versants se couvrent de feuillages caducs, les sommets apparaissent moins sévères – bien qu'il m'arrive encore de temps à autre de passer devant d'imposantes falaises, éboulis abrupts d'où s'élève un voile de poussière, aux pentes si escarpées qu'elles ne peuvent supporter leur propre poids, enveloppées d'une bruine de schiste qui tombe en pluie dans l'eau.

L'Alaska fait un cinquième de la superficie du reste des États-Unis (que ses habitants, à la façon des membres d'une secte, appellent le Monde extérieur). Il a la taille de la France, de l'Allemagne, de l'Italie et des îles britanniques réunies. La population totale de tous ces pays est d'un peu plus de 277 millions d'habitants. Celle de l'Alaska de 741 894 (en 2016), ce qui permet à chaque citoyen de jouir d'environ deux kilomètres carrés et demi mais, avec ses 400 000 résidents, la métropole d'Anchorage augmente considérablement la part disponible pour le reste de la population. Il y a une plaisanterie très prisée par les gens du cru : ce qu'il y a de bien, à Anchorage, c'est que ce n'est qu'à vingt minutes de l'Alaska.

À l'instar des autres animaux, les humains ont leur territoire, dans ces vastes étendues. En fonction de la personnalité de chacun et des ressources accessibles, les cabanes sont tellement éloignées les unes des autres que l'on voit rarement celle de son voisin. Chaque propriété doit être proche d'une zone de turbulence de la rivière pour permettre d'y jeter son filet à poisson, mais également offrir un domaine de chasse assez grand et de l'espace propice à la réflexion. J'aperçois celle d'Andy Bassich une heure avant d'y parvenir.

Ses indications étaient : « À une vingtaine de kilomètres après la ville, sur la gauche. Attention aux tourbillons. Ne venez qu'après les heures de travail. »

Je m'engage dans le remous, un endroit où le fleuve présente un brusque contre-courant capable de retourner l'embarcation du visiteur pas assez vigilant, puis amarre mon canoë. Des chiens tournent en rond autour de mes pieds et m'escortent jusqu'à la maison en jappant. Andy est assis sur le porche, une bière à la main : la cinquantaine bien tassée, un visage jeune, des cheveux gris, un personnage de dessin animé sur son T-shirt. Que ce rendez-vous pris une semaine auparavant depuis le Canada par téléphone, avec de la friture sur la ligne, ait effectivement débouché sur une rencontre en chair et en os a pour moi quelque chose d'étonnant. Il me salue d'un petit hochement de tête, comme si je passais là par hasard.

Chacun a sa façon de vivre dans le bush, ainsi que me l'explique Andy lorsqu'il revient sur la terrasse pour me tendre un verre très frais de sa bière maison :

« La première fois que je suis venu ici, il y avait un gars qui vivait à Coal Creek. Il faisait rien d'autre de tout l'hiver que rester assis devant sa fenêtre. Il passait son temps à bouquiner et à fumer des pétards et à bouquiner encore. Il faisait juste le minimum pour ne pas mourir de froid. Il sortait parfois pour tirer un orignal ou un ours qu'il avait vu par la fenêtre. Il était fauché comme les blés. Et il était heureux comme un roi. Moi, j'aurais jamais tenu. Mais ça lui allait. Moi, j'aime travailler. J'aime construire des trucs. »

L'installation que s'est aménagée Andy ressemble à ce que pourrait produire un architecte libéré de toute contrainte en matière d'espace. Quand d'autres ont des pièces, Andy a des bâtiments. Il y a un sauna. Il y a des bungalows pour les invités. Il y a un atelier, une resserre à outils, une remise sur pilotis et diverses autres constructions dont la fonction demeure mystérieuse. Andy habite une maison d'un étage pourvue d'une véranda et il est en train de s'en bâtir une nouvelle à l'autre bout du terrain, à côté de laquelle sont disposées des piles de planches d'épinette qu'il a sciées dans des billots coupés dans la forêt. Il y a des séchoirs à poissons sur lesquels les corps marron et desséchés de centaines de saumons chums s'entrechoquent dans le vent du fleuve, ainsi que des serres où des pousses et plants de chou, de tomate, de piment et de marijuana se disputent l'espace durant leur brève et intense saison. Il y a des nichoirs pour les hirondelles, lesquelles permettent de réduire un peu la multitude de moustiques. Il y a un abri destiné à la fabrication de bateaux, aux chevrons duquel est suspendue la coque d'un kayak, tendue sur sa carcasse en bois après avoir été façonnée à la vapeur. À l'extrémité de ses terres, il est en train de dresser des yourtes.

Autrefois, il y avait eu de l'activité ici, si votre conception de l'activité était élastique, distendue par des années de vie dans un coin de bush reculé. Mais il y avait des familles et des jeunes comme lui. Un aller-retour jusqu'à Eagle pouvait prendre deux à trois semaines : haler votre canoë depuis la berge, rester quelques jours en ville le temps de régler vos affaires, le temps de quelques soirées de beuverie, puis rentrer par voie fluviale. Pendant votre absence, les gens veillaient au grain, s'occupaient de vos chiens, de votre bébé. Lorsqu'il fallait construire une nouvelle cabane, tout le monde s'y collait. Maintenant, l'endroit semble vide, explique Andy. Les jeunes ne viennent plus s'installer ici. Il n'y a plus que les vieux schnocks comme lui, qui vieillissent un peu plus chaque année et sont une espèce en voie d'extinction. Emporté par les eaux quelques années auparavant, le vieux Dick Cook a eu de la chance. La plupart d'entre eux finissent oubliés, quelque part dans une maison de retraite, sans personne pour prendre soin d'eux sinon une jolie infirmière, leur famille – pour ceux qui en ont une – ayant depuis longtemps quitté l'État. Ah, et puis merde ! se dit Andy. Quand son heure sera venue, il envisage de fabriquer un radeau et de se laisser dériver au gré du courant.

« Les jeunes qui viennent ici, ils voient ce que j'ai et ils s'imaginent qu'il suffit de claquer des doigts pour l'avoir, se désole-t-il. Ils savent pas que ça prend du temps. Ils ne voient pas les milliards de calories que j'ai brûlées pour bâtir cet endroit. Rien que défricher un petit bout de terrain dans la forêt sans le moindre engin, c'est un sacré boulot. »

Il sourit et boit une gorgée de sa bière.

« Ils ne veulent pas fournir tous ces efforts s'ils ne possèdent pas la terre, poursuit-il. Mais personne ne la possède. Quand je serai mort, elle ne sera plus à moi, même si j'ai un bout de papier qui affirme le contraire. La récompense, c'est l'expérience acquise. Mais ils ne voient pas les choses ainsi. »

Andy est originaire du Maryland. À l'âge de vingt-deux ans, alors qu'il suivait une formation pour devenir responsable de chantier, sa grand-mère lui avait donné ce qu'il estime être le meilleur conseil qu'il ait jamais reçu : « Tu auras bien le temps plus tard de faire carrière, de gagner de l'argent, lui avait-elle dit. C'est maintenant que tu dois en profiter et t'amuser. »

Il quitta l'université, monta dans sa nouvelle jeep et prit la direction du nord. Il y avait, sur la carte, un endroit appelé Eagle : comment y résister ? Lorsqu'il gagna enfin l'Alaska, il n'avait plus un sou en poche et finit par atterrir à Fairbanks. Ce n'est que l'année suivante, à l'occasion d'un voyage en canoë avec un copain, qu'il parvint à Eagle, où il débarqua le 3 juillet. Il décida de s'y attarder pour profiter des cérémonies du 4-Juillet avant d'y déménager pour de bon.

L'histoire d'Andy n'est pas un cas isolé. D'après le recensement de 2010, seules 39 % des personnes vivant en Alaska y sont nées. Que le phénomène soit le fruit d'un engouement réel pour la région ou la manifestation géographique d'une sorte de syndrome de Stockholm, ce chiffre signifie que la majorité des habitants ont émigré en Alaska et qu'ils y sont restés. Il n'y a guère d'ambivalence à ce sujet chez celles et ceux que je rencontre – des températures de moins quarante ne laissent aucune place à l'ambivalence. Les gens viennent ici dans le cadre d'une affectation militaire, ou appâtés par les richesses supposées du pays. Les gens viennent ici pour s'enfuir le plus loin possible de leur famille tout en continuant à habiter en Amérique. Et certains, comme Andy, viennent ici pour assouvir leur fantasme de la frontière sauvage, de ce lieu où l'homme peut vivre à l'écart du système. Andy dénicha une cabane dans ce qu'on appelait la ville, si on voulait être gentil. Un hiver, alors qu'il parcourait les eaux gelées à bord de son traîneau à chiens, il s'arrêta à l'endroit où nous sommes assis en ce moment.

« J'avais l'impression d'avoir déjà vécu ici, explique-t-il. J'avais le sentiment irrésistible d'être chez moi. »

De l'autre côté du fleuve se dresse la falaise de Calico Bluff, composée d'un plissement de strates de calcaire datant du Mississippien et du Pennsylvanien, entrecoupées de couches de schiste noir recouvert de soufre, compressé par les forces tectoniques en un anticlinal qui évoque une empreinte digitale ou encore une porte d'église, avec ses volutes jaunes, grises et vertes. À l'est se dressent les montagnes du Canada, tandis qu'en face une barre d'épicéas brûle dans les feux du soleil vespéral, emprisonnant entre leurs cimes des lambeaux de brume. Un corbeau qui glousse comme un poulet sautille sur la berge, plastronnant d'un air canaille dans son short ample. Ce n'est que plus tard, une fois installé, qu'Andy découvrit qu'il vivait près du deuxième plus important site archéologique d'Alaska. Ses chiens déterrent sans arrêt des pointes de flèche. Cela fait des millénaires que les gens ont le sentiment irrésistible d'être chez eux ici.

Sur le barbecue grésillent des filets de saumon royal (pêché l'an dernier et sorti du congélateur) ainsi que des steaks de caribou. Le ciel d'été lâche de grosses gouttes de pluie qui meurent sur les braises dans un sifflement. Il cueille deux ou trois poignées de chénopode de Berlandier qui pousse à l'état sauvage derrière l'enclos de ses chiens.

« Je me suis rendu compte d'une chose au fil du temps, dit-il en retournant les steaks. J'ai chaque année les yeux plus gros que le ventre. Mais j'arrive quand même chaque année à faire ce qui est le plus important. Tous les matins, après m'être préparé mon café, je vais m'asseoir sur le porche et je me demande : “Qu’est-ce que j’ai envie de faire aujourd’hui ? Quelles sont les priorités ?” Il n’y a pas beaucoup de gens qui ont ce luxe. »

La pluie tombe plus dru et les moustiques se font agressifs. Nous rentrons pour manger. Le saumon est gras, juteux, succulent, et je sens sa graisse me couler lentement le long du menton. Andy m’affirme que ce poisson congelé n’a rien à voir avec le frais mais, à mes papilles habituées aux filets flasques des produits surgelés de supermarché, il est exquis. Des appeaux à canards trônent sur des étagères à côté d’un râtelier à fusils occupé par neuf armes, le tout de fabrication maison. Aux fenêtres sont suspendus des chapelets de piments séchés et des fourrures de castor. Sur les rayons de la bibliothèque, les livres du Dr Seuss côtoient ceux de Bill O’Reilly, à côté de manuels de bricolage (*Comment construire un voilier*) et d’ouvrages de développement personnel (*Apprendre à pardonner pour être libre*). Sur un mur, la photographie d’un chien favori aux yeux fous, d’un bleu stupéfiant.

« La sécurité, enchaîne Andy. Pouvoir se nourrir, se tenir au chaud. Voilà la seule chose qui compte. »

Jadis, le saumon représentait cette sécurité, un don du ciel dans un pays où, selon Andy, la nourriture est rare. Comme tous les vrais pêcheurs que j’ai pu rencontrer sur l’ensemble du territoire, il évoque des chinooks dont la taille confinait au légendaire. Sur la porte de son réfrigérateur est placardée la même photo que m’avait montrée Richard Dewhurst : celle du père de Richard brandissant un poisson monstrueux.

« Dans les années 70, il fallait trois personnes pour remonter une prise sur un bateau. Trois ! Mais cette époque est révolue », souffle Andy.

Un royal tel que celui-ci, une énorme femelle en route pour le Canada, pouvait pondre jusqu’à vingt mille œufs et était assez fort pour creuser des frayères plus profondes, plus sûres que ne le peuvent des poissons de dimension moindre. L’existence des saumons ressemble à une loterie où les chances de gagner sont extrêmement faibles, avec un taux de mortalité de 99,9 %, et ils ont besoin de mettre toutes les chances de leur côté.

« Ils se font bouffer par les lottes de rivière, par les goélands, par les lieus noirs, par tout le monde, quoi, explique-t-il. Ils doivent vraiment affronter toutes les épreuves. Alors quand il y en a deux qui reviennent, c'est déjà beau. »

Aux temps fastes, le rendement pouvait aller jusqu'à cinq retours de saumons par femelle frayante mais, dernièrement, la diminution du format des poissons couplée à la baisse quantitative de la ponte a fait dégringoler ce taux pour l'établir plutôt à un rapport de un pour un.

« C'est ça qui a anéanti la pêche, conclut-il. C'est de la simple arithmétique. Vous avez fait des études, vous pouvez le comprendre. »

Au cours des dernières années, une pêche plus raisonnée, parfois assortie d'interdictions totales, et une approche plus stricte dans la gestion de la ressource ont permis de revigorer les montaisons. Mais, comme ont fini par s'en apercevoir un peu tard les responsables des pêches, les chiffres seuls ne reflètent, au mieux, que superficiellement la réalité. Vous pouviez vous vanter bruyamment d'avoir aidé cent mille poissons à franchir la frontière, mais si les œufs de ces cent mille poissons ne produisent au final que cent mille nouveaux poissons qui reviennent frayer, vous vous retrouvez avec un système extrêmement vulnérable. Il convient d'avoir un solde excédentaire afin d'assurer la résilience de l'espèce. Sinon il suffirait d'un épisode de surpêche ou d'une fluctuation environnementale pour décimer la remonte d'une année sur l'autre. Pour les biologistes, ce sont de plus en plus les critères d'âge, de sexe et de longueur – résumés par le sigle A.S.L. – qui déterminent la bonne santé d'une population. Ils parlent de qualité des migrations, non de quantité. Et si l'on se base sur ces données, la population de chinooks du Yukon est effectivement en très mauvaise santé.

« Une fois que moi et les mecs de ma génération on sera morts et enterrés, alors la mémoire des bonnes années disparaîtra, se désole Andy. Y a des jeunots qui ont jamais vu ça de leur vie. Pour eux, un poisson de dix kilos est un gros poisson. Dieu tout-puissant ! Il y a dix ans on les rejetait à l'eau, ceux-là ! »

Ce n'est pas faute d'avoir été prévenus. Dès 1976, une étude réalisée par le Fisheries and Marine Service, le service des pêches et de la mer du Canada, avait averti qu'un « usage plus intensif des filets maillants et notamment de ceux dont le maillage est supérieur à quinze centimètres pourrait avoir pour conséquence des prélèvements nettement plus importants de femelles [en général plus grosses que les mâles] » et « menacerait d'extinction la population de saumons (chinooks) ». Malgré cette mise en garde, le gabarit du maillage ne fut pas réglementé avant 2010 – la pêcherie au saumon du Yukon a peut-être été la dernière au monde à employer des filets à mailles larges.

Un filet maillant est disposé sur toute la largeur d'une rivière et piège les poissons dont les branchies sont de la même dimension que celle de ses mailles, tandis que les plus gros rebondissent dessus et que les plus petits passent au travers. C'est ce que l'on appelle le principe de Boucles d'or, comme dans le conte : ni trop chaud, ni trop froid, juste à la bonne température. En utilisant un maillage de près de vingt-cinq centimètres, les pêcheurs ciblaient délibérément les saumons les plus gros, les femelles à la musculature puissante, bourrées d'œufs jusqu'aux ouïes, pierre angulaire des montaisons. Les poissons les plus développés, ceux qui ont sept ans, dont cinq passés dans l'océan, sont à 70 % des femelles, alors que ceux qui ne demeurent qu'une à deux années en mer sont pratiquement *tous* des mâles. Si vous prélevez les plus gros spécimens, il ne faudra guère de temps avant de constater un changement radical dans le sex-ratio des frayères. Aujourd'hui, moins de 1 %

des poissons du Yukon est âgé de sept ans et seuls 14 % ont six ans.

Chaque année depuis 2004, Andy et une poignée d'autres habitants essaient de faire pression pour obtenir une réduction du maillage à quinze centimètres. Ce n'est qu'en 2010 que l'US Board of Fisheries, l'office des pêches des États-Unis, a enfin décidé d'en réglementer le gabarit, mais pour le fixer à dix-neuf centimètres au lieu des quinze réclamés par les pêcheurs. Maintenant que la pêche avait vidé le fleuve de ses plus gros poissons, une limite à dix-neuf centimètres n'allait avoir pour seul effet que de sélectionner les plus gros qui restaient. Andy voulait quinze centimètres ou rien. Et c'est à ce moment-là que les remontes se sont réellement effondrées.

« Beaucoup de gens en ont souffert, se souvient-il. Mais à présent on peut redresser la situation. Pour ça, il a d'abord fallu se faire botter le cul. »

Ce qu'il faut, explique-t-il, c'est permettre aux poissons de regrossir. Quand une population subit une pression importante – à cause de la surpêche, par exemple, ou d'une baisse des quantités de nourriture dans les océans –, elle atteint sa maturité sexuelle plus tôt et se reproduit alors qu'elle n'a pas encore atteint sa taille normale, à l'instar d'une fleur qui monte en graine. Les pêcheurs constatent actuellement la prédominance de jeunes mâles précoces, appelés « jacks », ainsi que de tacons mâles presque matures qui n'ont jamais mis une nageoire dans la mer. Ils se parent souvent des marques des femelles pour essayer de doubler subrepticement les mâles adultes afin de fertiliser les œufs. Avec leurs gènes limités, les petits poissons engendrent eux-mêmes des animaux de taille modeste.

« Les gros lards sont les derniers à arriver, dit Andy. Je vois des poissons plutôt maousses en août. Le seul truc qui m'intéresse, c'est de savoir combien de femelles passent la frontière. »

Andy croit que réparer la génétique dégradée de l'espèce prendra de huit à dix générations de poissons, soit au moins cinquante ans. D'autres estiment plus réaliste de compter un siècle. L'homme est le plus puissant moteur de l'évolution sur terre : s'il a fallu un certain temps pour que les changements qu'il a induits soient effectifs, la nature aura besoin de plus de temps encore pour les rattraper. Obtenir un pic dans les chiffres de migration n'est pas très sorcier – il suffit pour cela de quelques années d'interdiction de pêche –, mais retourner la courbe de la productivité nécessite un travail de bien plus longue haleine. Un directeur des pêches ne restant en poste que trois à quatre ans en moyenne, il est difficile de maintenir une politique suivie sur la durée, de même qu'il est difficile de convaincre un pêcheur de s'abstenir de pêcher lorsqu'il voit passer du poisson. Quant aux politiques, comme la plupart d'entre nous ils cherchent l'approbation de leurs semblables. Déjà, les prévisions de cette année s'annonçant un peu meilleures que celles de l'année précédente, les gens piaffent d'impatience de jeter de nouveau leurs filets dans le fleuve.

« La gestion du saumon, ça se décide pas d'une année sur l'autre, dit Andy. C'est sur cinq ans, dix ans. Et quand on pense à une telle échéance, c'est difficile à faire accepter. Pour être responsable de la pêche et de la chasse, faut être blindé, j'vous le dis.

– Et vous, vous la maintiendriez pendant combien de temps, l'interdiction de la pêche au royal ? » je lui demande.

Il repose sa fourchette et plante ses yeux dans les miens.

« Je la maintiendrais pour toujours », répond-il.

Certains saumons s'écartent du trajet coutumier. Malgré l'attachement qu'ils ont à leurs eaux natales, malgré tout le travail de ceux qui les ont précédés et les habitudes ancestrales, une infime fraction de chaque génération fait un bras d'honneur à la tradition en partant à la recherche de nouveaux lieux de ponte. Pour toute espèce nourrissant quelque ambition, c'est vital. La plus grande partie de l'habitat actuel du saumon du Pacifique a subi une glaciation voilà quinze mille ans : si une frange de la population n'avait pas possédé cet instinct du vagabondage, l'Alaska serait resté à jamais dépourvu de poissons. C'est au cours de ce dernier maximum glaciaire, quand le niveau de la mer était de 125 mètres inférieur à celui d'aujourd'hui, que plusieurs milliers d'êtres humains ont pour la première fois franchi le pont terrestre qui séparait l'Ancien Monde du continent vierge. Les Yupiks, aux descendants génétiques communs, ont parcouru le même chemin depuis l'Asie, apportant une technologie similaire : kayaks, harpons et parkas imperméables en boyaux de phoque. Le Yukon, dernier fleuve des Amériques à être exploré par les Européens, fut le premier qu'empruntèrent les chasseurs du pléistocène.

Les nombreux accidents qui jalonnent la vie d'un cours d'eau expliquent ces divagations des saumons. Un éboulement, un embâcle de billes de bois, une inondation, un barrage, une pollution, un site d'orpaillage équipé d'une drague aquatique : tous ces évènements sont susceptibles de rendre inaccessible ou inutilisable une zone de frai jadis viable. En 1980, l'éruption du mont Saint Helens dans l'État de Washington a ébouillanté et enseveli vivants tous les poissons de l'affluent nord de la Toutle River. Durant les trois derniers millénaires, l'avancée du glacier Lowell, au Canada, a endigué la rivière Alsek à cinq reprises au moins, dont la dernière en 1909. Seuls les individus qui auraient suivi un itinéraire différent pour remonter cette année-là auraient survécu et, depuis le retrait du glacier, le repeuplement du bassin hydrographique supérieur de l'Alsek a été exclusivement l'œuvre de saumons errants issus d'autres montaisons. Lorsqu'on retire les ouvrages hydrauliques, les poissons reviennent, et en un rien de temps. Des rivières autrefois tellement polluées qu'elles en étaient inflammables ont été recolonisées depuis que leurs eaux ont été nettoyées. Sur les cartes que tiennent les saumons, ces rivières-là sont les véritables frontières sauvages, vastes et inhabitées. Thomas Quinn, un biologiste spécialiste de l'espèce, considère que cette propension au vagabondage est la conséquence d'une disposition génétique, mais il lui est difficile de déterminer précisément à quoi celle-ci prédispose.

« Certains poissons sont-ils “programmés” pour l'errance, ou sont-ils juste incapables de retrouver le chemin du retour ? s'interroge-t-il. Je veux dire : est-ce qu'après avoir identifié leur rivière natale ils décident simplement d'aller ailleurs ou est-ce que, du fait d'une moins bonne mémoire ou d'aptitudes sensorielles moindres, ils errent par ignorance ? »

En clair : sont-ils génétiquement aventureux ou génétiquement perdus ?

Le territoire historique des chinooks tutoyait autrefois le tropique du Cancer au sud et remontait bien au-delà du cercle arctique au nord, s'étirant ainsi sur plus de cinq mille kilomètres. Ils essaimaient de l'embouchure de la Ventura River, au sud de la Californie, au golfe de Kotzebue, sur la côte occidentale de l'Alaska, et, sur l'autre rive du Pacifique, de l'île d'Hokkaido, au Japon, à la mer de Sibérie orientale, tout au nord. De nos jours, il existe également des populations sauvages viables au sud de l'équateur – au Chili, en Argentine et en Nouvelle-Zélande –, mélange de saumons échappés des élevages et d'autres introduits par des pêcheurs nostalgiques du pays. Au fil des dernières décennies, ces poissons du Pacifique sud se sont intégrés aux écosystèmes d'un hémisphère qui ignorait jusque-là leur existence. Les paysages de Patagonie ne sont guère différents de ceux qui constituent l'habitat traditionnel du saumon, favorisant ainsi une colonisation rapide. Nul autre anadrome ne se déplace sur une zone aussi immense en Amérique du Sud : le saumon couvre déjà quatorze degrés de latitude et il semble peu probable que sa progression soit freinée, si ce n'est par les températures tropicales qu'il ne peut supporter.

Mais son territoire se développe aussi dans l'hémisphère Nord. Avec le réchauffement des océans, le saumon, qui a besoin d'une eau riche en oxygène (ce dernier est nécessaire aux carnivores, et en quantité importante), est contraint de pousser plus au nord jusqu'à l'Arctique, affichant à l'occasion non seulement ses facultés d'adaptation comportementales, mais également génétiques. Les cinq espèces de saumon du Pacifique connues en Amérique sont présentes le long des côtes septentrionales de l'Alaska comme du Canada et on les pêche même dans les villages occidentaux du Nunavut, plus à l'est. Il y a des communautés qui prennent ces poissons mais qui n'ont aucune idée de la façon de les cuisiner ou de les conserver et dont la langue ne possède même pas de mot pour les désigner. On ne sait pas encore s'il existe des populations reproductrices dans l'Arctique ; le MacKenzie, le principal système fluvial de la région – qui se jette au nord dans la mer de Beaufort –, est plus immense encore que le Yukon, et si une avant-garde de géniteurs s'y hasardait elle serait comme une aiguille dans une botte de foin. Mais Karen Dunmall, du Canadian Department of Fisheries and Oceans, le ministère canadien des Pêches et des Océans, a consacré le plus gros de ses recherches récentes à démontrer que, dans certaines parties du MacKenzie, les conditions sont suffisamment favorables pour qu'au moins quelques espèces *puissent* se reproduire dans ce nouvel habitat. Parallèlement, le saumon de l'Atlantique a contourné la crête du Québec pour s'engager dans la baie d'Hudson. En 2012, un pêcheur en captura un dans la Clyde River, sur l'île de Baffin, dans l'est du Nunavut, ramenant à un peu plus de mille six cents kilomètres l'écart entre les limites territoriales des saumons de l'Atlantique et du Pacifique.

Rien n'interdit d'imaginer que, dans un futur pas si lointain, un Inuit qui ira jeter un coup d'œil à son filet y découvrira un saumon de l'Atlantique et un du Pacifique enchevêtrés côte à côte, que ces deux genres de salmonidés, inconnus l'un de l'autre vingt millions d'années durant, se frayeront un chemin par le passage du Nord-Ouest un peu plus d'un siècle après son ouverture par Amundsen pour se retrouver de nouveau nez à nez.

« Et quelle journée *terriblement* excitante ce sera ! » se réjouit Dunmall.

Je lui demande à quelle échéance, selon elle, l'évènement pourrait survenir, mais elle refuse de se laisser entraîner sur le terrain des hypothèses : c'est une scientifique, après tout. Toutefois, quand ce jour adviendra, il entrera dans les annales de l'histoire de l'espèce comme un premier contact d'une aussi grande portée que ceux qu'avaient en leur temps établis Colomb ou Cook. Quant à savoir si ces bêtes seront capables de cohabiter ou si la rencontre se fera au prix de l'élimination de l'une des deux, l'étude des précédents historiques nous donne une vague indication.

Après le dîner, j'accompagne Andy qui va nourrir ses chiens. Chacun a sa propre niche, une petite cabane en contreplaqué, devant laquelle il est attaché à un piquet par une chaîne qui lui permet de graviter sur une orbite de cinq mètres de diamètre. Chaque niche est disposée de manière à ce que son orbite n'empiète pas sur celle de sa voisine tandis que, sur toute la longueur de l'arc que dessine la trajectoire, la terre est mise à nu à force d'être piétinée. Il y a des chiens qui sont couchés dans l'ombre, d'autres qui se prélassent sur le toit de leur cabane, d'autres encore qui décrivent des cercles, d'abord dans un sens, puis dans l'autre. Il y en a un qui marche de long en large avec sa gamelle serrée dans la gueule, tel le labret d'une femme à plateau. Ils sont pris d'une véritable frénésie tant ils sont impatients, et leurs chaînes cliquettent comme celles d'un groupe de détenus. Ils gémissent lorsqu'ils aperçoivent Andy, l'amour décuplant leur excitation. Andy ordonne à chacun de s'asseoir avant de leur donner à manger et tous s'exécutent, appuyant leur tête contre lui. À l'aide d'une hache, il débite le chum séché posé sur un billot : sur ceux qui parviennent aussi loin, seul un sur dix est encore assez ferme pour être mangeable, mais les chiens ne sont pas aussi difficiles que les hommes. Il laisse tomber dans chaque écuelle quelques morceaux que les bêtes font craquer sous leurs dents comme des os. Parfois, il les détache tous et remonte le fleuve à bord de son engin à neige cependant que la meute court à côté de lui. De nos jours, les gens n'ont pas autant de chiens, en général – il s'agit essentiellement d'une excentricité culturelle propre à quelques vieux Blancs. Mais on n'a pas de sentiments pour un engin à neige. Et on ne mange pas un engin à neige quand on tombe en panne au fin fond du bush.

Je balaie le terrain des yeux. Andy n'a pas bâti cet endroit seul, ce dont on ne se douterait pas, à l'entendre. Et il ne l'a pas reconstruit seul non plus, car tout a été reconstruit ici après l'inondation de 2009. Mais cela, vous le sauriez déjà si vous étiez l'un des millions de fidèles de *Life Below Zero*, l'émission de téléréalité dont Andy et son ex-femme Kate Rorke étaient les vedettes, en compagnie de quelques autres qui, comme eux, vivent le long du cercle polaire arctique, « subsistant dans les rudes régions reculées de l'Alaska ». Vous auriez même pu échanger sur les réseaux sociaux au sujet des complexités de leur existence. Voir une équipe de télévision traquer tous leurs faits et gestes, leurs amours être diffusées sur la télévision nationale, la moindre vexation de chacun des conjoints analysée par un million d'experts des relations amoureuses était une étrange contrepartie à l'isolement rural.

Il fut un temps où la pêche suffisait à payer les factures d'Andy, et ce jusqu'à son interdiction lorsqu'elle était à but commercial. Il avait ensuite été le commandant, pendant plusieurs années, du *Yukon Queen*, un ferry catamaran qui assurait la liaison quotidienne entre Dawson et Eagle, avant que la ligne soit abandonnée en 2012 à cause des ravages que causaient ses turbines sur la population d'alevins nageants de saumon. Pour vivre en plein bush, il faut de l'argent, de nos jours, même dans le coin le plus reculé de la planète. C'était l'explication prosaïque de la téléréalité. Vous aviez besoin d'essence pour votre pick-up, de tôle pour vos toitures, de café, de mille choses dont personne n'avait besoin autrefois. Comme jadis avec la fourrure, comme jadis avec l'or, les types qui participaient à ces émissions possédaient une ressource que désiraient ceux qui ne vivaient pas en Alaska. Ils vendaient la vie, le rêve, le monde sauvage, et tant Discovery Channel que National Geographic Channel avaient exploité jusqu'à la corde cet inépuisable filon : *Le Convoi de l'extrême, Péril en haute mer, Pêcheurs d'or, Alaska's Wild Gourmet, Les Brown : génération Alaska, Air Alaska, Sarah Palin's Alaska, Les Derniers Alaskiens, Alaska : la dernière frontière*. Au fil du fleuve, je rencontrerai pas moins de quatre hommes dont une bonne partie des revenus provenait de leur participation à une émission de téléréalité. Il est bien possible que l'Alaska abrite le taux le plus élevé au monde de célébrités du petit écran.

Kate Rorke a quitté Eagle, Andy et *Life Below Zero* à Noël 2014. Ce fut un choc, sinon une surprise, pour les fans de l'émission. Elle vit à présent sur une île située au large de Vancouver. La localité où elle loge est si petite qu'on se rend à peine compte qu'on la traverse, mais ce n'est pas le fin fond de l'Alaska. Lorsque nous nous parlons au téléphone, elle est contrainte de surveiller ses propos. À cause des avocats d'Andy et de National Geographic Channel, qui possède les droits de la série.

Kate avait rencontré Andy à Dawson, pendant ses vacances. En 2004, elle y était retournée pour s'installer avec lui. Andy résidait alors à Eagle, sur le terrain de Calico Bluff, dans une tente militaire avec juste des cabinets extérieurs et un sauna ainsi qu'un chalet en cours de construction. Kate n'avait jamais rêvé de l'Alaska, ni éprouvé son irrésistible force d'attraction, ni eu la sensation de ne pas être née au bon endroit, pour reprendre les termes employés par nombre de nouveaux venus. Mais elle avait vécu dans des petites villes et elle savait qu'elle était bien dans sa peau.

« Il est plus effrayant de vivre en ville que dans le bush, ça je peux vous le garantir, dit-elle. Un animal, vous savez comment il va réagir. Avec les gens, on ne le sait jamais. »

Dans une interview pour National Geographic, elle avait déclaré que les seules choses qui lui manquaient, c'étaient sa famille et ses talons hauts. Andy et Kate avaient achevé la maison. Elle aimait la simplicité de ce quotidien et elle aimait ce qu'elle était en train d'apprendre. Mais au fil des années, des bâtiments, des panneaux solaires, des antennes paraboliques, des connexions Internet, elle se mit à regretter leur existence des premiers temps. Lorsqu'ils rendaient visite à des voisins, dans leurs cabanes à une seule pièce, Kate rentrait en enviant leur mode de vie rudimentaire. Ses proches et ses anciens amis lui demandaient ce qu'elle fabriquait toute la journée.

« Eh bien je ne me tourne pas les pouces », leur répondait-elle.

Et il n'y avait pas que le problème du temps, il y avait aussi celui des dépenses. Kate investissait toutes ses économies dans leur maison, parce que Andy n'en avait pas. Mais à ce moment-là, elle croyait qu'elle bâtissait son chez-elle. Un chez-elle qu'elle perdrait deux fois.

La débâcle du Yukon est toujours une période dangereuse. Durant l'hiver, le fleuve se transforme en une route solide, mais au printemps il devient instable, imprévisible, rendant les déplacements impossibles pendant plusieurs semaines. Puis un jour, presque sans crier gare, la glace bouge et se rompt avant d'entreprendre son voyage vers la mer. Tout le long de son cours, les gens sortent de chez eux pour contempler le spectacle des eaux qui charrient un million de tonnes de glace à plus de quinze kilomètres à l'heure, comme si c'était la terre elle-même qui était en marche. C'est le signe le plus tangible que l'emprise de l'hiver se desserre. Dans un fracas hurlant et grinçant, les blocs mouvants s'entrechoquent et s'empilent en un chaos de floes, ces plaques impressionnantes. À Dawson, au printemps, on installe sur la banquise un trépied connecté à une horloge que l'on met en marche et qui s'arrête lorsque le banc sur lequel repose le support est emporté. En 1896, voyant là une bonne façon de fêter le printemps, les orpailleurs qui avaient de l'argent à dilapider et du temps à perdre s'étaient mis à parier sur le moment fatidique et, depuis, la date de l'évènement est consignée dans un registre gardé à Dawson en lieu sûr. La première année où le dégel était advenu avant le 1er mai fut 1940, une rareté qui se répéta en 1941. Puis avril ne connut plus d'autre débâcle jusqu'en 1989 ; par la suite le phénomène se reproduira huit fois. En 2016, le Yukon pulvérisera son record de plus de cinq jours, la fonte débutant le 23 avril à 11 h 15.

En 2009, à Dawson, la banquise fondit le 3 mai à 12 h 22. Kyla McArthur gagna trois mille cinq cents dollars. À 19 heures le soir du 4 mai, Andy et Kate se tenaient sur la rive à Calico Bluff, quelque cent cinquante kilomètres en aval, pour admirer le paysage qui sortait de l'hibernation. Kate n'avait jamais manqué une débâcle : c'était une période de l'année magnifique. Tout allait vite. Quatre des cinq derniers jours avaient figuré parmi les plus chauds jamais enregistrés à cette époque de l'année. Un sentiment presque instinctif, né de décennies d'observations, suggérait que ce dégel-là pourrait être hors du commun. Ils avaient pris la précaution de déplacer le bungalow des invités qui avait vue sur le Yukon une vingtaine de mètres plus haut.

La glace défilait comme une coulée de magma, le fleuve se gonflait et s'abaissait, semblable à une créature qui respirait, et ils constatèrent qu'il débordait déjà sur ses berges lorsque son débit se faisait plus impétueux. En aval, à Six-Mile Bend, un immense mur de glace – « je l'appelle le mur de Trump, maintenant », dit Kate – était en train de se former, contre lequel, libérés de leur gangue hivernale, les flots venaient buter. Le niveau s'élevait régulièrement jusqu'à dépasser le seuil critique. Ils virent leur table de pique-nique emportée par le courant, puis les gamelles des chiens, les outils de jardinage, les barils de pétrole, les rondins, les bâches ou encore les morceaux de bois d'œuvre. Puis le niveau monta encore de près de deux mètres en cinq minutes.

Protégé par sa pontonnière, Andy s'affaira dans la propriété, de l'eau glacée déjà jusqu'à la taille. C'était un véritable torrent, qui dévalait à sept ou huit nœuds en le tirant par les pieds. Kate était dans leur maison, où elle s'efforçait de monter le plus de choses possible à l'étage. Andy arrima fermement ses deux canoës à l'un des canots, tels des balanciers, et avança en poussant devant lui ce radeau afin de s'aider à tenir debout. Il traversa le terrain pour rejoindre leurs vingt-quatre chiens qui, perchés au sommet de leurs niches, contemplaient le chamboulement en train de bouleverser leur monde. Il décrocha les chaînes qui les retenaient. Certains bondirent sur l'embarcation. D'autres sautèrent dans l'eau pour barboter jusqu'à la véranda, soufflant fort par la truffe, la tête tendue pour lutter contre le courant. Vixen était parmi eux, oubliée, pédalant au bout de sa laisse. Quelques-uns parvinrent à gagner la terrasse en bois, d'autres furent entraînés par les flots jusque dans la forêt. Ils se hissèrent sur des tas de bois, des plaques de polystyrène expansé, des engins à neige et tout ce qui émergeait encore à la surface. Delete était pris au piège de l'enclos pour chiots, dans lequel il se débattait contre la force du flux. Andy en aperçut un autre encore, Jack peut-être, juché sur le barbecue coincé entre deux arbres, qui aboyait en le regardant avant que son perchoir de fortune ne bascule.

Il était à présent 22 heures et le soleil se couchait. Tandis que l'obscurité enveloppait Calico Bluff, la crue faiblissait et les eaux se calmèrent, un répit dont profitèrent les chiens pour quitter la forêt et revenir sur le porche, où ils s'ébrouèrent afin de chasser le souvenir du fleuve. Andy les compta. Vingt-quatre, Dieu merci. Mais il avait suffisamment d'expérience pour savoir que ce n'était pas terminé. Se déplaçant en canoë, Kate et lui se lancèrent dans les préparatifs. Dans le chalet, ils récupérèrent nourriture, vêtements, couvertures et tout ce dont ils avaient besoin pour la nuit. Andy porta les deux canots sur la véranda et attacha au flanc de chacun un canoë pour en renforcer la stabilité. L'eau recommençait petit à petit à monter et avait déjà atteint la terrasse en bois quand ils la virent soudain jaillir de la cave. Elle envahit l'intérieur de l'habitation, s'élevant jusqu'à leurs tibias, puis leurs cuisses, cependant qu'ils fouillaient dans leurs affaires pour faire le tri entre ce qui leur était nécessaire et ce qu'ils pouvaient se permettre de sacrifier à jamais. À l'étage, Kate entra en contact radio avec Eagle sur la bande marine ; là-bas aussi c'était une pagaille monstre.

« Si vous n'avez pas de nouvelles de nous d'ici demain matin, c'est qu'il faudra venir nous secourir », dit-elle.

Ils défoncèrent la porte pour sortir et s'avancèrent dans les ténèbres en fendant l'onde. Andy souleva les chiens afin de les installer dans la plus grande des deux embarcations et fixa la laisse de chacun à un banc de nage. Kate grimpa dans le plus petit des deux bateaux, qui était amarré à un bouleau, tandis qu'Andy prenait place dans l'autre, relié pour sa part à l'un des montants du porche.

Deux êtres humains et vingt-quatre chiens de traîneau qui flottaient dans le noir : juste de quoi repeupler l'Alaska une fois que le fleuve aurait regagné son lit. La température était tombée bien au-dessous de zéro. Les anciens mesuraient le froid au nombre de chiens nécessaires pour garder la tente chaude. Une nuit à quatre chiens. Une nuit à huit chiens. À l'aide de leurs lampes frontales, Kate et Andy surveillaient l'évolution du niveau de l'eau. Elle avait atteint la poignée de la porte d'entrée. Andy essaya d'estimer ce que cela représentait – une crue de dix mètres, peut-être ? Des icebergs dérivaient à côté d'eux dans le faisceau de la torche avant d'être de nouveau happés par la nuit. Tout ce qu'ils avaient accumulé durant leur existence était suspendu dans l'obscurité. Ils veillèrent toute la nuit presque sans un mot. Il n'y avait pas grand-chose à dire. Lorsque le soleil lézarda enfin le ciel, ils avaient eu le temps de beaucoup réfléchir.

Dans la lueur de l'aube, ils constatèrent que l'eau commençait à refluer. Mais elle le faisait à une vitesse folle, dans une course précipitée destinée à combler le vide laissé en aval par la désintégration de l'embâcle. Un torrent furieux qui ballottait les bateaux, malmenait les amarres. Andy vit son motoculteur dégringoler vers le fleuve : une machine de plus de cent dix kilos qui boulait à la surface comme un vulgaire débris flottant. Ils faillirent être percutés par le sauna, mais le courant changea de direction et le dévia juste devant la proue de Kate. Les arbres craquaient et se brisaient avec un bruit sec, le métal mugissait. Une remise vint se fracasser contre la maison, qui en trembla sur ses fondations. Alors que le niveau des flots baissait à vue d'œil, le cordage qui retenait le bateau de Kate resta accroché au bouleau et, lorsqu'elle s'en aperçut enfin, son embarcation donnait déjà de la bande cependant que le canoë était empli d'eau. Kate se tenait debout à l'avant, où elle tentait à coups de poing d'amener la corde à glisser le long du tronc, mais elle était coincée et tout le bazar était en train de se retourner petit à petit. Il fallait qu'elle coupe le lien avec le canoë avant que ce dernier ne fasse couler toute l'embarcation, mais il n'y avait pas assez de mou dans l'amarre pour qu'elle puisse rejoindre l'arrière, où il était attaché. Elle était prise au piège. Soit le canoë l'entraînerait dans son naufrage, soit l'amarre bloquée la déséquilibrerait. Elle regarda Andy.

« Et je lui ai simplement dit au revoir », se souvient-elle.

Mais Andy réussit à franchir l'espace qui les séparait et il trancha les cordes qui liaient le canoë au bateau de Kate. Le canoë fut projeté à l'avant comme d'un canon de fusil.

« Quand il s'est emplafonné sur cet arbre, poursuit Kate, la seule image qui me vienne pour décrire ça c'est celle d'un mouchoir en papier sur un rosier. Il s'est juste écrasé et disloqué, avec une telle force que ça l'a courbé en deux. »

Puis le canot d'Andy s'inclina avant de basculer sur le côté et de sombrer. L'eau s'en empara, tirant sur le bateau pour l'engloutir sous la houle avec tous les chiens à son bord. Certains coulèrent, d'autres s'agrippèrent par les dents au plat-bord, les yeux exorbités, tandis qu'Andy, un pied sur la véranda et l'autre sur la proue submergée du canot, se penchait pour les attraper un par un, coupant la laisse de chaque animal, qu'il saisissait ensuite par la peau du cou afin de le hisser sur la terrasse. Les bêtes s'asseyaient à l'endroit où elles atterrissaient, les griffes plantées dans le bois, frissonnantes, le regard fou, l'air mélancolique. Et alors le canoë d'Andy se détacha. Les cinq chiens qui se trouvaient dedans bondirent sur le porche. Trois y parvinrent, mais pas Iceberg et Ouzo qu'Andy vit filer dans les tourbillons jusqu'au fleuve. L'eau continuait à refluer à toute allure ; les bateaux finirent par s'échouer. Ce n'est qu'à ce moment-là qu'il remarqua Skipper, toujours attaché à la poupe, ratatiné, ébouriffé et mort.

La propriété était un cloaque de boue jonché de débris. Les chiens décrivaient des cercles en courant dans le bourbier. Ils les appelèrent pour les rassembler. Remington, Donner, Snickers, Amber, Control, Jack. Quand Andy cria les noms d'Iceberg et d'Ouzo, ceux-ci sortirent en bondissant de la forêt. Et Iceberg n'avait surmonté sa peur de l'eau qu'au printemps précédent. Skipper était le seul qu'il avait perdu. Un instant d'inattention, une putain d'erreur stupide. Des blocs de glace aussi gros que des camions trônaient sur le terrain. Alors qu'ils commençaient à évaluer les dégâts, Kate jeta un coup d'œil en amont et découvrit l'impensable : une autre vague approchait.

Elle pensait qu'ils ne pourraient pas résister à un deuxième assaut. Les structures du chalet étaient très affaiblies. Une grande partie des arbres qui se dressaient en amont et qui avaient amorti l'impact initial de l'eau étaient couchés. Andy voulait qu'ils montent sur la falaise – il ignorait qu'ils se trouvaient maintenant sur une île. Kate insista pour qu'ils appellent les secours.

« Il y a des fois où tenir bon à tout prix n'est pas une bonne idée », avoue-t-elle.

Elle essaya de joindre Eagle par radio, en vain. Elle réussit cependant à contacter par téléphone satellite leurs voisins, Wayne et Scarlet, qui transmirent le message au National Park Service. On leur répondit qu'il serait ordonné le décollage immédiat d'un hélico, mais qu'il était impératif d'enlever tout obstacle dans un rayon de quinze mètres autour du point d'atterrissage du pilote, lequel serait fatalement le toit de la maison. Andy attrapa une scie.

Au cours de l'heure suivante, il abattit trente arbres. Il travaillait comme un possédé, se déplaçant à grandes enjambées dans les flots qui montaient inexorablement. Après avoir achevé sa tâche et remis les chiens sur le bateau, il grimpa sur le faîte et entendit le moteur de l'hélicoptère, alors que l'eau léchait la terrasse en bois. Un Raven à deux places grossissait à vue d'œil en provenance du sud-ouest. Il était tellement reconnaissant envers ces gens, tellement heureux d'être alaskien.

Rick Swisher, le pilote, maintint l'appareil en vol stationnaire, un patin appuyé contre le bardage, tandis qu'Andy s'affairait sous le souffle des rotors qui fouettait l'eau pour aider Kate à le rejoindre sur le toit.

« Il faut que je sache si vous avez l'intention d'emmener les chiens, lança Kate à Rick une fois à bord. Parce que si ce n'est pas le cas, je ne pars pas.

– On va prendre tous les chiens, assura Rick. Ma femme m'a dit que ce n'était pas la peine que je rentre si je ne le faisais pas. »

Kate lui montra, à quelques mètres de la véranda, un îlot de glace aplati susceptible de constituer un terrain d'atterrissage. Rick fit du surplace au-dessus et, après deux essais, il décida de se poser franchement. La glace tint. Allons-y pas à pas, se dit-il.

Andy ramena les trois premiers chiens en canoë, puis, plaçant une main sur le collier et l'autre sous le ventre, il les lança l'un après l'autre à l'arrière du Raven. Kate les attacha en glissant la ceinture de sécurité sous leur harnais.

« Assurez-vous qu'ils sont bien attachés, avertit Rick. Parce que s'ils s'amènent ici, on est morts. »

L'hélicoptère s'éleva et Andy repartit chercher les trois suivants tandis que Rick se dirigeait vers l'héliport du National Park Service, à une centaine de kilomètres au nord-ouest. Au fur et à mesure qu'ils prenaient de l'altitude, Kate se retourna vers l'amont. Tous ses points de repère étaient submergés et le fleuve s'étendait démesurément, au point de se confondre avec la terre et de leur donner l'impression de voler au-dessus d'une mer inconnue, encombrée d'icebergs, informe et illimitée. Calico était le seul fragment de paysage encore visible. Eagle était dévastée. Des blocs de glace de la taille d'un chalet à la place des chalets qu'elle connaissait. Le poste de douane de guingois, le magasin général totalement volatilisé. Les rues n'étaient qu'eau, dont la surface reflétait le ciel, tandis que des débris, affaires personnelles des uns et des autres, dansaient sur la houle. Le bateau qu'avait commandé Andy, le *Yukon Queen*, s'était fiché dans une futaie, à quelques dizaines de mètres de la berge.

C'était il y a huit ans. Kate en a encore des cauchemars. Elle tremble lorsqu'elle évoque l'inondation. Mais sa foi dans le Yukon ne s'est jamais érodée.

« National Geographic me demandait de quoi j'avais peur, me raconte-t-elle. Et je leur disais : "De rien." Je ne me trimballe pas avec un pistolet, je ne me trimballe pas avec un couteau. J'ai la sensation que les animaux savent que je ne représente pas une menace. Si tu dois vivre dans le bush avec la peur au ventre, c'est que tu n'y as pas ta place. »

L'Alaska lui manque tous les jours. Elle est partie ; elle m'explique que c'était une question de survie. Elle a laissé les chiens, alors que c'était elle qui les avait presque tous aidés à venir au monde.

« Aujourd'hui encore, je ne peux pas reprendre un chien, me confie-t-elle. C'est comme si toute ma famille avait été décimée en un clin d'œil. »

Chaque année, elle regarde les courses de chiens de traîneau à la télé et elle ne manque jamais d'appeler ses amis d'Eagle une fois par semaine. Elle avait songé à revenir s'installer à Dawson, dans un chalet, mais, à soixante ans, elle sait qu'il ne lui reste que quelques années à être suffisamment autonome pour mener ce genre d'existence.

« J'ai adoré être là-bas, continue-t-elle. J'aimais le style de vie. Et j'aimais le pays. Mais je ne pouvais pas aimer l'homme qu'il est au fond de lui. »

Il y a un vieil adage alaskien que l'on ressasse souvent à propos des femmes et qui est fondé sur le fait que, de tous les États-Unis, l'Alaska est celui où le ratio hommes/femmes est le plus élevé. Kate s'empresse de me le citer : on a plus de chances de gagner le gros lot, mais le gros lot n'est pas forcément une chance.

« Si tous ces gens-là habitent au fin fond de la brousse, ce n'est pas pour rien, commente-t-elle. Et parmi eux, il y en a qui feraient mieux d'être seuls. Si certains choisissent cette vie solitaire, ce n'est pas parce qu'ils veulent mener leur existence d'une certaine façon, c'est pour une autre raison. La société est dure pour eux. »

Et pourtant, Kate ne regrette rien.

« C'est une triste histoire mais, dans un certain sens, c'est aussi une belle histoire, conclut-elle. Je ne peux pas changer ce qui s'est passé, mais personne ne pourra m'enlever cette expérience. C'est un endroit où tout le monde devrait essayer d'aller vivre à un moment ou à un autre. C'est effrayant, mais il y a quelque chose de magique, et c'est un truc que la plupart des gens ne connaîtront jamais. Dans un petit appartement du centre de New York, on ne peut pas imaginer le sentiment que procurent cet espace, cet air pur et cette liberté. »

Andy et moi contemplons le fleuve dans la lumière couleur beurre frais du crépuscule. Les chiens ont mangé. Le soleil se couche et, ce soir, dans la pénombre pastel, le Yukon paraît inoffensif. Les indices sont pourtant là, si vous savez où les chercher. Une parcelle dénuée d'arbres, où voltigent les hirondelles impétueuses. Une laisse de crue. Ils s'étaient immédiatement attelés à la reconstruction, et ce à l'endroit même où s'élevait auparavant la maison. Ici, c'était leur chez-eux, c'était aussi simple que cela. Andy était persuadé qu'une inondation d'une telle ampleur ne se produisait qu'une seule fois dans une vie. Mais les fondements de ce calcul de probabilités ont été modifiés.

« Depuis 2009, on a connu trois inondations presque aussi violentes, explique-t-il. Et *il paraît* que le changement climatique est une fable ! C'est ce que racontent les Républicains. »

Aucune des trois n'a touché Calico, mais il s'en est fallu de peu. Et la question n'est plus de savoir s'il y aura une prochaine inondation, mais plutôt quand. La Frontière repoussant l'envahisseur. Je lui demande ce qu'il ferait en cas de nouvelle crue. Andy balaie le terrain du regard et secoue la tête. Au loin, un corbeau lance son cri. Andy met un certain temps avant de répondre. Puis il dit qu'il n'aurait pas la force de tout rebâtir une fois de plus.

Je gagne les Yukon Flats. Le fleuve se défait, s'effiloche comme une corde ; de vastes zones humides constellent le paysage. Voilà une semaine que j'ai quitté la propriété d'Andy et, depuis maintenant deux jours, c'est à croire que le Yukon divague sans but. Il baguenaude à travers les plaines, tantôt large de trois kilomètres, tantôt de cinq, toute sa fougue désormais oubliée. Il dégage cette sensation d'immensité propre à un estuaire, alors que je suis encore à plus de mille cinq cents kilomètres de la mer. La carte ressemble à un gribouillage, avec ses îles et ses lacs. Fairbanks, la deuxième ville d'Alaska, se trouve à environ cent soixante kilomètres au sud et, au-dessus de ma tête, les chasseurs de la base d'Eielson en vol d'entraînement enchaînent loopings et tonneaux, dessinant des traînées de condensation sur le ciel. Il est plus facile de les voir comme des oiseaux de métal géants que d'imaginer l'existence, quelque part loin d'ici, de cités, de guerres et de multitudes. Dans les collines distantes qui se dressent vers la frontière canadienne, un autre feu de forêt couve.

Saules et aulnes, aulnes et saules, saules et aulnes. Les arbres à feuillage caduc indiquent les bancs de sable capricieux tandis que les épinettes noires, à la croissance lente, indiquent les berges : c'est la seule façon de distinguer les uns des autres. Il est si facile de se perdre, ici. Même les pilotes de bateau les plus chevronnés doivent apprendre chaque saison les nouveaux canaux : la terre elle aussi est liquide, seule la vitesse de son cours permettant de la différencier de l'onde. Je suis au plus près de ce que je crois être la rive sud pour franchir un méandre avant de m'apercevoir qu'il s'agit en réalité d'une île, longue de plusieurs kilomètres, et de déboucher sur une autre étendue d'eau qui s'étire sur ma gauche. Je m'engage dans des passes qui semblent être des raccourcis pour découvrir que j'avance à contre-courant. Il est si facile de se perdre, ici, mais on ne le reste pas éternellement. Vous pouvez vous aventurer dans un bras mort qui coule paresseusement pendant des kilomètres et des kilomètres parmi les broussailles ; vous pouvez vous échouer sur un banc de sable invisible tapi quelques centimètres au-dessous de la surface, à plus d'un kilomètre de chaque berge, de sorte qu'en mettant pied à terre pour tirer le canoë afin de le remettre à flot vous avez l'impression de marcher sur l'eau ; vous pouvez essayer d'évaluer la direction en vous fiant à un soleil qui ne se couche jamais ; mais si vous arrêtez de pagayer et que vous vous asseyez tranquillement, le fleuve entraînera votre embarcation et vous amènera à destination. Il empruntera peut-être des détours qui vous prendront plusieurs semaines de plus que prévu, mais il sait où il va.

Les épicéas sont sculptés par les éléments, décharnés tels des goupillons, taillés par les conditions météorologiques comme par la main d'un jardinier d'agrément. La forêt boréale parcourt toute la circonférence du globe en une ligne ininterrompue de près de treize mille kilomètres de long : 30 % du couvert arboré de la Terre, 10 360 000 kilomètres carrés, le biome le plus vaste de la planète. Un large coup de pinceau d'un vert persistant qui ceint le Grand Nord et traverse le continent nord-américain, la Scandinavie, puis la Sibérie, traçant une bande qui délimite la zone subarctique. Des forêts d'élans, de lynx, d'ours. Des forêts de ronces odorantes, de fraises sauvages, de framboises arctiques, d'airelles rouges, de viornes trilobées, de streptopes à feuilles embrassantes, de cornouillers du Canada, de camarines noires, de myrtilles, d'airelles, de ronces des tourbières, d'arctostaphyles raisin-d'ours, de ronces remarquables. Des forêts qui abritent nombre des dernières sociétés de chasseurs-cueilleurs, aux étés d'incendies et de lumière perpétuelle, aux hivers à moins cinquante degrés.

À présent, les arbres refluent à toute allure vers le nord, au rythme de cent mètres par an. En 2008, un feu de forêt s'est déclenché au nord du cercle arctique, alors qu'aucun terme n'existe dans le dialecte local pour désigner semblable phénomène. Les régions boréales se sont réchauffées deux fois plus vite que la moyenne mondiale, de deux degrés centigrades au cours des soixante dernières années, et les zones climatiques remontent vers le nord dix fois plus vite que ne le peut la forêt. Les incendies, lorsqu'ils se propagent à travers tout ce bois mort, brûlent plus longtemps et en dégageant davantage de chaleur, tout en s'étendant sur un plus vaste périmètre : 2015 a été la deuxième année la plus catastrophique pour l'Alaska en matière de feux de forêt, lesquels ont dévasté un territoire de la taille du New Jersey (en 2004, année pire encore, ce fut l'équivalent de la superficie du Vermont). Je navigue par moments au milieu des vestiges d'anciens incendies, bataillons d'épicéas morts mais toujours debout, semblables à des diagrammes de la moelle épinière. L'atmosphère sèche les empêche de pourrir et ils continueront à se dresser ainsi jusqu'à ce qu'ils finissent par tomber. Les surfaces brûlées constituent un terreau idéal pour les morilles. Des incendies épisodiques sont nécessaires au renouvellement de la forêt arctique, tout comme l'est la lente procession des recolonisateurs – d'abord le mycélium, puis les fleurs, comme les épilobes en épi, et ensuite les premières pousses de tremble. Ils lui sont nécessaires, mais pas ainsi, pas avec une telle brutalité, une telle rapidité et sur une telle échelle. Des insectes comme le bostryche typographe et la mineuse serpentine du tremble, qu'un hiver rigoureux suffisait jadis à éradiquer, survivent aujourd'hui et ravagent les arbres ; je vois les dégâts qu'ils causent à des kilomètres de distance, le turquoise pâle dont se parent les feuilles du tremble après leur passage. Les bois se fragmentent : en Ontario et au Québec, une brèche de près de 500 kilomètres carrés s'est ouverte dans ce qui était jusqu'alors un cercle continu. Un jour, la forêt boréale sera peut-être remplacée par de la prairie ou par des forêts de chênes, d'érables et de noyers noirs, et les espèces qui dépendent de cet immense habitat pourraient être repoussées hors des limites de la carte.

Épuisé et fouetté par les vents, je décide de bivouaquer sur une plage limoneuse. Une boue thixotrope, qui suinte sous sa forme fluide. Je suis cerné par les déchets, machines rouillées et matelas défoncés. En surplomb de la berge, j'avise une cabane à la porte cadenassée, mais elle est tellement infestée de bestioles que je n'y songe même pas. Sous la chaleur, la tôle du toit craque en émettant de profondes notes de gong. « Défense d'entrée en l'absence de Guner », avertit l'écriteau criblé d'impacts de balles. Un drapeau sudiste claque au vent, les framboises commencent à mûrir. Je remarque des empreintes d'ours sur la rive et de grandes marques de griffures dans les fientes d'oie, mais je n'ai nul autre endroit où planter ma tente.

Bien sûr, l'éventualité d'une rencontre avec des ours me trotte dans un coin de la tête depuis mon arrivée ici. Les hommes du cru s'échangent des anecdotes sur les plantigrades comme d'autres ailleurs parleraient de leurs conquêtes sexuelles. Ça les amuse d'affoler le touriste. Ce n'est pas difficile. Savoir que, si je devais établir le tableau de la chaîne alimentaire de la forêt, je ne me placerais pas au sommet renforce considérablement mon lien à ce territoire. J'ai l'habitude d'être le prédateur. À présent je peux être la proie. Le pays paraît plus étoffé et, en tant que tel, son écosystème semble moins altéré que tous ceux que j'ai pu connaître jusqu'alors. Assis au bord d'un ruisseau, je regarde un ombre de rivière gober des mouches à la surface, je regarde une paruline à calotte noire picorer les fruits d'une viorne trilobée, je regarde un pygargue à tête blanche perché en équilibre à la cime d'un épicéa mort et je me tiens sur mes gardes, sursautant à chaque frémissement dans les broussailles. Cependant, pas question d'affronter la présence de l'ours la peur au ventre, tant il fait partie de cet environnement. Je suis, j'imagine, dans les mêmes dispositions qu'un herbivore : nerveux et prêt, prêt à fuir, mais quand même principalement préoccupé par les contingences du quotidien.

Les grands mammifères sont rares. Quand j'en vois un dans la journée, c'est une bonne journée. Mais c'est justement cette rareté qui confère une plus grande noblesse encore à ce pays et aux êtres qui le peuplent. Un ours ou un orignal sont symptomatiques d'un territoire bien plus vaste et toujours vierge. Comme le saumon, ils supposent l'existence autour d'eux d'un espace conséquent. Un grizzly a besoin, rien que pour lui, d'une zone de quelque deux cent cinquante kilomètres carrés. Il est l'emblème de la Californie, mais les seuls qui restent là-bas sont parqués dans des zoos (il en va de même pour le bison, emblème du Kansas et de l'Oklahoma). Dans les quarante-huit États contigus des États-Unis, l'aire de répartition du grizzly a été réduite de 97 %. En Grande-Bretagne, nous avons perdu notre dernier plantigrade à peu près à l'époque de Jésus-Christ. Tel semble être le destin inéluctable de la mégafaune face à la densification de la population humaine. Savoir qu'il y a des ours ici me donne l'impression d'avoir été transporté non seulement dans un autre lieu, mais aussi dans un autre temps. Sous des latitudes aussi septentrionales, il y a encore suffisamment de place pour eux, et d'ailleurs, avec le réchauffement climatique, leur domaine s'étend au point de menacer celui des ours blancs. En 2006, un chasseur a abattu dans le nord du Canada une bête dont l'autopsie a confirmé qu'il s'agissait du premier croisement sauvage entre un grizzly et un ours polaire. On appelle cela un « grolar » ou un « pizzly », selon le degré d'inquiétude qu'inspire cette perspective. Deux autres cas ont été attestés depuis. Contrairement à la plupart des hybrides, celui-ci est capable de se reproduire car les deux plantigrades ont un ancêtre commun assez proche.

Les seuls ours que j'aie aperçus jusqu'à présent sont des ours noirs, pas des grizzlys. Il y a deux jours, j'en ai observé un qui explorait la berge à la recherche de tubercules d'astragale. Délicat, presque félin, il a suivi le canoë sur un bon kilomètre et demi ; d'un noir si absolu qu'on aurait dit un trou découpé dans le paysage par un emporte-pièce. Puis j'en ai découvert un autre un soir en levant la tête alors que je lisais auprès du feu. Il était planté à l'extrémité du banc de sable sur lequel je campais, à une centaine de mètres peut-être, et ne semblait pas s'être rendu compte de ma présence – le vent soufflait dans ma direction, et les ours n'ont pas une très bonne vue. J'ai fouillé dans mes affaires pour retrouver ma corne de brume. L'animal a jeté un coup d'œil en direction du bruit, s'est immobilisé, puis s'est éloigné d'un pas nonchalant pour rejoindre le fleuve en se déplaçant en diagonale à travers une série d'îlots. Parvenu au canal le plus rapide, il s'est allongé dans l'eau sur le dos et s'est laissé flotter au gré du courant, les pieds devant, comme si *Le Livre de la jungle* se matérialisait sous mes yeux. Mais ces empreintes de grizzly – plus larges, plus profondes, globalement plus massives – sont juste à côté de ma tente, sur une piste qui, je m'en aperçois maintenant, s'étire des broussailles jusqu'à l'eau.

Je vais me dégourdir les jambes. Un peu plus loin sur la grève, je découvre le cadavre d'un saumon de l'année précédente, momifié sous les neiges de l'hiver dernier, que j'envoie valser dans la végétation. Il a les mâchoires ouvertes, hérissées de dents sur toute leur longueur. Le corps forme un S. L'épine dorsale est effilochée comme un meuble en osier usé tandis que, tendue sur son squelette, sa peau fine comme du papier lui donne l'air d'une de ces vieilles biques de conte de fées, avec sa coiffe et son châle miteux, ratatinée et transie de froid. Cette carcasse aura été traînée là par une autre bête qui l'aura attrapée dans le fleuve – un ours, un loup ou un aigle. Voire une loutre. Plus de cinquante mammifères différents se nourrissent de saumon royal. Dans le sud de la Colombie-Britannique, le régime alimentaire de l'orque est presque exclusivement constitué de chinook.

Il n'y a peut-être pas d'image plus emblématique de l'Alaska sauvage que celle d'un ours planté jusqu'aux hanches dans les flots tumultueux et qui, tel un gardien de but, essaie de se saisir des saumons qui bondissent au-dessus de la surface. Là où ces derniers sont abondants, la densité d'ours peut être jusqu'à quatre-vingts fois supérieure à la normale. Dans l'un des affluents du bassin hydrographique de la Porcupine River, les plantigrades ont peu à peu excavé des chemins creux entre l'eau et les grottes dans lesquelles ils hibernent, sillons tracés dans la terre qui témoignent d'habitudes millénaires. Les grizzlys doivent augmenter leur masse graisseuse de 50 % avant leur long sommeil hivernal, et ils peuvent ainsi engloutir jusqu'à quarante saumons en huit heures ; quarante kilos de viande par jour. Souvent ils ne consomment que les morceaux de choix, les plus calorifiques. Ils arrachent la tête d'un coup de dents pour manger la cervelle ou martèlent de la patte le dos d'une femelle, comme quelqu'un dont la pièce est coincée dans un distributeur automatique, afin de la forcer à expulser ses œufs. La quantité de nourriture ingurgitée par les grizzlys influence directement l'importance des portées du printemps suivant.

Le reste de la carcasse est abandonné, souvent dans la forêt où l'ours s'est retiré pour la manger, à l'abri de toute rivalité. Le pygargue à tête blanche met lui aussi les chinooks en pièces pour se repaître des parties qu'il apprécie en laissant le rebut aux corbeaux et aux corneilles. Un aigle à l'alimentation riche en saumon aura davantage de petits et ses œufs écloront plus tôt, offrant donc plus de temps à sa progéniture pour prendre son plumage avant le retour du froid. En redescendant la hiérarchie des prédateurs du saumon, on trouve ensuite les rongeurs, les petits oiseaux et les coléoptères. Durant leur migration vers le sud, les goélands écument les rivières empruntées par les montaisons, dévorant la chair en décomposition et les œufs qui pourrissent. Les insectes qui nettoient les squelettes de leurs derniers lambeaux amènent avec eux les oiseaux chanteurs, les hirondelles et les amphibies. La floraison de l'angélique genouillée survient dix jours après l'arrivée du chinook. C'est aussi le moment où apparaît la mouche à viande, qui dépose ses œufs dans les carcasses de saumon. Ce diptère puise dans le nectar de l'angélique l'énergie nécessaire à sa reproduction, tandis que la fleur a besoin de la mouche comme pollinisateur. Les larves des mouches achèvent le processus de biodégradation de la charogne.

Le carbone, l'azote, le phosphore et la graisse que le saumon transporte dans son corps en remontant des océans par ces routes commerciales ancestrales se répandent dans tout l'écosystème pour être ensuite absorbés par les racines des arbres qui les transmettent aux branches, favorisant la fertilité du sol. Le long de certains cours d'eau, la concentration d'azote et de phosphore dans la terre est parfois tellement élevée qu'elle dépasse celle des engrais vendus dans le commerce. Épicéas et saules poussent trois fois plus vite au bord de ces rivières. Dans la région du cours supérieur de la Porcupine River, où le chinook ne migre plus, les forêts meurent. Imaginez, si vous préférez, que le saumon se glisse dans les vaisseaux capillaires de l'épicéa ou du bouleau et vous ne serez pas très loin de la vérité. Jusqu'à 70 % de l'azote présent dans ces bois provient de la mer. Pour qui connaît bien le territoire, il est possible de mesurer la qualité de la montaison par la fécondité de la forêt.

Après une nuit sans ours, je suis réveillé le lendemain matin par le cri d'un faucon pèlerin. Je l'observe pendant que mon café chauffe. Il est en haut de la falaise, juché sur la cime d'un aulne foudroyé. Plus tard, j'en vois deux qui jouent au-dessus de moi, l'un plongeant tandis que l'autre exécute un tonneau, les serres dressées, l'un et l'autre changeant de direction avant l'impact. Affolé par le spectacle, un oiseau humicole se met à glousser. Les rapaces se découpent comme deux faucilles sur le bleu du ciel. Il doit y avoir un nid non loin de là : j'entends les oisillons. Je me demande jusqu'où porte leur vue, là-haut, s'ils sont capables de voir jusqu'aux villes.

Je reprends ma navigation. Le vent charrie des graines de peuplier de l'Ouest et des lambeaux de toiles d'araignée auxquels celles-ci s'accrochent encore. Je franchis le cercle arctique à l'approche du solstice et le soleil décrit des ronds dans le firmament. Des cirrus élevés semblables à des griffes de chat zèbrent l'azur infini. Des volées de sternes paraissent suspendues dans l'air, miroitant comme des fils d'argent. Chaque jour je passe devant de nouveaux camps de pêche abandonnés, leurs antiques toiles goudronnées tellement délavées par le soleil qu'elles ressemblent aujourd'hui à un patchwork, avec le treillis de leur trame mis à nu. Dans les années 70, elles étaient toutes jaunes. Plus récemment elles avaient viré au vert. Maintenant elles sont majoritairement bleues. Voilà qui sera utile aux futurs archéologues. Le cadre d'un vieux banc qui a perdu ses lattes, perché sur une éminence pour jouir de la meilleure vue sur le fleuve.

Je vois les hydravions de Fort Yukon avant de découvrir la localité, cachée sur la rive nord derrière une constellation d'îles. Au bout de leur chaîne, des chiens efflanqués marchent de long en large sur la plage devant des niches découpées dans des récupérateurs d'eau de pluie en plastique. Je bivouaque sur l'une des petites îles situées en face avec l'intention de me reposer quelques jours. Chaque matin, je me rends en canoë de l'autre côté pour explorer les lieux. Fort Yukon est le plus gros bourg sur cette portion du fleuve, avec une population de 550 habitants, presque exclusivement constituée d'Athabascans, les Autochtones qui composent la majorité des résidents de l'Alaska intérieur. Le plan de la ville affiche un mépris absolu de l'espace et semble conçu pour une dépendance totale aux véhicules à moteur : les maisons sont disséminées sur des kilomètres comme si elles avaient été larguées par avion. Sans pick-up, chacune de mes visites m'impose de longues marches sur des pistes poussiéreuses. Parfois j'arrête un quad et je monte à l'arrière, en amazone, m'efforçant d'afficher un air détendu. Il n'y a pas deux habitations qui se ressemblent. Un grand nombre ont été bâties par leurs occupants actuels ou leurs pères, voire leurs grands-pères, et chacune constitue donc l'expression d'une histoire familiale. Les plus anciennes sont en rondins, tandis que les plus récentes, financées par la tribu, sont en panneaux de contreplaqué bon marché et couvertes d'un toit en tôle ondulée. Elles paraissent totalement inadaptées aux hivers à moins quarante degrés. Mais, comme on dit, il n'existe que deux saisons en Alaska : l'hiver et la saison du bâtiment, alors les gens favorisent les constructions rapides. Ces cabanes ont été conçues à une époque où le gaz de chauffage coûtait un dollar vingt-cinq le gallon (soit trois litres quatre-vingts), mais maintenant il peut grimper jusqu'à douze dollars, en particulier à la fin de l'hiver, quand les réserves baissent. La plupart sont sur pilotis afin que la chaleur de la maison n'entraîne pas la fonte du permafrost au-dessous, et toutes possèdent un vestibule de l'Arctique, sorte de sas grossier à l'entrée qui agit comme un tampon contre le froid glacial de l'hiver. Sur les terrains s'entassent des monticules de débris : bouées et moteurs, filets de pêche et tronçonneuses, crânes de caribou et ramures d'orignal, que les corbeaux nettoient dans leurs moindres recoins. Des fleurs poussent autour des engins à neige qui sont garés dans l'attente de leur saison. Une chronologie de l'industrie automobile des années 50 à aujourd'hui – comme il n'existe aucun lieu destiné à recevoir les véhicules en fin de vie, ceux-ci sont abandonnés là où ils ont rendu l'âme, permettant aux gens d'en récupérer les pièces. Je remarque sur une cabane la présence improbable de paniers suspendus et de mangeoires pour oiseaux.

La ville comptait jadis quatre magasins. Il n'en reste désormais plus qu'un. *The AC Value Center, depuis 1867*, proclame l'inscription sur la porte. Je déambule dans les allées en regardant les articles, tout à ce plaisir nouveau du shopping. Il fait frais et les haut-parleurs diffusent de la musique. Il y a des confiseries en barre à plus d'un dollar, du beurre de cacahuètes à plus de dix. Il y a des bottes en caoutchouc, des moteurs de hors-bord, des outils électriques et de la graisse. Mary Jackson est derrière la caisse. Elle a sous les yeux des poches qui rappellent des bleus. Elle m'apprend qu'elle est originaire de Pilot Station, tout au bout du fleuve, à près de mille cinq cents kilomètres d'ici, dans la région des Esquimaux Yupiks. Elle y tenait déjà un magasin AC avant d'être nommée pour prendre la gérance de celui-ci. Elle a déménagé voilà deux ans, avec son mari et leurs enfants. Lorsqu'elle dit qu'elle a le mal du pays, vous en arrivez à croire que c'est réellement une maladie. Et le pire, ajoute-t-elle, c'est au moment de la saison de pêche. Le voyage jusqu'à Pilot Station coûte mille sept cents dollars, soit trois fois le prix que j'ai payé pour venir de Londres à Whitehorse. Elle n'est pas rentrée chez elle depuis qu'elle habite ici. Elle me montre sa page Facebook sur son smartphone. Il y a de nombreux posts de sa famille, à Pilot : bacs remplis de saumons, dont certains sont des royaux, filets découpés en bandes et suspendus sur des séchoirs à poissons, illuminés par-derrière, avec des couleurs si vives que je mets cela sur le compte d'un filtre. Elle m'affirme qu'il n'en est rien.

« Je vous jure qu'ils sont de cet orange rosé, avec des nuances pêche et coucher de soleil, dit-elle. Et la chair est si bonne ! Quand vous les fumez, ils *dégoulinent* de graisse ! »

Les saumons royaux qui s'engagent dans l'embouchure du fleuve peuvent être constitués jusqu'à 24 % de graisse. Il arrive fréquemment que les fumoirs prennent feu tant les lieux en sont imprégnés. Elle passe en revue d'autres photos, de ses frères et sœurs en train de découper le poisson, de son frère à bord de son bateau, d'une tourte au poisson et à l'angélique. Elle les like toutes. Émojis de poissons, smileys.

« Vous pourrez bientôt pêcher, dis-je.

– Mais bientôt, c'est encore loin », répond-elle.

Même si Fort Yukon devrait se voir accorder quelques fenêtres cet été – des assouplissements des restrictions pendant lesquelles il sera possible de pêcher le chinook –, la mesure n'emballe guère Mary.

« Les royaux, à cet endroit du fleuve, ils ne sont pas très fameux », m'apprend-elle. Une sorte de tristesse farouche lui voile un instant le regard. Sa famille lui a envoyé par avion des filets qui devraient arriver d'un jour à l'autre, avant les nageurs. Tout au long de mon périple, j'entendrai ce même refrain dans la bouche des gens : le poisson, dans leur section du fleuve, le poisson avec lequel ils ont grandi, est du saumon royal de premier choix. Les habitants de l'aval trouvent celui d'ici trop sec. Ceux d'ici estiment que le chinook de l'aval est trop gras et affirment qu'il les rend malades.

Mary m'invite à dîner. Sur la véranda, son mari, Matt, originaire de l'Idaho, est en train de retourner les steaks hachés. Ils tiennent le magasin ensemble. Il est coiffé d'un chapeau mou. Le slogan de son sweat à capuche annonce : *La seule chose qui m'intéresse, c'est le snowboard, et je dois aimer trois personnes à tout casser, et aussi la bière.* À la cuisine, j'aide Mary à couper oignons et tomates en tranches pour les hamburgers. Ses enfants sont assis dans la pièce ; ce sont les grandes vacances et les activités ne sont pas légion. Son aînée, Rochelle, revient du pensionnat au lycée Edgecumbe, à Sitka, que les gamins blancs du coin ont rebaptisé « Edgekimo ». Julius martèle sa Playstation.

Cathy s'amuse à faire des bonds sur le trampoline du jardin. Delaney confectionne des cookies à partir de bouts de papier et de menue monnaie, tandis qu'Atreyu, la morve au nez, gazouille sur le canapé, avec Woody, le cow-boy de *Toy Story*, dans une main et un T-shirt qui proclame : *J'aime mon papa*. Mary a eu Rochelle à l'âge de dix-sept ans. Rochelle en a maintenant seize. Elle voudrait étudier les arts numériques et l'animation à Seattle. Chaque année, sur tous les bacheliers de Fort Yukon, seuls deux ou trois vont à l'université.

Mary est la dixième d'une fratrie de quatorze frères et sœurs, qui ont grandi dans une cabane de huit mètres sur quatre à Pitkas Point, le dernier-né couchant avec les parents et les autres côte à côte sur des matelas étalés sur le sol.

« Il y avait des toilettes, mais on n'avait pas l'eau courante, se souvient-elle. Alors on avait un seau qu'il fallait vider deux fois par jour, tellement on était nombreux. On devait remplir quelque chose comme trente gallons d'eau chaque jour. Faire la lessive, c'était la *folie* ! Tous les jours, à la main, avec une planche à laver en métal. »

Pendant que nous tranchons le fromage, elle me confie avoir du mal à ouvrir grand la bouche, parce qu'un de ses anciens compagnons lui a fracturé la mâchoire. Elle me raconte que son père a eu la jambe coupée par un coup de machette au cours d'une dispute d'ivrognes. Elle me parle du suicide de son frère, dont elle a été la première à découvrir le corps. Je la regarde vaquer à ses occupations dans la cuisine. Incroyable qu'une personne puisse garder en elle toutes ces choses. Sur le plan de travail de la cuisine est posé un cadre qui contient le dessin d'un nouveau-né avec cette légende : *Un bébé est la manière qu'a Dieu de nous dire que le monde doit continuer*.

« Vous voulez voir un truc de dingue ? » me demande Matt après le dîner.

Je m'installe derrière lui sur le quad, puis nous empruntons un chemin défoncé qui part du fleuve et quittons la ville en veillant à nous pencher pour esquiver les branches qui s'étirent au-dessus de la piste. Longtemps après avoir dépassé les dernières cabanes, il s'arrête à côté d'un panneau qui annonce : « Golf de Fort Yukon ». Devant nous s'étend une prairie tourbeuse à demi défrichée qui ondule doucement. Les fairways sont parsemés de bouquets d'aulnes dont le soleil bas pare les troncs de reflets luisants, comme ceux des mâts dans un port.

« Je n'y ai jamais vu personne », explique Matt.

Nous parcourons le terrain. Les trois greens sont indiqués par trois drapeaux. Une pile de crottin d'orignal est visible derrière le dernier tee. Revenu au quad, Matt s'assied en amazone sur la selle pour fumer une cigarette. Il me révèle que son père s'est noyé dans le fleuve quelques mois après leur installation ici. Il me dit qu'il aime bien venir à cet endroit pour se laisser aller à ses pensées.

J'entends dire autour de moi que l'arrivée des royaux est imminente. Comme tout le monde a de la famille dans les villages situés en aval, chacun peut suivre à la trace l'avancée du poisson et, quand je vérifie mes e-mails, je découvre les mises à jour envoyées par l'ADF&G. La ville bruisse de rumeurs. Il y a quelque chose dans l'air, tout le monde marche plus vite. On voit dans les jardins les gens repriser des filets ou bricoler des hors-bords sous les rayons chauds et secs du soleil. Je tombe sur un homme qui, devant chez lui, est occupé à travailler sur ce qui ressemble à une attraction de fête foraine primitive. Il m'apprend qu'il s'agit d'une roue de pêche. Je le regarde enlever l'écorce de morceaux d'épicéa qu'il a coupés le matin même et qui sont encore brillants de sève. Il construit le système entièrement de mémoire, coupant les joints à l'aide d'une hache, alignant les diverses pièces à l'œil.

« Les poissons se fichent que ce soit droit ou pas », plaisante-t-il.

Il m'explique que l'entrelacs de bras et d'îles caractéristique des Yukon Flats peut rendre la pêche complexe. Les meilleurs endroits où mettre son filet sont les rares zones de remous, et le fleuve est un tel labyrinthe que le poisson peut surgir de n'importe où. En outre, la configuration de ces bras change de plus en plus, d'année en année, voire parfois dans une même saison, en fonction de la violence des pluies, de la fonte du permafrost et de l'aggravation de l'érosion. Une roue de pêche bien placée permet d'atténuer un peu ces incertitudes.

Ces engins semblent avoir pris naissance dans le paysage comme les grumes d'un embâcle auxquelles on aurait insufflé la vie. Leur origine est incertaine : peut-être la Chine, peut-être la France, peut-être l'une de ces idées si satisfaisantes et de conception si simple qu'elle serait venue simultanément à plusieurs pêcheurs du monde entier tandis qu'ils étaient assis à observer les fluctuations du courant. Il ne fait cependant aucun doute qu'elle n'est pas apparue spontanément dans la nature, mais qu'elle a été introduite en Amérique. Probablement sur la côte Est dans un premier temps, avant de dériver vers l'ouest pour parvenir en Alaska avec la ruée vers l'or. Des rondins de bois flotté polis par le limon forment un radeau sur lequel repose tout le bidule. De part et d'autre d'un axe central, traditionnellement lubrifié à la graisse d'ours, se trouvent deux paniers constitués d'une armature de barreaux d'épinette tendue de grillage. Perpendiculairement à ce dispositif, deux aubes fixées à quatre-vingt-dix degrés déclenchent, une fois la machine plongée dans le courant, une rotation de l'ensemble à la façon d'une roue hydraulique. Elle tourne paresseusement, pesamment, et semble sur le point de s'arrêter à chaque révolution, lorsque l'une ou l'autre des pales atteint le point culminant de sa giration – cet instant incertain qui rappelle le moment suspendu que l'on connaît au sommet des montagnes russes – avant que la dynamique ne l'emporte sur la force d'inertie et n'entraîne la roue pour un nouveau tour.

Puis une explosion de violence rompt soudain le calme quand l'un des paniers cueille un saumon dans le fleuve pour le hisser vers le ciel, où il nage contre l'air, lutte contre ce nouvel élément hostile tout en cherchant une prise. Au cours de ce duel, le poisson parcourt tout le filet dans une série de soubresauts, se cambrant et se relâchant, à la fois arc et flèche, et il est évident que ce combat est intégré dans le principe de la roue, que l'animal doit fatalement finir par se projeter vers l'axe et que, sans cet affrontement avec la machine qui a interrompu sa course, il continuerait simplement à tourner en rond, encore et encore, éternellement. Mais il n'en est rien. Il arrive à la glissière en bois installée au centre du panier et, par ses à-coups brutaux, précipite sa chute dans le bac en plastique qui l'attend et contre les parois duquel il se cogne jusqu'à s'étourdir, après quoi il gît, sanguinolent, sur le fond. Une vieille boîte à café positionnée selon un angle bien précis arrose constamment les poissons d'un filet d'eau, ce qui permet de les garder au frais jusqu'à ce que l'on vienne relever les filets.

Fabriquer pareil engin réclame beaucoup de travail et sa durée de vie n'excède pas quelques années, mais l'homme m'explique qu'une fois dans le fleuve, il marche tout seul aussitôt le mouvement de rotation lancé. Plus besoin de s'embêter comme avec les filets. Ce système est si efficace que les restrictions qui lui sont imposées sont encore plus draconiennes que celles qui concernent les filets fixes. Il espère que l'ADF&G lui accordera bientôt l'autorisation de le mettre à l'eau. Je lui demande ce qu'il pense de toutes ces périodes d'interdiction. Il hausse les épaules.

« Si ça peut me permettre d'avoir mon poisson, ça me va », répond-il.

Il me dit que pour toute question relative à la pêche, je devrais aller déranger Richard Carroll, l'un des chasseurs et piégeurs les plus expérimentés de la ville.

Je trouve la maison de Richard dans une rue située un peu en retrait de la rive. Je frappe et, alors que je m'apprête à recommencer, une voix appelle de l'intérieur. Richard est allongé sur le canapé, les rideaux tirés et la télévision allumée. Il lève les yeux vers moi. Il a une tête de boxeur. Athabascan, la soixantaine. Son corps massif et épais est moulé dans un T-shirt *Alaska, depuis 1959.* Il plisse les yeux à cause de la lumière qui se déverse par la porte ouverte.

« Bon, ben entrez, au lieu de rester planté là ! s'exclame-t-il. Et refermez cette porte. Asseyez-vous. Vous êtes un de ces types qui viennent nous pourrir le fleuve ? »

Il se met debout, tousse et se gratte, puis va jusqu'à la cafetière électrique et remplit un mug qu'il pose devant moi sur la table.

« J'suppose que vous avez envie de croquer un morceau », reprend-il.

Il se fourre une poignée de cachets dans la bouche et s'approche du frigo, devant lequel il s'accroupit pour en étudier les entrailles. Il pétille, véritable boule d'énergie. Il y a une salade de pâtes qu'il a préparée deux jours auparavant pour l'anniversaire de sa petite amie, laquelle n'est finalement pas venue la manger.

« Elle est partie à Fairbanks pour picoler, dit-il en guise d'explication. Il y a un mois de cela. Elle a couché sous un pont. Elle arrive tout à l'heure par l'avion de midi et demi. Faut que j'me rase, faut que j'me lave. P'têt qu'on va se faire une partie de jambes en l'air. Faudra que vous déguerpissiez rapidos. Ça va chier. Bon. Voyons ce qu'il y a d'autre. »

Il ouvre le congélateur, qui regorge de sacs à glissière remplis de morceaux de viande et de poissons entiers, mais aussi de sachets de baies.

« Je bouffe plus de gibier que n'importe qui dans cette ville », affirme-t-il.

Il époussette le givre qui embue les étiquettes, examine les paquets, puis referme le battant.

« J'vais vous dire ce qu'on va manger », annonce-t-il.

Il traverse la pièce pour rejoindre le buffet, sur lequel est posé un gros colis emballé dans des pages du *Fairbanks Daily News-Miner*. Il le rapporte jusqu'à la table à laquelle je suis assis et décolle les feuilles mouillées. Je découvre une imposante portion de filet avec la peau, et il s'agit sans conteste de saumon. Mais il ne ressemble en rien aux saumons que je connais. La chair est d'une teinte brute, ensorcelante, d'un orange si profond qu'il en est presque cramoisi : exactement l'aspect qu'aurait celle d'un animal ayant nagé des milliers de kilomètres pour parvenir jusqu'ici en bravant tempêtes et orques sur son chemin. La peau a conservé son lustre éclatant, comme un pare-chocs – il lui restait encore de nombreux kilomètres à parcourir.

« C'est un royal ? » je demande.

Richard sourit.

« Le premier de la saison. »

Ça y est ! Me voilà dans cette maison en compagnie d'un homme dont je viens de faire la connaissance et qui me propose de goûter au premier royal de la saison. C'est l'un des jeunes chasseurs de Fort Yukon qui l'a pêché la veille au soir et qui l'a offert à la mère de Richard. Tandis qu'il prend le morceau pour le poser sur une planche à découper, Richard déclare :

« Un bon chasseur partage toujours. Et quand il a besoin d'un coup de main, on l'aide. Un mauvais chasseur ne montre rien à personne. Il ramène ce qu'il a pris et le planque chez lui. Et à présent je vais le partager avec vous. »

Je me sens indigne d'un tel honneur. Ce geste a une signification si superficielle pour moi, par rapport à ce que représente le retour du chinook pour ceux qui vivent ici, et j'ai l'impression d'être un touriste de la pire espèce. Richard devrait assurément partager ce repas avec des gens qui sortent tout juste de huit mois d'hiver et dont le destin, génération après génération, est depuis des millénaires intimement lié à celui du saumon, au lieu de le faire avec quelqu'un qui a débarqué voilà peu de son canoë et qui achète son poisson au supermarché lorsqu'il en a envie.

Mais il faut dire que c'était toujours avec un certain étonnement que les premiers visiteurs occidentaux découvraient les notions de partage et de coopération des indigènes, si contraires à l'instinct de possession constitutif des diverses cultures dont étaient issus ces mêmes explorateurs. « Les Indiens sont si naïfs et si peu attachés à leurs biens que quiconque ne l'a pas vu de ses yeux ne peut le croire. Lorsque vous leur demandez quelque chose qu'ils possèdent, ils ne disent jamais non. Bien au contraire, ils proposent de le partager avec tout le monde », rapporta Christophe Colomb à la cour de Madrid pour décrire son arrivée aux Bahamas. Il comprit rapidement que cela lui permettrait d'obtenir autant d'or et d'esclaves que pourraient en désirer le roi et la reine d'Espagne. Charles Darwin, dans le récit de son voyage à bord du *HMS Beagle*, déplorait les « habitudes nomades » des Yagans et écrivait que « l'égalité parfaite entre tous les habitants interdirait pour de nombreuses années la possibilité de les civiliser ». Mais pour des peuples cultivant le sens de la communauté et montrant peu d'intérêt pour les biens personnels ou la hiérarchie, ce mode de pensée était totalement cohérent. L'anthropologue Hugh Brody, qui a conduit l'essentiel de ses recherches dans l'Arctique, explique que c'est par la mise en commun que les sociétés de chasseurs-cueilleurs engrangent nourriture et savoirs. Et aujourd'hui, à une époque où posséder un compte en banque et un congélateur offre aux Athabascans l'occasion d'amasser autant que n'importe quel autre capitaliste, et où l'on peut tout apprendre en ligne, ce sens de la communauté et de l'entraide demeure toujours aussi profond.

« L'argent, souffle Richard. Qu'est-ce qu'on peut bien en faire ? On finit juste par tout perdre au profit de sa famille. On peut pas le manger. Celui qui peut subvenir aux besoins des autres est plus apprécié que le millionnaire du coin. Il est sûr de pouvoir tirer son coup. »

Richard met à bouillir de l'eau pour le riz et commence à découper des bandes de saumon. Il m'en passe une, embrochée à la pointe de son couteau.

« Goûtez-moi ça », insiste-t-il.

À mesure que je la mâche, les saveurs se concentrent en un goût qui rappelle davantage celui de la viande : puissant, consistant, qui respire la terre. Le gras me tapisse la bouche. Je lui dis que c'est succulent. Son visage se fend en un grand sourire, comme si c'était un compliment personnel. Il lui manque une bonne partie de ses dents, qu'il me raconte avoir perdues dans des bagarres. Debout devant la gazinière, il s'occupe du riz. Il est de ces hommes qui, lorsqu'ils sont aux fourneaux, donnent à la cuisine l'air d'un atelier.

Il m'a sorti quelques albums de photos pour que je les consulte. La plupart ont été prises autour de son camp de trappeur, à plusieurs heures de navigation d'ici, là où la Porcupine River se jette dans le Yukon. D'un doigt luisant de graisse de poisson, il m'en montre une de la cabane ensevelie sous la neige.

« Une fois, j'ai passé neuf semaines là-haut sans voir personne, se souvient-il. J'avais des hallucinations : je voyais des fantômes qui venaient me rendre visite. »

Il y a des photos de saumons et d'autres de Richard prenant la pose à côté de caribous dépouillés, les bêtes mises à nu allongées côte à côte sur la neige.

« Je suis capable de nettoyer un caribou en douze minutes, se vante-t-il. Je lambine pas. »

L'eau du riz déborde, il baisse le feu. Il n'a pas revu de caribous ici depuis qu'il était petit, au temps où les troupeaux traversaient le fleuve en amont. Le voyage jusqu'à sa cabane de la Porcupine lui coûte tellement cher en carburant qu'il lui faut en tuer au moins cinquante rien que pour le rentabiliser.

Richard affirme que, sans le saumon royal, Fort Yukon n'existerait plus. Les chums de l'été qui réussissent à remonter aussi loin sont rarement en bonne condition. Ceux de l'automne se conservent mal : lorsqu'ils arrivent enfin ici, l'air est si humide qu'il est impossible de les sécher. Il m'apprend qu'il y a mille ans, une éruption volcanique dans la chaîne Saint-Élie a obstrué toutes les rivières du sud où frayaient les saumons. On aperçoit encore des couches de cendre de soixante centimètres d'épaisseur dans certains talus qui bordent l'Alaska Highway. Poussés par la faim, les gens ont migré vers le nord afin d'y trouver une nouvelle source de nourriture.

« Vous voyez ? demande-t-il. C'est le saumon royal qui nous a amenés dans cette vallée. Sans lui, on chasserait le caribou dans la chaîne de Porcupine Range. »

Il apporte le poisson et le riz sur table. Il y a du wasabi et du gingembre mariné. Il repart vers le frigo et revient avec des moules qu'il pose à côté du reste.

« Je ne savais pas qu'il y avait des moules dans les eaux du Yukon », je m'étonne.

Il me regarde comme si j'étais idiot.

« Elles viennent d'Australie ou de je ne sais où. »

Il prend une feuille de nori.

« J'me souviens plus dans quel sens il faut rouler ce bazar ; ça fait tellement longtemps », grogne-t-il.

Il étale sur la table la feuille de nori et y dépose quelques cuillerées de riz qu'il couronne de morceaux de saumon cru. C'est un travail délicat qui, étrangement, lui sied bien. Il roule l'ensemble et le coupe ensuite en tranches. Il en tartine une d'une couche de wasabi qui aurait de quoi terrasser un cheval, puis se la fourre dans la bouche.

« Waouh ! grommelle-t-il. Putain, ça arrache méchant ! »

Il martèle la table du poing tandis que des gouttes de sueur perlent à ses tempes.

« Fiston, viens là ! » crie-t-il.

Un petit garçon au visage encadré d'une énorme tignasse sort de quelque part à l'arrière de la maison, vêtu d'un sweat-shirt Spider-Man. Richard lui donne un maki que l'enfant mâche d'un air grave, planté devant nous. Richard l'observe attentivement.

« On dirait que t'as grandi depuis hier, Martin, lâche-t-il. Ou bien c'est juste tes cheveux ? »

L'enfant lui adresse un sourire timide. Richard pousse le plat vers lui.

« Reprends-en un peu, fiston ! »

Martin répond non de la tête.

« Mon ventre, explique-t-il.

– T'as mal ?

– Non, il est plein.

– Plein de quoi ?

– De ça, parce que c'est trop bon », dit Martin en montrant le sushi.

Richard le regarde retourner dans sa chambre.

« C'est le môme le plus gentil que je connaisse, lâche-t-il.

– C'est le vôtre ? je demande, bien qu'il me paraisse trop jeune.

– C'est mon petit-fils, répond-il. Sa mère est en taule, alors c'est moi qui m'occupe de lui en ce moment. »

Nous restons là à engloutir nos makis, que nous faisons glisser avec de grandes gorgées de café.

« Toute ma vie j'ai pêché, reprend Richard. J'ai construit ma première roue à seize ans. Mon père était fonctionnaire de l'administration, l'un des huit jobs qu'il y avait à Fort Yukon. Ma mère, quand elle ne picolait pas, était trop affaiblie par la maladie pour faire quoi que ce soit. Alors je pêchais pour toute la famille. Je suis le seul à ne pas avoir d'instruction. Le seul à m'intéresser au piégeage et à toutes ces activités dans la nature. Tout ce que je sais, je l'ai appris de mon oncle et de mes cousins. Faut être prêt à bosser dur sans rien attendre en retour. Les autres élèves de l'école étaient juste des gamins pour moi. Au lycée, c'était moi qui étais chargé de relever la roue avant d'aller en cours. Le reste de la journée, c'étaient mes deux cousins qui s'en occupaient. En été, je me levais tôt. Il fallait à peu près une demi-heure pour effectuer l'aller-retour, si je ne faisais pas le con en chemin. Comme les poissons remontaient la nuit, j'en prenais plus que mes cousins. Je n'avais pas réalisé que je les court-circuitais jusqu'à ce qu'ils me le disent. Alors j'ai pensé : “Mince, j'ferais peut-être bien de leur donner un peu de poisson.” »

Il s'interrompt en riant à ce souvenir. Pendant tout ce temps-là, la radio était en marche. Entendant alors quelque chose qui capte son attention, il se lève, la retrouve sous un fatras d'objets et de papiers, puis monte le volume. La femme parle de la mère de Richard, Eva Carroll, et rend hommage à une ancienne vénérée. Après ces formalités, elle commence la lecture du communiqué de presse :

« Annonce de l'Alaska Department of Fish and Game concernant les sous-districts 5-A, 5-B et 5-C. À partir du mardi 27 juin 18 heures, la pêche avec équipement sélectif sera fermée, mais elle restera autorisée pour les filets d'un maillage inférieur à 15 centimètres et les roues de pêche, selon le calendrier réglementaire de deux périodes de 48 heures par semaine. Du mardi 18 heures au jeudi 18 heures et du vendredi 18 heures au dimanche 18 heures. Pendant les périodes de fermeture, les pêcheurs seront autorisés à utiliser des filets d'un maillage inférieur à 10 centimètres et d'une longueur inférieure à 18 mètres afin de cibler les non-salmonidés. Ils auront le droit de garder les chinooks pris avec de tels filets. Songez à avoir un stylo à bord afin de pouvoir noter vos nom et numéro de portable sur votre matériel. »

La présentatrice a un accent néo-zélandais.

« Un grillon à bord ? plaisante Richard. Qu'est-ce que ça vient foutre là ? Et dire que ces gens sont censés être instruits…

– Allez-vous mettre votre filet à l'eau ce soir ? je demande.

– Je ne pêche plus, répond-il en secouant la tête de gauche à droite.

– Pourquoi donc ? fais-je, interloqué.

– Ce n'est pas bien, dit-il. J'ai dû passer pas loin de dix ans à assister aux réunions du conseil de gestion des ressources de subsistance de la région. Et c'est là qu'on se rend compte de ce qui est en train d'arriver. »

Pour nombre d'habitants de la région, la prise de conscience initiale qu'il y avait un problème avec le poisson eut lieu lorsqu'ils virent débarquer à leurs réunions des gens de Teslin, le premier village où je me suis arrêté, à mille trois cents kilomètres d'ici, de l'autre côté de la frontière. À chaque convocation du comité du Yukon, des représentants de Teslin effectuaient le voyage, ce qui, en hiver, signifiait souvent un trajet de douze heures en voiture rien qu'à l'aller. Ils dépeignaient le tableau effroyable d'un futur sans poisson, prophétisant que, si nul n'écoutait leur mise en garde, le désastre se propagerait sur tout le cours du fleuve. Ils se décrivaient comme les canaris dans la mine.

« Je me souviens de cette réunion, continue Richard. J'ai rencontré ces Autochtones du Canada et ils me rappellent tous des gens que je connais. Ils me ressemblent tous, parlent tous comme moi. Et ils sont honnêtes. Et on entend l'histoire du cours supérieur, de ces gens qui y pêchaient et qui ont volontairement décidé d'arrêter. Et on entend après tous ces types qui pêchent à l'embouchure du fleuve se plaindre de ne pas se faire assez d'argent. Je me suis levé. “Je vais aller m'asseoir à côté des gens de Teslin”, j'ai dit. Et puis j'ai ajouté : “J'ai honte.” »

Cette après-midi-là, je retourne chez Richard après sa partie de jambes en l'air. Il m'a invité à l'accompagner pour la visite de fin de journée. Le bus qu'il utilise est un vieux car scolaire garé devant la maison dans un cimetière d'autobus, l'inscription *Fort Yukon Transit System* se détachant sur les flancs du véhicule. Fraîchement douché et nettoyé des pieds à la tête, Richard porte un T-shirt propre, et les boucles de ses cheveux humides lui tombent sur le front ; il ressemble à Stallone ou quelqu'un de ce genre. Dans le rétroviseur, je remarque ses lunettes de soleil effet miroir. Martin est assis à l'avant. Richard prend le micro pour m'interpeller.

« Asseyez-vous vers le fond, ordonne-t-il. Vous allez m'empester le bus. N'oubliez pas que tous les autres paient. »

Nous nous rendons à la piste d'atterrissage pour retrouver les touristes arrivés par avion. Ils sont sept, trois de Nouvelle-Zélande et les autres des États-Unis continentaux. Ils sortent de l'appareil à huit places en plissant les yeux et en s'étirant.

« Très content que vous ayez fait le voyage jusqu'ici, m'dame, dit Richard en aidant chacun à monter à bord. Merci d'être venue jusqu'à notre petite ville. »

Il y a un siècle, Fort Yukon était un incontournable des circuits touristiques. C'est là que Jack London avait situé l'action de *Croc-Blanc*. C'est le seul village du Yukon qui soit au nord du cercle arctique, une position qui en faisait autrefois l'endroit le plus facile d'accès pour avoir une chance d'admirer le soleil de minuit. Les touristes prenaient le vapeur à Dawson City, puis débarquaient et venaient se planter sur la rive pour y attendre que les nuages se déchirent. On les surnommait « les soleillards ». Depuis lors, les centres d'intérêt des visiteurs ne cessent d'étonner les gens du coin. De nos jours, la plupart des soleillards préfèrent filer tout au nord en empruntant la Dalton Highway mais, se trouvant à une heure d'avion seulement de Fairbanks, Fort Yukon continue à attirer celles et ceux qui veulent un aperçu authentique de la vie autochtone. « Pour le choix de vos vêtements, ne vous souciez pas d'élégance, mais de votre confort », conseille la brochure. C'est la trente-huitième saison de Richard au volant de son bus. Une fois tous les passagers installés, il s'adresse à eux au moyen de la sonorisation du car.

« Alors bonjour tout le monde. Je serai votre guide pendant la durée de votre séjour ici. Je suis né à Fort Yukon, là-bas, dans l'ancien dispensaire des missionnaires. J'aime raconter aux gens que j'ai été le dernier bébé de la ville à bénéficier d'un accouchement planifié, ajoute-t-il en gloussant avant de démarrer le moteur. Je suis le maire de Fort Yukon. Je suis également l'ordonnateur des pompes funèbres locales. Alors si vous avez besoin de quoi que ce soit, n'hésitez pas à me demander. »

Nous quittons l'aérodrome pour revenir vers le bourg. Nous sommes bientôt contraints de ralentir à cause d'un homme qui zigzague en plein milieu de la route. Richard le dépasse avec précaution en mordant le bas-côté. L'individu lève la tête vers nous, clignant de ses yeux exorbités, comme si nous étions le fruit de son imagination. Il brandit sa bouteille pour nous saluer. Puis, comme une baudruche qui se dégonfle à cause d'une fuite, il tombe petit à petit à genoux avant de s'affaisser sur le côté.

« Papy Johnson a du mal à rentrer chez lui, commente Richard au micro. Ne vous en faites pas, il y arrivera : quelqu'un viendra le ramasser. »

Les touristes échangent des regards. Après une hésitation, l'un d'eux prend une photo. Ce n'était pas dans la brochure.

La vitesse étant limitée à vingt-cinq kilomètres-heure, nous nous traînons le long d'Airport Street, puis de Third Avenue. Richard montre le dispensaire et la salle de bingo, ouverte trois soirs par semaine.

« Sur votre droite, vous avez l'école, poursuit-il. Elle reste ouverte jusqu'à moins cinquante. À moins quarante-cinq, vous pouvez rester chez vous avec un mot d'excuse. Ici, le taux de chômage est de 85 %. Toutes les personnes qui possédaient un bon niveau d'instruction ont quitté la ville dans les années 80 pour s'installer à Fairbanks. Elles ont été attirées par les formations proposées. Il ne reste plus que nous. Elle, c'est Maria, explique-t-il en pointant du doigt une jeune femme qui marche le long de la route. Sa place n'est pas ici. Elle a eu son bac l'été dernier. Si elle traîne là encore deux ou trois étés, elle sombrera dans l'alcoolisme. »

Tandis que nous remontons First Avenue, nous passons devant le magasin de vins et spiritueux, lequel baisse le rideau lorsqu'il fait moins quarante-cinq. Le long des quais, il y a une cabane délabrée sur le perron de laquelle est assis un homme comateux et dont le mur est barré d'un graffiti griffonné d'une main mal assurée qui proclame en grandes lettres : AUTOCHTONE.

« C'est l'un des quatre hôtels de la ville, lance Richard. Je crois que celui-ci est un trois-étoiles. »

Il s'esclaffe. L'un des Néo-Zélandais rit à son tour, mais s'interrompt lorsqu'il constate qu'il est le seul à le faire.

« Est-ce que c'était drôle ? me demandera Richard un peu plus tard. Je croyais que oui. Peut-être que j'avais un peu trop biberonné avant. »

Nous continuons notre route. C'est une visite guidée des plus étranges, mais d'une honnêteté rafraîchissante par rapport au clinquant de pacotille et aux vérités cachées de celles que j'ai suivies à Dawson.

« À présent, voici les bureaux de notre gouvernement tribal, annonce-t-il en tendant le bras par la vitre baissée. Ici, on s'occupe de tous les problèmes sociaux au niveau local. On a un système judiciaire qui traite toutes les affaires sauf celles qui relèvent du droit pénal. Tout est géré par la tribu. Nous bénéficions d'un financement fédéral. Le gouvernement fédéral reconnaît notre souveraineté, mais pas le gouvernement de l'État. Il y a vingt-six personnes qui travaillent ici, toutes du coin. Mon père a dirigé la ville dans les années 70. Il avait embauché une fille qui sortait tout juste du lycée. Lorsqu'elle s'est pointée, elle était très motivée. Mais le lendemain, pas de fille. Le surlendemain non plus. Et voilà qu'elle s'amène enfin le troisième jour, alors il lui a demandé : “Qu'est-ce qui t'est arrivé ?” Elle lui a répondu : “J'ai oublié que j'avais un boulot.” »

Cette chute déclenche l'hilarité dans le car.

« C'est que c'est pas facile, vous savez, reprend Richard. Quand vous êtes de cette génération qui n'a jamais eu un boulot régulier, c'est dur de s'y mettre. Quand vous faites du piégeage et que vous pêchez et que vous luttez contre les feux de forêt. »

En périphérie de la localité se trouvent un terrain de base-ball et un autre de basket, tous deux pourvus de gradins. Nous laissons derrière nous le parc de stockage où est entreposé le pétrole nécessaire au fonctionnement des générateurs du village en hiver. Nous laissons derrière nous l'antenne-relais, puis l'usine de traitement des eaux usées.

« Et ce bâtiment est celui de l'Église baptiste indépendante du cercle arctique », nous apprend Richard.

Nous avons déjà vu ceux de l'Assemblée de Dieu de Fort Yukon et de l'Église épiscopale St Stephen. Sur les fresques murales qui ornent l'édifice, les colombes sont remplacées par des corbeaux. Les écriteaux plantés à l'extérieur assurent que tout le monde est le bienvenu.

« Ça ne fait qu'une vingtaine d'années qu'ils sont là, dit Richard à propos des baptistes. Au début, quand ils sont arrivés, ils ont forcé les femmes à mettre des robes. Ils n'ont pas trouvé beaucoup de candidates. Après trois étés de piqûres de moustiques et trois hivers d'engelures, ils ont laissé tomber les robes. Il y a un peu plus de monde maintenant.

– Combien y a-t-il d'habitants ? s'enquiert l'un des touristes.

– Environ 500 au village, répond Richard. Dont 400 sont parents avec toi, Martin. »

Il tapote la jambe de son petit-fils. Il exagère : seuls 125 résidents de Fort Yukon ou à peu près descendent du grand-père de Richard.

James Carroll avait quitté le Minnesota pour l'Alaska en 1910, alléché par la promesse de l'or. Lorsqu'il eut finalement compris que les pépites faciles à ramasser l'avaient été depuis belle lurette, quelque chose de plus profond s'était entre-temps ancré en lui. Il s'installa à Fort Yukon et se lança dans le commerce des fourrures. À l'époque, la ville était l'antenne la plus occidentale de la Hudson Bay Trading Company, une société dont les activités couvraient un douzième de la surface du globe. James épousa Fannie, une fille du coin, avec qui il eut douze enfants. Le couple gît à présent côte à côte dans le cimetière familial, dont les pierres tombales sont ceintes d'une clôture de pieux blancs. Richard nous indique l'endroit au passage. C'est là qu'il reposera un jour. C'est le lieu qui symbolise l'enracinement d'une famille, le lieu où son mythe fondateur est mis à nu. Des feuilles d'érable en bronze s'entortillent autour de leurs noms. Ils sont entourés de tous leurs descendants. *Thomas « Scotty » Carroll ; Alice Amelia Carroll ; Clifton Carroll ; James Emil Carroll, Sergent dans l'US Airforce ; Margaret M. Carroll, Épouse, mère et grand-mère bien-aimée, morte le 05/05/2016* – les fleurs en plastique qui ornent sa sépulture ne sont pas encore décolorées. Carroll est l'un de ces nombreux noms de famille que j'entendrai au cours de cet été sur le Yukon : Honea, Peter, Demoski, Fancyboy, Williams. Le fleuve charrie les échos des générations, tel un poème en l'honneur de cette terre. Jamais l'Histoire ne m'a paru aussi tangible. Ici, les gens savent d'où ils viennent.

Nous nous arrêtons à la hauteur d'une femme qui marche sur le bas-côté.

« Je vous présente ma prochaine ex », annonce Richard.

Les portes s'ouvrent dans un chuintement. Elle est grande, mince, et plisse les yeux à cause du soleil. Il lui dit quelque chose. Elle le regarde, lui répond autre chose. Puis elle reprend son chemin. Les portes se referment en sifflant.

« Pas très bavarde, lâche-t-il au micro. Faut dire qu'elle sort d'un mois à se biturer. On ne peut pas lui en vouloir. »

Nous parvenons à la plage. Richard se gare et ouvre les portes pour permettre aux touristes de descendre faire leurs photos. Tout le monde a entendu l'annonce de l'ADF&G et une grande effervescence règne sur la grève. La lumière est moins forte, plus drue, mais la journée est toujours aussi chaude. Les canots vont et viennent à toute allure, ou sont sagement alignés le long du quai : des Alweld, des Appleby et des Wooldridge. Le moteur des hors-bords est relevé au-dessus de la surface, des Honda de quatre-vingt-dix chevaux et des Yamaha de cent quinze chevaux à quatre temps. Des pare-brise fabriqués à partir de contreplaqué et de plexiglas, ou encore arrachés sur de vieux pick-up, sont boulonnés sur la proue des bateaux. Peinture cloquée, sièges qui vomissent leur mousse, perches pour les hauts-fonds. Des pêcheurs attroupés en petits groupes sur la rive parlent de poisson et de filets. Quelqu'un attache une roue de pêche derrière un pick-up à l'aide d'un système compliqué de rochets et de nœuds. Nous regardons l'équipe le traîner sur le terrain humide, au milieu des gens qui s'affairent autour d'eux, criant, riant, prodiguant des conseils. C'est le travail d'hommes qui n'ont jamais eu à compter sur les autres pour quoi que ce soit, des hommes qui croient qu'ils peuvent et doivent surmonter seuls toute difficulté, qu'il ne faut attendre aucune aide de quiconque. La roue de pêche tremble de haut en bas. Ils l'approchent de l'eau. Une bruyante acclamation salue le moment où l'engin flotte.

Richard se retourne pour nous regarder, un bras ballant par-dessus le dossier de son siège.

« La saison de la pêche est *ouverte* », déclare-t-il.

C'est le mois de juillet. J'ai laissé derrière moi les Flats, Fort Yukon est maintenant à quelques jours de navigation et le courant reprend de la vitesse. Les outardes ont rejoint les îles sur lesquelles elles séjourneront sans voler, le temps de leur mue estivale. Leurs oisons vont et viennent d'une démarche chancelante. C'est le cri de la bernache du Canada que j'entendrai des mois plus tard à Londres, en hiver, et alors, planté sur le pont de ma péniche dans le crépuscule, je me retrouverai transporté ici, loin de mon canal. Elles parcourent des milliers de kilomètres pour gagner le Nord à l'occasion de la brève saison des amours et, lorsque les conditions météorologiques changeront, elles retourneront dans le Sud. Les Keys de Floride, le Nouveau-Mexique, la Caroline du Nord. Afin d'expliquer leur absence de huit mois, certains avançaient jadis qu'elles passaient leurs hivers sur la Lune. Et pourquoi pas ? De nombreux animaux partent pour des royaumes mystérieux avant de revenir selon le cycle annuel : hirondelles, caribous, saumons. On pouvait compter sur eux comme on pouvait compter sur la terre ou sur le retour de l'été après le printemps ; leurs périples façonnaient la vie des hommes qui en dépendaient. Les saumons du Pacifique présents sur la côte Ouest et ceux qui fraient au Japon ou en Russie ont partagé les mêmes aires de nutrition pendant des millénaires avant que les peuples de ces contrées aient vent de l'existence de leurs semblables. Est-il un jour arrivé à un Tlingit de Teslin ou à un Aïnou de l'île d'Hokkaido de découvrir dans un poisson qu'il venait de prendre un hameçon fiché dans la chair ou une lance brisée, quelque technologie inconnue, et de s'interroger sur d'autres civilisations, d'autres mondes ?

Il n'y a plus guère de grandes migrations. Les colons européens ont décimé soixante millions de bisons au fil de leur progression à travers les Grandes Plaines ; il n'en reste plus que cinq mille aujourd'hui. Des nuées de tourtes voyageuses obscurcissaient autrefois le ciel des jours durant ; la dernière est morte en 1900, l'espèce ayant été chassée jusqu'à son extinction. Du milliard de papillons monarques qui, chaque printemps, effectuaient le voyage du Mexique au Canada, seule une fraction a survécu à la perte de l'habitat, à l'usage des pesticides, aux parasites et au changement climatique. Qu'un animal puisse avoir besoin non seulement d'un biotope intact, mais également que nous lui accordions les vastes étendues de territoire nécessaires à sa migration semble être une exigence presque anachronique sur une planète aussi anthropocentrique que la nôtre, où l'homme se sent à l'étroit.

Au VIIIe siècle, Bède le Vénérable écrivait que les rivières de Grande-Bretagne jouissaient de « la plus grande abondance de saumons » et, mille ans plus tard, lors d'une visite dans les Highlands, Daniel Defoe pouvait encore affirmer qu'il y avait « une profusion de saumons telle que cela semble à peine croyable ». En Irlande, leur population était si pléthorique qu'on les chassait avec des chiens. Voilà près d'un millénaire que les premières réglementations protectrices sont entrées en vigueur ; dans *The King of Fish*, le géologue David R. Montgomery avance que la pêche au saumon est peut-être l'activité professionnelle réglementée depuis le plus longtemps dans tout le monde anglophone. En 1030, le roi Malcolm II d'Écosse instaura une fermeture de la saison de l'Assomption (le 15 août) à la Saint-Martin (le 11 novembre), pendant la période du frai. En 1215, la Magna Carta décréta que les barrages à poissons du roi devaient être démontés afin de préserver le saumon pour le bien public. En 1466, une amende infligée aux tanneurs irlandais qui lavaient le cuir à proximité des frayères est peut-être le premier exemple au monde d'application d'une loi antipollution. Les mesures de protection de ce genre se sont perpétuées à travers les âges et les infractions étaient punies par de lourdes contraventions, des peines de prison de plusieurs mois, voire la mort. Malgré tous ces efforts, les populations de saumons en Europe commencèrent à décliner à l'aube du XVIIIe siècle. La déforestation affectait le courant des rivières et supprimait les nombreuses zones de débordement et bras morts indispensables à la reproduction de l'espèce. Couplés à la surpêche, les rejets des brasseries, des abattoirs, des distilleries, des fermes, des tanneries et des ateliers textiles eurent un impact considérable sur les remontes. Puis arriva la révolution industrielle.

Dans un article rédigé en 1861 pour le périodique *All the Year Round*, Charles Dickens tirait la sonnette d'alarme :

> Le cri de « Saumon en danger ! » résonne désormais d'un bout à l'autre du pays. Encore quelques années, encore un peu de surpopulation, encore quelques tonnes de poison crachées par les usines, encore quelques nouveaux dispositifs de braconnage... et le saumon aura disparu... Et nous, Anglais actifs, sains de cœur et d'esprit, emplis de vénération pour nos aïeux et de prévenance pour les générations à venir... Ne devons-nous pas nous interposer face à cette destruction gratuite... et ainsi conjurer l'opprobre qui sera liée à notre époque quand les historiens de 1961 seront contraints

de rapporter que « les habitants du siècle dernier ont détruit le saumon » ?

Au début du XIXe siècle, écrit Dickens, le poisson vendu au marché de Billingsgate avait été pêché à quelques kilomètres du London Bridge – trois mille saumons par an –, mais en vingt-cinq ans seulement la Tamise a été vidée. La dernière mention d'un saumon pris à Londres remonte à 1833. À présent, il a disparu de la plupart des cours d'eau européens.

L'Amérique a été témoin des évènements, mais n'a pas retenu la leçon. Déforestation, canalisations, industrialisation ; filatures de coton et aciéries ; armées en marche : toutes ont dévoré des rivières entières de poissons. Plus tard vinrent les pesticides et les barrages. Sur la côte Est, l'aire de répartition de l'espèce descendait autrefois jusqu'à New York, qui constituait sa limite sud ; aujourd'hui, seul 1 % des saumons atlantiques qui fraient sur le continent utilise pour cela les rivières des États-Unis, tout le reste prenant la direction du Canada. Lequel n'est pas innocent non plus : depuis le XIXe siècle, coupes claires et scieries ont entraîné des dégâts catastrophiques pour les poissons. Le journaliste Michael Wigan raconte que, jadis, les prises dans la baie des Chaleurs, entre les provinces du Québec et du Nouveau-Brunswick, dépassaient parfois le million sur une seule année. « Pour vous le représenter, imaginez une population de saumon atlantique pratiquement aussi nombreuse que celle du maquereau de nos jours », écrit-il.

En 1804, Lewis et Clark dirigèrent la première expédition américaine qui parvint à relier la côte Ouest. Tandis qu'ils descendaient la Columbia River à bord de leur canoë, William Clark nota que le fleuve « regorgeait de saumons » et que les quantités de poissons ayant frayé « sont si grandes sur les rives comme dans l'eau que cela paraît incroyable à dire ». Selon les estimations, la montaison de chinooks concernait quinze millions de poissons. Le mode de vie des Indiens Chinooks reposait entièrement sur cet afflux annuel de protéines, une civilisation rendue possible grâce à une ressource fiable, base d'une économie complète, à la fois commerciale et de subsistance. Quatre-vingt-cinq ans plus tard, lorsque Rudyard Kipling descendit à bord d'un vapeur la Columbia River (« le fleuve d'où vient le saumon qui finit dans la boîte que l'on vide dans l'assiette de l'invité-surprise en Inde », écrira-t-il), il vit les roues de pêche des conserveries prendre chacune des centaines de royaux chaque soir. Puis, en 1937, fut construit le barrage de Grand Coulee. Les stocks de saumon chutèrent de 92 %, soit quatorze millions de poissons. En 1900, quelque quarante-cinq millions de saumons remontaient les cours d'eau des États de Washington, de l'Oregon et de Californie. À présent, ce chiffre est de deux millions.

L'abondance est sa propre ennemie. Je pagaie des heures durant, des jours durant, au milieu d'une infinité d'épicéas telle qu'il semble presque farfelu d'imaginer qu'un peu d'exploitation forestière puisse un jour ne serait-ce que l'entailler. Mais la Grande-Bretagne a autrefois été aussi boisée que cela. En dépit d'une culture construite sur la profusion apparemment sans limites de cette terre, les Autochtones s'interdisent le gaspillage, considéré comme immoral. Ce n'est pas une question de rareté de la ressource, mais de respect. On raconte dans tout le Nord-Ouest pacifique ainsi qu'en Alaska différentes versions de la légende du Garçon-Saumon, ou du Garçon qui a habité chez les Poissons, ou de Shin-quo-klah qui, après avoir jeté par terre un poisson parfaitement mangeable, s'était noyé et avait été emmené par le Peuple des Saumons. Sous l'océan, le Peuple des Saumons lui a appris la bonne façon de les traiter : s'il avait faim, il pouvait en prendre un, mais il devait rendre aux flots chacun de ses os et ne surtout rien gaspiller. Il vécut avec eux pendant plusieurs saisons jusqu'à un beau jour de printemps où le chef des Saumons demanda à son peuple de se préparer pour un long voyage.

Ils sortirent par centaines de chez eux et prirent place à bord de longues pirogues. Le garçon les accompagna sur le trajet qui le ramenait à la terre des hommes, où le chef affecta à chaque rivière une pirogue chargée de la remonter, sauf à celles dont il interdit l'entrée, parce que les gens n'y avaient pas observé les tabous liés au saumon. Shin-quo-klah s'en retourna à son village natal où sa mère l'attrapa, après quoi il reprit aussitôt forme humaine. Il devint un grand chaman et, dès lors, il enseigna aux villageois comment respecter et protéger les saumons afin de s'assurer de leur éternel retour. Un printemps, longtemps après, vers la fin de sa vie, Shin-quo-klah aperçut dans la rivière un saumon transparent qui nageait dans sa direction et qui ne ressemblait à aucun de ceux qu'il avait vus jusqu'alors. Il le transperça d'un coup de lance et mourut sur le coup : ce saumon était son âme. Les habitants de son village déposèrent son corps sur un radeau qu'ils poussèrent dans le courant, lequel l'entraîna jusqu'à l'océan, où il coula sous les vagues pour retrouver le fond.

Plus loin m'attend le pont. Sa présence a quelque chose d'absurde ; même à des kilomètres de distance, il s'impose déjà comme le point de convergence du paysage. Il enjambe le Yukon sur toute sa largeur, soit sept cents mètres d'une rive à l'autre. Le précédent se trouvait à Carmacks, mille deux cents kilomètres en amont. Entre ici et la mer, je n'en croiserai pas d'autre avant mille trois cents kilomètres. Des hirondelles à front blanc ont construit leurs nids sous le rebord et on les voit s'ébattre autour des poutres. Des canots vont et viennent dans le vrombissement de leurs moteurs, et il y en a davantage encore sur la plage. Le pont E.L. Patton est situé à deux cent dix kilomètres au nord de Fairbanks et, pour les villages alentour, cette route constitue la manière la plus rapide de gagner la ville. Maintenant que le poisson est revenu, tout le fleuve est en effervescence.

Un grand nombre d'Autochtones travaillent à Fairbanks de nos jours, mais ils sont prêts à tout laisser tomber pour effectuer le trajet – trois heures en pick-up, davantage en bateau – à la moindre rumeur d'ouverture. Les villageois les appellent « les indigènes du week-end », eux qui continuent à accomplir le rite traditionnel du voyage jusqu'à leurs lieux de pêche. Les hommes se dépouillent de leur enveloppe citadine en faisant marche arrière pour amener leur remorque sur la cale de lancement, avant d'aider leur famille à monter dans l'embarcation. Des gens viennent bavarder avec moi alors que j'amarre mon canoë. Le téléphone arabe fonctionne encore, sur le Yukon, et chacun vient aux nouvelles, demande qui est à la pêche, qui a son fumoir rempli. Voilà un bon moment que je n'avais pas été témoin d'une telle activité. J'ai l'impression d'être arrivé à l'un des carrefours de quelque ancienne route des épices.

Parallèle à la route, l'oléoduc Trans-Alaska franchit le fleuve par le pont. Long de 1 287 kilomètres avec un diamètre d'1 mètre 20, le pipeline coupe l'État en deux du nord au sud, formant une croix avec le Yukon qui coule d'ouest en est. Le pétrole brut parcourt toute la longueur de l'ouvrage à la vitesse d'un marcheur qui se déplacerait d'un pas alerte, traversant trois chaînes de montagnes en chemin avant de parvenir douze jours plus tard à Valdez, sur la baie du Prince William. De là, d'énormes pétroliers l'emportent vers le sud – à Seattle, en Californie, en Asie. L'oléoduc fut construit en 1974. Comme les États-Unis étaient alors en récession, des dizaines de milliers d'ingénieurs et de vagabonds en quête de travail déferlèrent sur Fairbanks, dans le plus important afflux qu'ait connu la ville depuis la ruée vers l'or. Le central téléphonique se retrouva à court de numéros à attribuer. C'était le retour de l'Ouest sauvage. J'ai rencontré un jour dans un bar de Fairbanks un homme qui m'a affirmé avoir toujours au-dessus de son bureau une photo découpée dans la première page du *Daily News-Miner* montrant des hordes d'ouvriers du chantier et de prostituées, ivres morts à midi devant les bars de Second Avenue. « Je n'ai jamais revu une telle chose depuis », m'a-t-il confié.

Il y eut de nombreuses dates charnières dans l'histoire de l'Alaska. Le lendemain du jour de Noël 1967, on trouva du pétrole au nord de l'État. L'Amérique avait acheté l'Alaska à la Russie en 1867, une affaire conclue par William Seward, qui était alors secrétaire d'État des États-Unis. Cette acquisition avait fait l'objet de maintes railleries en son temps : la presse avait baptisé cet accord « la folie de Seward » et le nouveau territoire « Walrussia » – jeu de mots entre *walrus* (morse) et *Russia*. Ne sachant trop que faire de ces presque deux millions de kilomètres carrés nouveaux, ceux-ci furent gouvernés comme une zone reculée, avec tout le laxisme que cela suppose en matière d'application de la loi. L'Alaska n'obtiendra le statut d'État qu'en 1959, quand les USA décideront de tirer profit de sa position stratégique capitale par rapport au Japon et à la Russie. Mais c'est en 1967 que la folie de Seward leur permettrait de toucher le pactole. Le champ pétrolifère découvert dans la région de North Slope se révélerait être le plus important du pays. Seize milliards de barils ont jusqu'ici été extraits du gisement de Prudhoe Bay.

Jadis, le Yukon était la principale route commerciale de l'Alaska, mais il est désormais supplanté par l'oléoduc. L'économie de l'État et l'image qu'il a de lui-même sont à présent profondément liées au pétrole. « Ici, nous vivons de notre bien commun, à savoir nos ressources naturelles », a déclaré le gouverneur Wally Hickel en 2009. Cette industrie fournit à l'Alaska un tiers de ses emplois et plus de la moitié de ses revenus. C'est le seul État américain sans impôt sur le revenu ni taxe à l'achat. Mieux, chaque habitant perçoit le Permanent Fund Dividend, une quote-part de la rente des gains du pétrole. En 2015, ce dividende a atteint un montant record de deux mille dollars par personne. La seule condition à remplir pour pouvoir y prétendre est d'être résident depuis un an ; cet avantage à lui seul incite beaucoup de gens à venir s'installer dans le Nord et donne à la majorité de la population un intérêt très concret dans la bonne santé du secteur pétrolier. Même le plus ardent des écologistes a parfois bien du mal à tourner le dos à ses vacances annuelles gratuites avec sa petite famille. Un jour, dans un bar, un homme m'a confié : « Les deux choses que je déteste le plus au monde sont les serpents et les impôts. Pour moi, l'Alaska, c'est le paradis sur terre. »

En 1988, au plus fort de son activité, le pipeline transportait deux millions de barils par jour. Aujourd'hui, c'est un demi-million. Avec le déclin de la production de Prudhoe Bay, la foulée rapide du brut dans les tuyaux s'est muée en un pas nonchalant, ce qui, pendant le rude hiver alaskien, se traduit par une accumulation de cire dans les conduites. Les projections pour 2025 prévoient un débit journalier inférieur à trois cent mille barils, soit en dessous du seuil de rentabilité de la structure. Autant dire que l'oléoduc est en train de devenir « le plus long bâton de baume à lèvres du monde », ainsi que me l'a formulé l'ancien lieutenant-gouverneur Mead Treadwell. Avec le tarissement de ses recettes, le déficit de l'État atteint quatre milliards de dollars et la découverte de nouvelles sources de pétrole est loin d'être garantie. Le coût que représente l'exploitation de nouveaux gisements dans des territoires aussi reculés et hostiles, le boom de la fracturation hydraulique dans les quarante-huit États contigus, la chute continue du prix du baril, l'éventuelle sortie progressive des énergies fossiles : tous ces éléments mettent les finances de l'État dans une position de plus en plus intenable.

Et en plus du déficit qui se creuse, une nouvelle dépense se profile à l'horizon. En 2009, le corps du génie de l'armée américaine a procédé à une évaluation des impacts de l'érosion en Alaska, laquelle est encore aggravée par le changement climatique, qui dégrade le permafrost et décuple la violence des tempêtes. Vingt-six villages autochtones ont été répertoriés comme « communes prioritaires » pour lesquelles une « action immédiate » doit être entreprise, au point que nombre d'entre elles envisagent une relocalisation. Déplacer toute une localité, avec les bâtiments et les infrastructures associés, est une opération qui va chercher dans les cinq cents millions de dollars. Il a été établi que 152 autres communes vivaient sous la menace d'une érosion dont la gravité ne nécessitait pas pour l'heure que des mesures soient prises. Il n'y a que 213 villages autochtones en Alaska. Les routes se déforment, les fondations s'affaissent. Les arbres qui ont basculé sont tellement inclinés qu'on parle de « forêts ivres ». Il est tentant de souligner l'absurdité d'un État plus affecté que les autres par le réchauffement climatique et qui pourtant tire l'essentiel de ses moyens financiers de la ressource même qui contribue au réchauffement en question. Mais quand on n'a pas le choix, on ne fait pas la fine bouche. Ou, comme me l'a dit le lieutenant-gouverneur Treadwell en se penchant pardessus son bureau : « Je vais vous donner un conseil personnel : ne faites pas le malin en allant raconter que nous sommes un paradoxe. Ce n'est pas le cas. Nous vivons tous dans le même monde. C'est le pétrole qui paie nos factures. D'accord ? »

Je remonte du fleuve à la route par la cale de lancement. Sur le parking se dresse un restaurant, le Yukon River Camp, dont je pousse la porte pour commander un café et un hamburger. C'est l'itinéraire qu'empruntent les camions qui vont jusqu'à Prudhoe Bay et la ville de Deadhorse, au nom tragique. Si vous avez déjà regardé *Le Convoi de l'extrême*, c'est cette route-là. Devant l'établissement sont garés d'énormes semi-remorques chargés d'apporter du matériel jusqu'aux champs pétrolifères, ainsi que tout un assortiment de camping-cars, de vélos et de Harley. C'est le dernier endroit où manger un hamburger avant longtemps, que vous rouliez du sud vers le nord par la route ou naviguiez de l'ouest vers l'est par le fleuve. À l'exception des camionneurs, toutes les personnes ici présentes semblent s'y trouver dans le cadre d'une expédition extravagante sortie de leur imagination – un voyage en voiture du Texas à l'Alaska, un périple à vélo de la Patagonie à l'Alaska, une randonnée de la Nouvelle-Écosse à l'Alaska – ou tout simplement pour assouvir l'inexplicable besoin de franchir le cercle polaire arctique. Quel que soit le chemin par lequel vous avez entamé votre trajet, quelle que soit la mission que vous vous êtes assignée, le bout de cette route marquera votre terminus. Environ cinq cent soixante kilomètres plus au nord, face à l'immensité grise de l'océan Arctique, avec les derricks derrière vous, et alors vous vous demanderez où aller maintenant.

Un soir, je campe dans les bois à côté de la route. Je suis impatient. Ulli Mattsson, ma compagne, doit me rejoindre ici pour le reste du parcours jusqu'à la mer. Fraîchement débarquée de son vol transatlantique – elle ne pouvait pas quitter Londres plus tôt – et toute pâle de l'été anglais, elle arrive le lendemain matin, déposée par un ami de Fairbanks. Voilà trois ans que nous nous connaissons, mais c'est la première fois que nous nous embarquons tous les deux dans une telle aventure. Nous n'avons presque pas eu de contacts depuis mon départ il y a six semaines, mais il ne lui faudra guère de temps pour s'adapter. Ulli est originaire de Boden, dans le nord de la Suède, tout près du cercle arctique. L'un de ses ancêtres appartenait au peuple sami, les premiers éleveurs de rennes, et ce paysage est celui qui a bercé son enfance. La zone de la forêt boréale couvre également Boden. Et bien qu'elle ait quitté la Suède depuis vingt ans, la nourriture, les arbres, les animaux et la vision du monde qu'ont les gens d'ici lui seront immédiatement familiers. C'est merveilleux de la voir, visage connu dans cet univers étrange et dépaysant.

Après ce dernier contact avec la civilisation, nous redescendons vers le fleuve.

Une série d'affluents jalonnent la rive nord : Little Salt Creek, Sarah Creek, Susie Creek, Hannah Creek, tous dégringolant des Rampart Mountains. Ces modestes rivières sont des fragments de paradis. Ce n'est pas la première fois que quitter le Yukon me procure la même sensation que sortir de l'autoroute pour emprunter de paisibles départementales. Les berges ici sont tapissées d'herbes et d'épilobes en épi épanouis, autour desquels volettent des papillons. On y trouve aussi ces petits oiseaux que j'entends rarement et ne vois jamais sur le fleuve. À l'abri du vent contraire qui balaie constamment ses eaux, la chaleur est étouffante. Nous nous déshabillons et bronzons en un rien de temps. L'onde est claire et j'aperçois sous la surface des ombres arctiques, avec leur nageoire dorsale mobile et duveteuse mouchetée d'ocelles, qui dardent dans le courant telles des grands-voiles dont on a relâché les ris. Nous plongeons. L'eau se révèle étonnamment, douloureusement et merveilleusement froide. En un instant, sueur, crasse et piqûres d'insectes semblent s'évanouir. Nous poussons des cris de joie et des exclamations, telles deux créatures animales qui s'ébattent dans le paysage.

Nous lisons, allongés sur une couverture, guère pressés de remonter à bord, à la fois détendus et à l'affût du moindre son susceptible de trahir la présence d'un ours, quand nous entendons soudain un *floc* dans la rivière. Ulli sursaute et se redresse sur les coudes. Le bruit se reproduit. Le temps que j'émerge de ma somnolence, elle s'est déjà levée pour aller attraper la canne à pêche dans le canoë et venir se planter dans les hauts-fonds, chaussée de bottes mais sans grand-chose d'autre sur le dos. Je la regarde lancer et mouliner, lancer et mouliner. Depuis que je la connais, elle est incapable de passer à côté d'une étendue d'eau sans pêcher ou plonger dedans, et invariablement les deux. J'avais attribué cela au fait qu'elle était suédoise ou du signe des Poissons. Elle utilise la gaule à dix dollars qu'un homme m'a vendue à Fort Yukon et, en quelques minutes, elle a une touche. C'est une grosse prise. La petite canne ploie. Elle laisse l'animal aller de-ci de-là et le ramène lentement, progressivement, vers la rive. Elle m'appelle pour que je l'aide. Je saute dans les hauts-fonds, puis, pendant qu'elle tire, je m'empare du poisson à la peau douce et visqueuse jusqu'à ce que nous le remontions enfin sur la berge.

C'est *effectivement* un gros poisson. Tandis que je me demande comment nous allons nous y prendre, Ulli sort prestement son couteau et l'enfonce dans le sommet de son crâne jusqu'au cerveau. Un spasme anime le corps de la bête, qui s'immobilise aussitôt. C'est un côté d'Ulli que je ne connaissais pas. Je ne sais pas ce qui m'impressionne le plus : la précision de son geste ou l'animal qui gît à nos pieds. Il a une gueule allongée, comme celle d'un brochet, une robe olive barrée de grossières rayures cramoisies, mais ternes, pareilles aux marques d'un tigre. Je pense qu'il s'agit peut-être d'un saumon, mais je dois bien avouer piteusement qu'en réalité je n'en ai aucune idée. Il ne ressemble en rien au filet que j'ai vu sur la table de Richard. Conscients que nous venons de sonner pour annoncer aux ours l'heure du dîner, nous décidons de ne pas nous éterniser sur place et Ulli se hâte de le vider. Comme je n'arrive pas à me rappeler ce que les nombreuses histoires tribales, souvent contradictoires, recommandent de faire des abats – les enterrer, les brûler, les remettre à l'eau –, nous choisissons de les laisser sur la rive à l'intention des charognards avant de nous empresser de rejoindre le canoë avec notre trophée. Le soir même, nous le rôtissons au barbecue, assaisonné d'un filet de citron et d'un peu de sel. Il est sublime, à la fois tendre et juteux, et nous sommes incroyablement fiers de nous.

Le lendemain, une chaleur lourde plombe la journée. Un homme se tient debout dans la rivière, la cinquantaine, un physique sec et nerveux, vêtu d'un débardeur et d'un jean trempé jusqu'aux cuisses. Il hisse un poisson avec son couteau planté sous la mâchoire inférieure, tout son corps tendu par le poids de sa prise, ses muscles épais contractés, ses veines saillantes, tandis que l'animal laisse derrière lui une traînée de limon semblable à de la bave. Il le place, ventre en l'air, dans le « berceau », une espèce de chevalet de sciage conçu à cet effet. Il lui tranche la tête puis, avec la pointe de son couteau, lui ouvre l'abdomen à partir de l'anus pour l'éviscérer. Le sang se déverse dans l'eau autour de ses bottes. Une volée de mouettes s'attroupent autour de lui, plongeant dans les flots. Il balance l'amas d'entrailles dans un bac, autour duquel viennent bourdonner les mouches, attirées par le fatras d'œufs, de laitance, de têtes et de boyaux – toutes les entrailles sauf le cœur, qu'il dépose sur un rocher plat voisin. Inexplicablement, un mouvement convulsif agite l'une après l'autre ses deux moitiés. Un cœur de forme pyramidale de la taille d'une noix, encore parcouru par l'électricité. Comme dans une expérience victorienne macabre, c'est une monstrueuse approximation de la vie, qui palpite devant nous sur le bloc de pierre. Nous avons tous les yeux rivés dessus. Il s'écoule plusieurs minutes avant qu'il cesse de battre. L'homme soulève le poisson, le pouce logé dans la cavité, l'index replié dans un trou au niveau de ce que l'on pourrait appeler son épaule. La bête est glissante comme une savonnette. Il l'emporte sur la berge pour la déposer sur la table de coupe.

Il reste onze saumons royaux au fond du canot en aluminium. Bon nombre sont zébrés de cicatrices infligées par les filets contre lesquels ils viennent de lutter et beaucoup d'entre eux ont perdu des bouts de nageoire ou de chair, arrachés par les morses, les orques, les lamproies ou les phoques. Les poissons qui devaient remonter jusqu'à la frontière ou jusqu'au Canada présentent encore une éblouissante livrée argentée, alors que ceux qui étaient proches de leur zone de frai s'étaient parés de rose, comme s'ils rougissaient de honte. Le pêcheur en choisit un autre. Celui-ci a le dos bombé et, à sa tête qui s'est allongée jusqu'à ressembler à un museau, on voit qu'il s'agit d'un mâle ; les dents ont poussé et la mâchoire s'est recourbée à l'extrémité pour constituer une sorte de bec crochu, ce qui lui vaut le nom de « bécard ». Ce n'est plus une bouche adaptée à la nutrition mais au combat, afin de maintenir les autres mâles à distance une fois arrivé à la frayère. La bosse nouvellement formée sur son dos le prémunit quelque peu des risques de morsures latérales par des rivaux. Son estomac s'est rétréci, alors que ses organes sexuels se sont développés. Ses nageoires ont épaissi et sa peau s'est renforcée, avalant ses écailles. Certains poissons connaissent de telles mutations – la livrée du sockeye passant de l'argent au rouge sang, avec une tête verte et une gueule allongée comme celle d'un crocodile – que pendant longtemps on a cru qu'il s'agissait d'espèces différentes. Jusqu'à la moitié de la masse musculaire des saumons et 90 % de leur graisse seront absorbés à la fin de la migration : ils sont entièrement tendus vers la reproduction, sacrifiant tout le reste à cet objectif. L'homme explique que c'est pour cette raison que ceux qui sont pêchés au terme de leur montaison ont un goût dégueulasse.

Nous voilà maintenant au camp de pêche de Joe Burgess. Il est debout devant la table de coupe, à l'ombre, avec son pantalon de treillis lourd de vase. Parmi les autres personnes présentes, on trouve aussi bien des membres de sa famille que des amis. Joe nous a appelés quand il était planté au milieu de la rivière et a insisté pour que nous venions partager avec eux du café et le reste de leur petit-déjeuner. Il avait déjà été informé de ma venue par son fils, que j'ai rencontré en amont. Joe, la soixantaine, a de longs fils d'argent dans sa barbe et ses cheveux, et il porte une casquette de base-ball décorée du drapeau américain. Un chien est écroulé à ses pieds, haletant sous la chaleur. La lame de son couteau est sacrément tranchante, longue et souple, et il l'affûte de nouveau après chaque saumon. Il la fait courir sur toute la longueur du poisson, depuis la queue jusqu'au cou, puis lève le filet avant de retourner l'animal et de découper l'autre côté, ne laissant que l'arête centrale. La chair encore accrochée à l'échine est si fine que l'on peut voir le jour au travers. Il retire le ventre, puis coupe la nageoire dorsale, appuyant de tout son poids sur le dos de la lame. Jadis, on confectionnait des bottes et des parkas avec la peau en la traitant comme du cuir, tant elle est dure et épaisse.

Joe possède une maison en amont mais, pour les deux mois d'été, il part avec armes et bagages et transfère son existence au camp. Il appartient à une minorité. De nos jours, la plupart des gens ont un emploi et, s'ils veulent le garder, il leur est difficile de justifier un mois de congé alors que le département de la Pêche et de la Chasse ne vous accordera peut-être que des fenêtres de pêche de six heures par semaine. À présent, il n'y a souvent qu'un seul homme qui veille sur le camp, où il file durant sa pause déjeuner afin de lever le filet fixe. Entre le prix de l'essence et celui du temps, c'est la seule façon de procéder maintenant pour que l'opération soit viable. Mais comme Joe est à la retraite, le temps a perdu sa valeur pécuniaire. Les personnes présentes au camp avec lui sont un rassemblement de tout ce que les villages alentour comptent de miséreux, de paumés et de petits vieux, tous ceux qui ne peuvent pas réunir l'argent nécessaire à l'achat d'un bateau ou qui sont incapables d'arrêter de boire assez longtemps pour pêcher.

« Tout le monde a un boulot ici, m'explique Joe. Celui de l'ancien est de rester assis à surveiller le fleuve. Celui du gamin est de lui apporter du café. »

Duane Aucoin, que j'avais rencontré à Teslin au début de ce voyage, avait évoqué la finalité plus large d'un camp de pêche.

« Si on essayait d'organiser un rituel de guérison, m'avait-il confié, on aurait des gens qui diraient : "Oh, je ne veux pas y participer. Je n'ai pas besoin d'être guéri." Mais quand vous avez un camp de pêche au saumon, quand vous avez la cérémonie pour saluer son retour au bercail, quand vous avez les chants et les danses et le banquet, les gens qui ne viendraient pas en temps normal n'ont plus d'appréhension. C'est un évènement qui leur paraît sans risque, et alors c'est là qu'ils trouvent la guérison, sans même s'en rendre compte. »

Installée de l'autre côté de la table, Jessica, l'épouse de Joe, récupère les filets un par un et j'observe cette danse entre le mari et l'épouse, qui en ont perfectionné les pas au fil des ans. Tandis qu'ils travaillent, ils toussent et se raclent la gorge pour expectorer : tout le camp s'est transmis un rhume, dernièrement. Jessica découpe une bande sur toute la longueur de chaque morceau au moyen de son couteau traditionnel, dont la lame en acier trempé a la forme d'une demi-lune et dont le manche est en bois de cervidé. Les Yupiks l'appellent un « ulu » ; il est utilisé par diverses tribus d'Alaska, mais uniquement par les femmes. Les imposants filets sont encore aussi longs que son avant-bras et deux fois plus larges. Elle les incise tous les deux centimètres environ d'entailles diagonales, de sorte que lorsqu'elle tire à chaque extrémité de la chair, celle-ci se divise en une série de blocs séparés par un espace, mais maintenus ensemble par la peau. Ainsi l'air peut circuler lorsqu'on les suspend et ils ne risquent pas de pourrir en séchant. La chair a la couleur des oranges sanguines.

Dans un bac en plastique vide, Joe mélange – apparemment à vue de nez, même s'il m'assure qu'il n'en est rien – de l'eau du ruisseau avec du sel. Comme pour de nombreuses recettes traditionnelles, si les ingrédients sont extrêmement simples, les combinaisons sont infinies. Certains mettent moins de sel, d'autres plus. Certains emploient des épices de base. Certains font mariner le poisson pendant dix ou douze minutes ; d'autres, huit. Joe, lui, le fait pendant vingt minutes ; le boulot qui m'est assigné est de surveiller la montre. Certains le laissent sécher à l'air avant de le fumer, d'autres le placent directement dans le fumoir. Certains le fument au peuplier, d'autres à l'aulne. Certains utilisent du bois vert, d'autres du bois séché. Ces subtilités font l'objet d'interminables débats. Chaque famille a sa manière de procéder. Toutes les personnes que je rencontre pensent que c'est la recette de leur mère qui est la meilleure. Joe entasse des poignées de saumon dans la saumure, puis nettoie la table avec un racloir pour la débarrasser des nageoires et des mucosités en attendant le suivant. L'homme soulève le plus gros – une bête qui doit peser dans les quinze kilos –, qu'il hisse sur le berceau, mais tout le bazar se disloque sous son poids.

Parer tous ceux qui restent prend encore une heure. Une fois la tâche terminée, je constate qu'au fond du canot gît un dernier poisson, dont la robe verdâtre et les rayures rouges rappellent instantanément celui qu'a pêché Ulli. Après avoir vu les autres, il est évident qu'il s'agit d'un saumon, mais d'un genre totalement différent.

« C'est quoi, ça ? » je demande.

Joe recule pour s'écarter de la table et s'étirer, les mains plaquées à la base du dos.

« Ça ? répète-t-il en affichant une moue. C'est un chum.

– Vous n'en voulez pas ?

– J'en donnerais même pas à mes chiens », réplique-t-il.

Jessica dénoue son tablier.

« Je vais aller m'allonger un peu, annonce-t-elle.

– Et moi je vais aller faire cuire ces cœurs », dit Joe.

Ulli et moi le suivons jusqu'au feu, plus haut sur la rive. Il nous invite à jeter un coup d'œil au fumoir. Je tire la bâche qui en ferme l'entrée et pénètre à l'intérieur. À l'abri du soleil, il y fait frais. La structure possède une ossature en bois constituée de poteaux et de montants recouverts de toile forte et de tôle ondulée. De la fumée s'élève lentement d'un brasier d'aulne qui couve ; la lumière qui s'infiltre par les fentes et les interstices saisit dans ses rayons les épaisses volutes. Les bruits du camp semblent très lointains. L'endroit a l'atmosphère d'une cathédrale, d'un lieu consacré au culte du poisson. Les saumons sont suspendus en bandes et en filets, jetés en travers des barreaux en épicéa comme des bas que l'on aurait mis à sécher. Dans la lumière tamisée, mais riche, ils paraissent rougeoyer. Une croûte commence à se former sur les morceaux, au bas desquels perle du gras. Le poisson pourra passer jusqu'à deux semaines ici, imprégné par la fumée d'un feu constamment entretenu. Après cela, rangé dans des sacs à glissière, il devrait se conserver jusqu'à la prochaine remonte.

Assis sur le sol, Joe attise les charbons ardents du feu qui a servi pour le petit-déjeuner. Il y a aussi là deux ou trois hommes âgés, qui boivent à petites gorgées leur mug de café. Joe pose une poêle sur la grille, dans laquelle il verse une rasade d'huile. Il y jette les cœurs, qui ne tardent pas à grésiller. Une vieille dame invite Ulli à la rejoindre de l'autre côté du foyer. Elle a avec elle un seau rempli de ventres de saumon. Elle montre à Ulli comment les presser pour en exprimer le sang avant de les immerger dans la saumure, puis de les couvrir de serviettes lestées de pierres pour les y maintenir. Je les regarde travailler côte à côte. Joe me passe la poêle de cœurs.

« Si le cœur vous en dit… », déclare-t-il avec un grand sourire.

J'en pique un au bout de ma fourchette. C'est le premier d'une série de morceaux de poisson dont j'apprendrai qu'ils sont bons à manger. Plus tard, en aval, je verrai des gens couper la tête en deux en la fendant entre les yeux, telle une version bidimensionnelle de celle-ci, puis l'envelopper dans du papier d'aluminium et la rôtir sur la braise. Vous pouvez déguster le gras logé à l'arrière de l'œil, les joues, les bouts de cartilage qui se trouvent dans le crâne, et j'ai aussi goûté les minces lamelles de chair mêlée de graisse que l'on déniche à l'intérieur de la tête, comme lorsque vous nettoyez la carcasse d'un poulet. À la fois mystérieux et riche, le goût me plaît, mais je ne crois pas que je pourrais m'en empiffrer. Il y a quelque chose de différent dans le fait de consommer ces morceaux-là, comme si c'était plus que de la nourriture. Comme si je transgressais un tabou culturel plus profondément enraciné en moi que je ne l'imaginais. L'un des grands principes de la pensée indigène est de ne gaspiller aucune partie de l'animal, même si la population actuelle se montre moins scrupuleuse que ses ancêtres sur ce point. Les enfants n'aiment pas le cœur. Autrefois, les abats auraient été utilisés comme appât pour le piégeage ou la pêche. Quant aux nageoires, on peut les plonger dans la friture comme des chips.

Nina, la fille de Joe, apparaît au bas de l'escalier qui descend du camp, plissant les yeux à cause du soleil.

« Il est à peine midi, t'es tombée du lit… », plaisante son père.

Elle se frotte les yeux et sourit. Elle vit à Fairbanks et c'est la première fois qu'elle revient ici depuis son enfance. Elle porte le T-shirt dans lequel elle a dormi : un grizzly avec une planche de surf sur le dos.

« Va suspendre ces bandes, lui dit Joe. Et n'oublie pas de bien laver les barres avant de les mettre dessus. Après tu pourras prendre ton petit-déjeuner. Quand on vient au camp, on doit bosser. »

Un grand nombre de jeunes sont désormais partis vivre en ville, à Anchorage ou à Fairbanks. Beaucoup d'entre eux reviennent en même temps que le saumon, mais ils sont presque autant à ne pas revenir. Les attraits de la ville sont différents de ceux de l'existence traditionnelle ici. Une ou deux semaines plus tard, à Ruby, à quelques centaines de kilomètres en aval, je rencontrerai Isky Sartin. Nous le voyons arriver un soir à notre bivouac, les bras chargés de bois à brûler et de quelques bandes de poisson que son père vient de préparer. Il porte un pantacourt, des lunettes de soleil enveloppantes effet miroir, des cheveux ratiboisés. Il nous apprend que sa mère est une Indienne Pueblo originaire du Nouveau-Mexique, qui parle tewa. Son père vient d'Arizona, ressemble à Tom Petty et a été le premier homme à planter du maïs au nord du cercle arctique. Isky est arrivé à Ruby dans le ventre de sa maman, voilà bientôt vingt-six ans.

Il y a quelques années de cela, il a quitté la ville pour rejoindre à Las Vegas une fille dont il avait fait la connaissance sur Internet. Ils auront deux fils ensemble.

« Sin City, la ville du péché, lâche-t-il dans un grand sourire. Avec un autre mec, on était devenus les rois de la tchatche. On baratinait les gens jusqu'à ce qu'ils nous offrent une bière. Mon pote avait seize ans. On était juste deux racailles. »

Il s'est déniché un travail de videur dans un club et retrouvé avec de l'argent plein les poches – boissons à l'œil, frites à l'œil, la belle vie. Il avait de la famille dans le milieu, explique-t-il : ça remontait à l'époque où son grand-père était vendeur de voitures d'occasion à Vegas. Sa mère lui envoyait par la poste des lanières de saumon, qu'il savourait en cachette quand sa petite amie n'était pas là, parce que l'odeur lui était insupportable. Ils se sont séparés depuis. Cela fait maintenant une semaine qu'il est rentré. Ses fils lui manquent. Il pense qu'elle pourrait le rejoindre ici s'il arrivait à s'établir. Quelque part en ville résonnent des cris et des rires de femmes. Dans les bois, quelqu'un démarre une tronçonneuse. De la dernière maison au bord du fleuve nous parviennent les accords d'un « House of the Rising Sun » massacré à la guitare.

« Le côté bruyant des gens d'ici me manquait, là-bas », avoue-t-il.

Nous nous partageons les framboises que j'ai cueillies sur les rives. Un brochet pêché par Ulli est en train de rôtir sur le feu. Je demande à Isky ce qu'il compte faire maintenant qu'il est de retour. Il m'assure qu'il est possible de gagner de l'argent ici pour qui sait comment s'y prendre.

« Je pourrais fournir la mise de départ et faire bosser ces jeunes mecs, explique-t-il. Vous voyez ? On pourrait ramasser des centaines de kilos de myrtilles et se faire du fric, après quoi on irait à Fairbanks pour faire la fête, la *grosse* fête. Le pognon change même pas quatre fois de mains, ici. Il faut qu'on se prenne en charge nous-mêmes. »

Il remplit sa pipe d'herbe et l'allume, puis contemple la surface du Yukon.

« Ce que vous devez comprendre, poursuit-il, c'est qu'on doit rendre la chasse de nouveau cool. On doit considérer le principe de subsistance comme quelque chose de positif et pas comme un truc qui fait de nous des primitifs. Est-ce que vous avez rencontré les frères Williams ? Ils continuent à aller sur le terrain et sont complètement autosuffisants. Ils chassent, ils posent des pièges. Ils ont chacun leur maison et aussi les plus jolies filles du coin. Ils vivent *comme des rois*.

– Mais les jeunes pêchent, non ? » fais-je observer.

Il hausse les épaules et me montre le fleuve. Seuls quelques bateaux voguent sur ses eaux calmes.

« Pas au point d'être autosuffisants, répond-il. Vous n'avez aucune raison de vivre ici si vous ne l'êtes pas. Ça fait partie de notre spiritualité et ils ne le savent même pas. Avant, ce n'était pas possible de dire “Rien à foutre” et de filer à l'épicerie pour s'acheter à bouffer. Maintenant, ils vont cueillir des baies et s'acheter à boire et c'est tout. Tout ce qu'ils veulent, c'est picoler et faire des gosses. »

Nous regardons le courant qui entraîne les flots. Isky expire lentement.

« Si les gens ne reprennent pas au moins l'activité de leurs pères, alors cette ville mourra », prophétise-t-il.

Le père d'Isky possède une petite ferme située à l'autre bout du village. Au centre du tunnel plastique pousse un pommier. Choux, salades, piments, coriandre, brocolis, courgettes, tomates. Une variété sibérienne d'ail, une autre de marijuana. Consoude et pavot pour se soigner. À l'extérieur de la serre il y a des ruches et deux chevreaux attachés à un piquet. Des poulets vont et viennent dans le plus grand désordre entre l'intérieur de la maison et le dehors. J'ai déjà vu des jardins le long du fleuve, mais peu, et aucun qui soit comparable à celui-ci. Ce n'est pas à cause du climat : avec vingt-trois heures de soleil et des terres alluviales encore vierges, les choux de l'Alaska battent tous les records du monde et la marijuana est régulièrement primée au Salon international du cannabis, m'affirme Isky. Mais tous les produits frais vendus en magasin sont acheminés par avion, ce qui donne des légumes mous et chers. Après le 11-Septembre, alors que tous les appareils restaient cloués au sol aux États-Unis, les rayons se retrouvèrent pratiquement vides. L'Alaska possède le taux de maladies cardiovasculaires et de diabète le plus élevé de tout le pays. Faire pousser ses propres légumes semble être du bon sens ici.

« Ce qui fait du mal aux gens, c'est toutes ces saloperies de graisses alimentaires industrielles mais aussi le sucre blanc, la farine blanche, la semoule de maïs dénaturée et les conserves, martèle le père d'Isky. Vous avez déjà *vu* du Crisco ? Moi je m'en sers pour cirer mes pompes. »

Isky me confie : « Mon père dit que Dieu est un paysan. »

Mais tout le monde ne partage pas cette opinion. Pour les Autochtones de l'Alaska, les paysans sont arrivés avec le Dieu chrétien, voilà un siècle environ. C'est une vision du monde fondamentalement différente.

Une fois, à Newtok, j'ai demandé à un Yupik qui se plaignait d'une mauvaise saison de l'orignal :

« Pourquoi ne faites-vous pas pousser des légumes ?

– Nous sommes des chasseurs, m'a-t-il répliqué. C'est pas notre truc. »

Cependant, le changement climatique rendant plus incertaine la disponibilité des ressources, certains villages commencent dorénavant à envisager la possibilité d'élever des rennes ou des bisons et de cultiver des baies.

Au camp, je demande à Joe si la pêche a été bonne.

« Pas terrible, répond-il. Mais un peu meilleure que l'année dernière. On en est réduits à ça, maintenant. Est-ce que c'est mieux ou pire que l'année précédente ? L'eau est trop haute. Le niveau le plus élevé que j'aie vu cette année. »

Il m'indique la souche d'un arbre un peu plus bas sur la rive.

« Une année, au moment de la débâcle, l'eau est montée jusque-là. On a dû se déplacer. On a mis tout ce qu'on possédait dans des bateaux et on a tout remonté à travers les bois qui sont derrière la maison. Il y avait un tronc qui flottait entre les arbres et, assis dessus, il y avait un lapin et un renard. Je le jure devant Dieu. Aussi près que ça et qui ne se regardaient pas. »

Il sourit. Il a les dents du bas complètement gâtées.

« Parfois, il faut faire des compromis », conclut-il.

Mais pour l'heure, c'est la saison et les gens sont heureux de pouvoir pêcher. Nous quittons Joe pour reprendre l'eau et, tandis que nous nous éloignons, nous voyons d'autres camps, occupés eux aussi, des bateaux qui vont relever les filets ainsi que des roues de pêche mues par le courant, pareilles à de grandioses structures aquatiques. Nous sommes bien loin de l'animation qui régnait autrefois mais, après des semaines d'un fleuve désespérément vide, on a l'impression qu'il y a un monde fou. Devant nous, les berges semblent à la fois se rétracter et s'élever, de sorte que, pour la première fois depuis longtemps, je pagaie à l'ombre. Le Yukon se rétrécit. Sur la carte, cet endroit est nommé « Les Rapides ». Des falaises se dressent au-dessus des eaux, au point que nous finissons par naviguer dans une gorge. Des nids de faucons pèlerins perchés en haut des à-pics sont visibles grâce aux taches blanches qu'y ont laissées des siècles de fientes. Nous dérivons au gré des flots, grisés par la vitesse. Sans le bruit de nos rames dans l'eau, les autres sons deviennent plus distincts. Le bavardage du courant dans ses apartés avec chaque rive. Les cris des hommes dans les camps lorsqu'ils soulèvent leurs prises. Les oiseaux distants au craquètement tropical, et d'autres plus éloignés encore – le cri clair et lointain du faucon. Je m'allonge pour tendre l'oreille. Le bourdonnement des insectes, le vent dans les épicéas. Le frottement du limon contre la coque. Glissant sous la surface opaque de l'onde, mais en sens inverse, un flux de saumons tout aussi éloquent, tout aussi impérieux, tout aussi continu, remonte vers la source du fleuve. Même si je ne les vois pas, je sais qu'ils sont là.

Pour la définir plus précisément, la chair du poisson suspendu sur le séchoir du camp de Joe correspondrait au n° 29 du SalmoFan, qui équivaut au 1655-U de la gamme Pantone pour l'imprimerie. Le SalmoFan ressemble à un nuancier de couleurs de peinture qui va du rose pâle au rouge tomate. Il est utilisé par les producteurs de saumon d'élevage afin de sélectionner la teinte exacte qu'ils souhaitent donner à leurs poissons, pour pouvoir ainsi ajouter la quantité requise de canthaxanthine et d'astaxanthine à la nourriture de ceux-ci. Comme le régime des saumons d'élevage est dépourvu du krill et autres crustacés qui apportent à la chair de leurs cousins sauvages sa coloration naturelle, la leur serait sans cet apport d'un gris franchement peu ragoûtant. Quelque 66 % des consommateurs préféreraient la couleur 33 (l'avant-dernière avant le rouge tomate). La multinationale néerlandaise DSM, qui produit l'éventail et les teintes associées, prétend que les poissons à chair plus foncée se vendent un dollar de plus la livre que ceux à la chair plus pâle. « Le saumon à chair claire séduit une population de consommateurs différente et est le plus souvent acheté par les groupes minoritaires que le saumon à chair foncé », écrit la société. Mais la façon la plus efficace de pousser à la dépense est d'offrir un choix aux clients. « Les recherches de DSM montrent également que le volume des ventes augmente lorsque le consommateur se voit proposer un choix dans la couleur du saumon. Fournir les deux teintes stimule par conséquent le chiffre global. »

Jusqu'aux années 60, on ne trouvait que du saumon sauvage en magasin. À présent, 70 % proviennent d'élevages. Au niveau mondial, l'industrie du saumon est estimée à dix milliards de dollars, plus que celle de n'importe quel autre poisson. C'est la première des exportations alimentaires du Royaume-Uni. En Écosse, c'est un marché qui pèse plus que ceux du mouton et du bœuf réunis. À contre-courant de la tendance générale, l'Alaska a décidé en 1990 d'interdire l'élevage, tant pour protéger la ressource naturelle que les pêcheurs. Plutôt que la recherche du tarif le plus compétitif, les autorités préférèrent axer la promotion sur la valeur du produit sauvage par rapport à celui d'élevage et le vendre au prix fort. « Le saumon sauvage ne se drogue pas » était l'un des autocollants que l'on voyait fleurir à l'époque sur les pare-chocs.

La plupart des consommateurs ne sont guère sensibilisés aux questions écologiques et peu importe pour eux que leur saumon soit sauvage ou d'élevage. La majorité des gens supposent qu'il doit être sauvage parce que, eh bien, c'est du saumon, quoi. Le marketing use et abuse des images d'ours, de fjords et d'hommes bourrus coiffés de leur suroît. En Grande-Bretagne, le saumon commercialisé par Marks & Spencer provient de Lochmuir, un loch qui n'existe nulle part. Ce nom a été choisi par un panel de consommateurs comme étant celui qui « sonnait le plus écossais », et le saumon vendu sous cette marque est issu de cinq fermes différentes du pays. Le saumon a conservé son image d'aliment sauvage, sain et succulent, alors même qu'il évoluait, se dépouillant de son statut de produit de luxe pour devenir l'un des poissons les moins chers dans les rayons des supermarchés, mais aussi l'espèce la plus populaire en Grande-Bretagne, ingrédient de base des sushis, sandwichs, croquettes de poisson et plats cuisinés bas de gamme. Mais cette démocratisation a des coûts cachés. Élever des carnivores n'est pas dans nos habitudes, et consigner dans un espace de la taille d'une baignoire un animal qui a coutume de migrer sur des milliers de kilomètres a des incidences inévitables.

Les saumons éprouvent la peur et la douleur : la vie en cage exacerbe ces deux sentiments. Confinés dans des limites aussi exiguës, ils peuvent être sujets à des maladies cardiaques. L'enfermement modifie tellement leur corps que l'on parle souvent d'eux comme d'une nouvelle espèce : *Salmo domesticus*. Il faut entre deux kilos et demi et cinq kilos et demi de poisson sauvage pour produire un kilo de saumon d'élevage. Non seulement cela revient à priver des gens de nourriture – au Pérou, presque la totalité de la pêche d'anchois est vendue comme poisson-fourrage à l'aquaculture –, mais les conséquences sur les écosystèmes marins sont dévastatrices. Des liens ont été établis entre les produits chimiques utilisés dans les exploitations et les substances cancérigènes décelées chez nombre de personnes : pour le saumon importé de certains pays, l'agence américaine de protection de l'environnement recommande d'en limiter la consommation à six portions par an.

Le pou du saumon (*Lepeophtheirus salmonis*) existe déjà dans la nature mais, à l'intérieur des cages surpeuplées des fermes salmonicoles, il pullule. Quand des saumons sauvages passent à proximité de l'une d'elles, le parasite s'attaque à eux avec d'autres maladies : dix poux peuvent tuer un smolt. « Il y a un risque que le pou décime des populations entières de salmonidés sauvages », explique la direction norvégienne pour la gestion de la nature. Le phénomène existe depuis des années, mais ce sont ses répercussions sur la pisciculture qui alarment l'industrie.

Les lésions provoquées par le parasite, lequel fore la peau du poisson pour se repaître de son mucus, peuvent entraîner des infections mortelles. Le réchauffement des eaux, qui favorise sa prolifération, et une résistance accrue aux antibiotiques ainsi qu'aux pesticides se sont traduits par une chute de la production mondiale. Ces dix dernières années, l'utilisation de produits chimiques par les aquaculteurs écossais a été multipliée par dix, sans autre effet notable qu'une aggravation de la pollution des lochs. L'agence écossaise de protection de l'environnement envisage en ce moment la construction de la plus grande ferme salmonicole du monde : trois fois la dimension de la plus importante exploitation actuellement en activité. Elle pourrait élever deux millions de poissons à la fois et produirait autant de déchets qu'une ville comme Glasgow.

La pisciculture était censée corriger une partie de ces problèmes. Les alevins sont élevés en écloserie, puis transférés dans des piscines d'eau salée pour qu'ils y poursuivent leur croissance avant d'être relâchés dans l'océan, où ils atteindront la taille à laquelle ils pourront se débrouiller seuls. Ces saumons-là peuvent être étiquetés « pêchés en mer », une nuance qui échappe à la plupart des consommateurs. Cinq milliards de jeunes saumons sont relâchés chaque année dans le Pacifique Nord. Les gens que je rencontre au cours de mon périple sont convaincus que cette surabondance est l'un des facteurs du déclin du chinook : cinq milliards de poissons supplémentaires dans l'océan, cela représente une multitude de bouches à nourrir.

Dans les pratiques, comme pour tout élevage à l'échelle industrielle, le pire côtoie le meilleur. Accorder davantage d'espace au poisson permet d'atténuer certaines des conséquences du confinement. Des cuves installées sur terre assurent un traitement efficace, quoique onéreux, des déchets. Placer dans les bassins labres et lompes, ces petits poissons qui mangent les poux des saumons, est une méthode bio pour traiter le parasite. Mais l'aquaculture est placée devant le même dilemme que toute autre forme d'élevage : trouver le compromis entre viabilité écologique, santé et prix. Le saumon est le poisson le moins cher du marché et les grandes surfaces n'ont guère envie que cela change.

En 2017, l'AquAdvantage est arrivé dans les supermarchés canadiens. Bien qu'étant le premier produit carné génétiquement modifié à être introduit dans la chaîne alimentaire, l'étiquette n'en portait nulle mention. Les ministres canadiens ont veillé à ce que les aliments transgéniques ne soient pas étiquetés comme tels, de crainte que les consommateurs ne s'en détournent. Cet animal a été élaboré par la société AquaBounty, essentiellement à partir d'une souche de saumon atlantique à laquelle ont été ajoutés un gène de loquette d'Amérique, un poisson qui ressemble à une anguille, et un gène régulateur de croissance provenant du chinook. L'AquAdvantage met deux fois moins de temps que son cousin d'élevage à passer de l'œuf à l'étal du magasin. La compagnie AquaBounty a déclaré qu'il s'agissait du « saumon le plus durable au monde », ce qui est un peu une insulte pour le saumon sauvage, lequel s'est parfaitement débrouillé pendant des millions d'années. Elle prétend également que sa création nécessite 25 % de nourriture de moins que les espèces traditionnelles de la pisciculture et qu'elle créera des emplois aux États-Unis, bien que les œufs soient pour l'instant cultivés au Canada, puis expédiés par avion au Panama pour y poursuivre leur développement. C'est donc en empruntant un itinéraire détourné, particulièrement tortueux et coûteux, que les États-Unis parviendront peut-être un jour à produire autant de saumon que ses rivières en engendraient, naturellement et sans effort, un siècle auparavant.

Jusqu'ici, AquaBounty n'a élevé du saumon que sur terre. La société affirme que ses poissons sont stériles et qu'elle ne fabriquera que des femelles, rendant « impossible » le risque de les voir s'échapper et se reproduire dans la nature. Il convient cependant de se remémorer les promesses faites à l'époque de l'implantation des premières fermes salmonicoles en Colombie-Britannique. Comme le raconte Jennifer Lash, directrice de la Living Oceans Society, une association canadienne de protection de l'environnement :

« On nous avait garanti qu'ils ne s'échapperaient pas. Ils se sont échappés. On nous avait garanti qu'ils ne survivraient pas en liberté. Ils ont survécu. On nous avait garanti qu'ils ne remonteraient pas les rivières. Ils les ont remontées. On nous avait garanti qu'ils ne se reproduiraient pas. Ils se sont reproduits. »

Il y a les arguments économiques et les arguments écologiques, mais il y a surtout deux conceptions du monde divergentes et bien ancrées. Subsistance et capitalisme, chasse et élevage sont deux modes de vie profondément différents, dont l'un est devenu si dominant que le remettre en question aujourd'hui semble être d'une incroyable naïveté. Pourtant, après quarante ans de salmoniculture le long des côtes de Colombie-Britannique, les Premières Nations en ont assez. Dernièrement, deux fermes ont été occupées et, au nom des droits ancestraux des populations sur leurs territoires, se sont vu délivrer des avis d'expulsion par des activistes qui s'alarment des conséquences de leur activité sur les stocks de saumons sauvages. Willie Moon, le chef des Musgamagw Dzawada'eunuxw, a ainsi déclaré à la compagnie norvégienne Marine Harvest :

« Vous êtes locataires. Nous vous flanquons à la porte et nous gardons la caution. »

Certains jours il oubliait de regarder. Certains jours, assis sur le perron avec son premier café du matin, il se sentait comme un vendeur d'assurances ou quelque chose comme ça, condamné à battre le pavé de New York ou d'un autre endroit pourri de ce genre. Certains jours il ne remarquait même pas les oiseaux. Accaparé par la liste des tâches de la journée à venir : couper le poisson, le sécher, le mettre en conserve, remonter le filet, réparer le treuil, s'occuper des chiens. Mais il vivait ici depuis tellement longtemps que sa vision de ce qu'est la course effrénée du quotidien en était peut-être un peu faussée. Oui, il était possible d'imaginer Stan Zuray dans une grande ville, son allure de boxeur compressée dans un costume bon marché, sa queue-de-cheval, ses épaules larges, son nez écrasé, son accent de Boston qui trahissait ses origines. C'était possible, mais cela réclamait un sacré effort d'imagination. Pour la plupart de ceux qui le connaissaient, il n'avait sa place nulle part ailleurs qu'ici : il avait fini par emplir ce pays, s'était étoffé au point d'en occuper le moindre recoin, comme le fleuve lui-même. Il frotte ses joues mal rasées, tire sur le collier tressé qu'il porte autour du cou. Il se plaît à répéter sur le ton de la plaisanterie qu'il a pris sa retraite à vingt ans. Le bout de son index droit est coupé, conséquence d'un accident avec une machine quelconque ou une tronçonneuse, ce cérémonial de passage alaskien, cette circoncision rituelle.

Nous sommes quelques semaines après le solstice. Il aime venir s'asseoir là-haut le matin, à l'ombre des bouleaux, pour contempler les flots. On appelle cet endroit « Les Rapides », bien qu'il ne s'agisse pas de rapides à proprement parler, juste d'un petit haut-fond autour de Rock Island où l'eau ondule quand le fleuve est à la bonne hauteur. Le Yukon est tellement étroit ici que lorsque le lieutenant Zagoskine l'a remonté en 1843 pour le compte de l'Empire russe, il a rebroussé chemin, persuadé d'avoir atteint les sources. Stan se lève pour retrouver la fraîcheur de la cabane. Comme il n'y a pas encore eu trop d'insectes cette année, les fenêtres sont ouvertes. Il flotte dans la pièce une odeur d'épicéa et de café, dont il va se resservir à la cafetière qui murmure toujours sur la plaque du poêle. À côté d'elle, une casserole de soupe d'orignal que son fils Joey a préparée à la hâte la veille avant de rentrer avec sa mère à Tanana, une localité située en aval. Prenez un morceau de viande d'élan – sauvage, locale, bio, la totale, pratiquement la meilleure viande qui soit sur terre –, mélangez-la avec des pâtes et du riz blanc, puis mouillez avec du bouillon cube. C'est une chose qu'il ne comprend pas. Il confectionne la pâte de son pain bannique selon sa propre recette – farine complète, raisins secs, lait en poudre, une pincée de bicarbonate de soude, une pincée de sel – et verse la première louche dans une poêle. Maintenant que sa famille est partie, il peut manger ce qui lui chante.

Chaque objet a retrouvé sa place, exactement comme il l'aime. La vaisselle est faite, des mots sont punaisés sur les murs pour indiquer les consignes de recyclage. « SVP, ni couvercles en métal, ni papier d'aluminium, ni couches-culottes, ni verre dans le poêle à bois. » Gros bocaux en plastique étiquetés : purée en flocons, haricots pinto, pop-corn, levure. À côté du lit trône une photo, une sortie papier de tous les enfants et petits-enfants, prise à Fairbanks. Ils sont disposés autour d'une télévision écran plat, sur laquelle on voit Joey, le frère absent, mais l'appareil est placé de telle manière qu'il donne l'impression d'être avec eux. Tous affichent de grands sourires béats et incrédules, du genre de ceux qui illuminent les visages des alpinistes qui viennent de vaincre un sommet. L'image est tirée de la première diffusion de la série *Les Hommes du Yukon*, l'émission de téléréalité dont Joey et lui sont les vedettes. Stan retourne d'un geste vif la bannique, qu'il laisse encore quelques secondes sur le feu avant de la soulever et de verser la louche suivante dans la poêle.

Dehors, le corbeau perché sur le faîte de l'atelier de découpe passe en revue son répertoire de bruits électroniques dans un bourdonnement qui rappelle celui des anciens modems. Une plus grande variété de cris que presque tous les autres animaux de la planète, apparemment, mais je m'aperçois rapidement que Stan les a semble-t-il tous entendus au moins cent fois. Il allume la radio pour les couvrir. Ici, il y a le choix entre deux stations : celle consacrée au sport et celle consacrée à la religion. La seconde donne le bulletin météo, les conditions de vol et les dates d'ouverture de la pêche. Peut-être une chanson, avec un peu de chance. Il y a aussi une émission consacrée au téléphone arabe alaskien, le « télégraphe mukluk », dont tous les messages sont lus laconiquement par l'animateur de la même voix traînante.

Rolly prend la route avec tes médicaments ; il devrait arriver chez toi d'ici après-demain.

Dis à Hank d'apporter les provisions lors de sa prochaine venue, et ajoutes-y un bloc de lard.

May se remet de son opération de l'appendicite. D'après le médecin, elle devrait bientôt pouvoir rentrer à la maison ; peut-être par le prochain bateau.

La projection de Tempête de boulettes géantes *demain au gymnase est annulée. Elle sera reprogrammée à une date ultérieure.*

Pour Betty, à Rampart : retenu à Anchorage. Attends pièces du Cessna. Espère rentrer à la maison ce week-end. Renverrai message jeudi soir. Donne à manger aux chiens, s'il te plaît. Rob.

Pour maman, à Tanana : Jenny a eu son bébé mardi soir ; elle pèse trois kilos deux. Elles vont bien toutes les deux. Pense rentrer samedi. Bill.

Pour M., à Tanana. Apporte du PQ ! – C.

Il aime bien écouter ces annonces, mais on est loin de l'effervescence d'antan. Qu'importe le poisson, ce sont les humains qui sont en voie d'extinction. Il se souvient d'une époque où, quand il longeait le Yukon en voiture au crépuscule, toutes les lampes à pétrole des camps s'allumaient le long des rives et, pour chacun de ces points lumineux, il était capable de dire qui était là, comment se passait la pêche, qui avait un fumoir bien rempli. Il fut un temps où pratiquement chaque habitant du fleuve pêchait dans les rapides. Toute la zone abritait des tourbillons de turbulence propices à la pratique et l'on voyait au pied des falaises des alignements de roues de pêche. On a retrouvé toutes sortes d'objets ici, au fil des années. Silex taillés, arêtes de poisson, vieux cordages en tendons de caribou. Aujourd'hui, il n'y a plus que lui et sa famille, dans le coin, ainsi qu'une poignée d'autres vieux Blancs.

Stan est venu pour la première fois dans la région en 1970, à l'âge de vingt ans. Plus jeune, il avait fréquenté les gangs de Boston et participé à des vols de voitures, des bagarres, des trafics d'enjoliveurs et de fausses cartes d'identité. Il portait un blouson en cuir et avait les cheveux gominés. Avant même d'avoir atteint ses dix-huit ans, il avait été poignardé deux fois. La corruption morale dont il avait été témoin – chez les flics, dans l'Église, chez ses employeurs – lui avait inculqué une saine défiance de l'autorité qu'il garderait jusque dans sa tombe. Il avait vécu quelque temps dans une communauté à la périphérie de la ville, mais avait la sensation que cela ne le menait nulle part. Il avait besoin d'air. L'apogée des années 60 était passée, le rêve était mort ou mourant. Il revendit le hotrod qu'il s'était customisé pour s'acheter un combi VW, avec lequel il prit la route de l'Ouest et de la Californie avant de remonter ensuite inexorablement vers le nord. Oregon, État de Washington, Colombie-Britannique. Il y avait là un itinéraire bien connu à suivre.

« L'immoralité de la vie en ville, la solitude et la prise de conscience qu'une autre existence était possible : c'est tout ça qui m'a poussé à plier bagage, explique-t-il. Je faisais partie du problème et rien ne m'y obligeait. »

À l'époque, il y avait de l'intérim à foison, la terre était bon marché, voire gratuite. Il y avait la pêche, les travaux de construction liés au chantier de l'oléoduc. Et puis le Nord offrait aussi une bonne chance d'échapper à la conscription. La guerre du Vietnam battait son plein, et Stan vivait alors en compagnie de dix Canadiens en situation régulière et de dix objecteurs de conscience américains en fuite dans un endroit qu'on ne pouvait atteindre qu'après avoir parcouru près de deux cent cinquante kilomètres sur une route minière. Il y avait trouvé l'esprit communautaire du retour à la terre qu'il cherchait, cela jusqu'au jour où la Gendarmerie royale du Canada était venue pour embarquer tous les Yankees. Tous sauf Stan, qui avait été déclaré fou.

« Autant m'acheter un stock de bouquins et me coller en taule tout de suite », avait-il prévenu au cours de son entretien d'évaluation avant de quitter les États-Unis. Ils ne savaient pas quoi faire de lui. La plupart de ceux qui essayaient d'éviter la conscription tentaient quelque chose de plus convaincant – mal de dos, mauvaise vue, sang dans les urines – ou demandaient le statut d'objecteur de conscience. Stan fut baladé d'un psy à un autre jusqu'à ce que le Centre de sélection militaire finisse par le réformer P4.

« C'est-à-dire barge », traduit-il.

Peut-être l'était-il, mais il était honnête. Il était le plus jeune de sa bande de Boston et il avait déjà vu des copains rentrer du front. Ils en revenaient junkies. Ils en revenaient en larmes, ce qui était pire encore. Il les aidait du mieux qu'il pouvait. En fin de soirée, ivres, ils confessaient en bredouillant les atrocités qu'ils avaient commises. Des meurtres, des viols et autres horreurs innommables. N'y va pas, le conjuraient-ils, n'y va pas. Et il écouta leur conseil, même s'il devait en concevoir une culpabilité dont jamais il ne se départirait.

Après la descente de police, le Canada avait perdu son aura édénique. Stan retourna à Boston assister au mariage de son frère, avec dans l'idée de convaincre sa petite amie de l'accompagner en Alaska, mais elle avait entre-temps filé au Brésil pour intégrer une secte évangélique. Au mariage, il fit la connaissance d'une de ses copines, Charlotte, qui n'avait pas de projets particuliers à ce moment-là. Lorsqu'il repartit de Boston pour rejoindre l'Alaska, elle monta dans l'avion avec lui. La loi agraire de 1862, l'Homestead Act, donnait la possibilité à toute personne n'ayant jamais pris les armes contre le gouvernement de remplir une demande pour soixante-cinq hectares de terres fédérales libres, dont elle deviendrait propriétaire au bout de cinq ans, pour peu qu'elle les ait occupées et exploitées durant cette période. Difficile d'imaginer de nos jours une approche aussi cavalière de la terre et de la propriété, et pourtant cette pratique a perduré dans certaines parties de l'Alaska jusqu'en 1986. Dans les années 70, suite à la découverte des gisements pétrolifères de Prudhoe Bay en 1968, la loi changea pour rendre progressivement les terrains inaliénables et Stan fut l'un des derniers à en obtenir un dans la région intérieure.

Charlotte et lui affrétèrent un avion, à bord duquel ils embarquèrent toutes leurs possessions jusqu'aux rives de la Tozitna. Même si c'était le mois d'août, l'hiver approchait déjà à grands pas. Repartir était inconcevable. Ils construisirent une cabane avant l'arrivée du grand froid, mais ils n'avaient pas eu le temps de s'y préparer, ce qui est après tout la principale fonction de l'été. Stan abattit un orignal, qui leur dura deux mois. De grosses platées de steak d'élan, trois fois par jour. Ils donnèrent un cuissot à leurs chiens, qui étaient encore plus affamés qu'eux, mais se dirent que c'était du gâchis tant ces derniers l'avaient englouti rapidement. Ils finirent par manger aussi les chiens.

Ils réussirent à passer le cap. Ils avaient tant à apprendre. Ils eurent un bébé, qui mourut prématurément. Une semaine plus tard, ils apprirent qu'à Tanana, une mère cherchait quelqu'un pour adopter son dernier nouveau-né et ils se portèrent volontaires. Ainsi, pendant que certains venaient leur présenter leurs condoléances, d'autres leur rendaient visite pour les féliciter. Au bout de onze ans, Charlotte était mûre pour le changement. Certaines personnes apprécient la vie au fin fond de nulle part pendant peut-être cinq ou dix ans, le temps de se prouver qu'elles en sont capables et, une fois qu'elles le savent, leur but est atteint et cela leur suffit. Pour d'autres, comme Stan, c'est l'existence pour laquelle ils étaient nés. Sans la moindre récrimination, leurs chemins se séparèrent. Quelques années plus tard, il épousera Kathleen, une Athabascan de Fort Yukon, avec qui il fondera une nouvelle famille.

Après avoir avalé sa dernière goutte de café, il descend sur la plage, passe devant le fumoir et la micro-centrale, puis détache son canot avant de le pousser à l'eau. La chaleur est agréable, à la fois sèche et saine ; le vent vient du fleuve. Les collines s'élèvent en sommets arrondis, couvertes d'épicéas qui dégringolent jusqu'aux rives. Elles délimitent le paysage de telle façon qu'on a l'impression d'être isolé et loin de tout, dans une petite portion privée du Yukon. Stan décrit un arc de cercle à la surface des flots et oriente la proue vers l'amont, en direction du camp de Steve O'Brien. Ce dernier lui a montré un journal de bord tenu par l'un des passagers d'un ancien bateau à aubes au début du siècle précédent dans lequel l'homme raconte qu'ils ont été obligés de descendre à terre pour trois jours, le temps qu'un immense troupeau de milliers et de milliers de caribous ait fini d'effectuer la traversée. Chaque animal apparaissait derrière le rideau d'épinettes qui borde le fleuve et s'avançait dans le courant, le garrot et les naseaux dépassant de l'onde tandis qu'il rejoignait la berge opposée au prix de grands efforts. Tous tendus vers un unique et même but, à tel point que cette migration avait quelque chose de ritualisé, comme un culte collectif sans grand-prêtre, guidé par les impératifs de leur biologie qui les entraînait vers leur aire de mise bas. Lorsqu'il était jeune, Stan en voyait encore quand il allait pêcher, mais voilà des années qu'ils n'étaient plus passés par là. Quelqu'un avait abattu un mâle solitaire sur la crête il y a quelques années de cela mais, même alors, ce n'était déjà plus très courant.

Le niveau du Yukon est si élevé que Rock Island, plantée au milieu du coude, est complètement submergée, et seul un murmure du courant indique l'endroit où se trouve l'île sous la surface. Certaines années, Stan y mettait les chiots, quand ils étaient trop vieux pour être encore pendus aux basques de leur mère et trop jeunes pour être attachés. C'est après les dégâts irrémédiables qu'ils avaient causés dans le camp que Stan avait eu l'idée de les parquer au milieu du fleuve. Il allait les nourrir tous les jours ou, au pire, tous les deux jours. Cela semblait leur convenir. Et en plus ils étaient à l'abri des ours.

Le petit hydravion de Steve O'Brien, un Aeronca Chief de 1946, se balance dans le contre-courant du remous, et son jaune de canard en plastique est comme un coup de pinceau qui, avec sa couleur artificielle et primaire, tranche sur les teintes habituelles du paysage. La roue de pêche qu'il est en train de fabriquer est amarrée à côté, loin d'être terminée, avec un seul des montants installé. Steve doit être dans sa cabane. Il permet à Stan de pêcher ici, dans le tourbillon de turbulence, parce que seuls les tourniquets de pêche l'intéressent. Il en construit un nouveau presque chaque année, s'inspirant des erreurs commises sur le précédent pour améliorer le dernier, en quête d'une forme de quintessence de l'engin. Souvent, ces troncs imposants qu'il transforme en poutrelles et en poteaux proviennent d'affluents distants de plus de mille cinq cents kilomètres, là où sont les forêts denses qui regroupent les épicéas les plus grands. Si vous êtes assez patient, avec le temps tout finit par descendre le fleuve. C'est vraiment dommage que le trajet inverse soit insuffisamment emprunté, se dit Stan.

C'était un certain Art qui avait offert ce camp à Steve O'Brien, lequel venait de se séparer de sa première femme et avait besoin d'un nouveau spot de pêche. Art était un vieil Athabascan que tout le monde connaissait et avec qui Steve s'était mis à pêcher en arrivant dans le secteur. Art s'était pris une cuite le jour de ses noces, après quoi il n'avait pas dessoûlé pendant les quatre décennies suivantes, alors il comprenait qu'un mariage puisse être fragile. Il avait cessé de boire à la soixantaine et n'avait rien perdu de sa vivacité d'esprit. Lorsqu'il fut à l'article de la mort, Steve lui demanda l'autorisation de pêcher sur son terrain et, après mûre réflexion, le vieil homme accepta.

C'est un endroit qui offre un remous intéressant. Stan lève son filet. Quatre poissons. Pas trop minuscules. Il en soulève un, le pouce enfoncé dans sa gueule. Entre cinq et six kilos, estime-t-il. À une époque, les pêcheurs pariaient entre eux sur celui qui prendrait le premier royal de plus de vingt kilos de la saison. Entre 2001 et 2013, il n'y en eut qu'un seul. Cette année, la moyenne des prises de Stan se situe autour de trois kilos trois. Comme à son habitude, il tient méticuleusement les comptes.

La première fois qu'il a remarqué un changement avec le poisson, c'était au milieu des années 90, alors qu'il travaillait dans son fumoir. Lorsqu'il l'avait construit, il avait placé les barres trop près les unes des autres, de sorte que les bandes du haut touchaient celles du bas, ce qui empêchait d'évacuer correctement l'humidité et risquait de favoriser la formation de moisissures. L'une de ces erreurs stupides. Les saumons du portant inférieur lui effleuraient le crâne lorsqu'il passait dessous : il taquinait toujours les enfants en prétendant que c'était grâce à cela qu'il avait gardé des cheveux aussi brillants. Puis, une année, il n'eut plus besoin de se baisser, car ils ne le touchaient plus.

Chacun pouvait raconter des histoires qui lui avaient été transmises, mais qui irait croire un pêcheur qui évoquait la taille du poisson ? Sauf que Stan, lui, pouvait *prouver* que les royaux rapetissaient. Depuis 1996, il participait à une étude fédérale sur la population de chinooks du Yukon. Stan a toujours aimé les chiffres. Le soir, quand il était petit, pendant que son frère, couché de l'autre côté de la chambre, dévorait des comics, il s'abritait sous les couvertures avec une lampe pour éplucher les manuels techniques de son père. Dimensions des pistons, force du couple moteur, étalonnage et conversion. Après le lancement de l'étude, il ne lui fallut guère de temps pour détecter de sérieuses lacunes dans les informations, si le but de l'exercice était non seulement de procéder à un recensement, mais aussi de mesurer le gabarit des poissons. L'ensemble des données n'étaient pas relevées sur le long terme, l'échantillonnage n'était pas toujours effectué de manière aléatoire, toutes sortes de techniques étaient mises en œuvre. Stan ne possédait pas un grand savoir, mais il avait appris une chose : on ne peut pas avoir confiance dans les autorités. Et si on veut qu'un boulot soit fait correctement, il faut s'en charger soi-même.

Les biologistes utilisaient depuis longtemps les roues de pêche pour étudier les saumons, qu'ils plaçaient ensuite dans un vivier avant de les relâcher. Cependant, des travaux réalisés en 2007 par l'US Fish and Wildlife Service (le service de la Pêche et de la Faune sauvage) sur les chums d'automne – qui avaient été gardés et manipulés dans ces conditions – démontrèrent que leur taux de migration baissait et qu'ils avaient plus de chances d'être de nouveau capturés en amont, désorientés, blessés, voire mourants, autant de facteurs que les auteurs de cette enquête imputaient au stress accumulé durant leur captivité. S'il est une chose que Stan aime, c'est résoudre les problèmes – son père lui avait inculqué qu'il n'y avait rien au monde que l'on ne puisse réparer –, alors il entreprit de fabriquer la roue de pêche la moins traumatisante qui soit pour les poissons. Il remplaça le filet en monofilament des paniers par un lacis de sangles en caoutchouc, et le bois de la glissière par du plastique. Grâce à un système qui associait un panneau solaire, un ordinateur, une caméra vidéo, un groupe électrogène hydraulique, un détecteur infrarouge, des ampoules LED, des batteries de voiture et un transmetteur sans fil, il était possible de suivre le parcours des animaux le long de la glissière, dont les images étaient envoyées jusqu'à l'ordinateur portable du camp, rendant ainsi inutile leur détention dans le vivier. Les saumons retournaient directement dans l'eau, un peu effarouchés peut-être, mais autrement intacts, et ils auraient peut-être déjà remonté le fleuve sur une cinquantaine de kilomètres au moment où Stan entrerait dans son bureau le lendemain matin pour compter les prises. Depuis, le modèle de Stan est devenu la référence dans tout l'Alaska en matière de nouveaux projets de roues de pêche.

En vue de l'aider à rassembler les informations nécessaires à l'étude, Stan recruta des lycéens des villages alentour. Ils s'y connaissaient en poissons, mais aussi en bateaux. Ils le surnommèrent « le tyran des données » : il jeta les trois premières années de relevés parce qu'il jugeait leur qualité insuffisante. Mais petit à petit, apprenant au fur et à mesure de la collecte, ils finirent par réunir ce que les ichtyobiologistes de toute la côte Ouest considèrent comme étant le meilleur ensemble de données existant sur le Yukon. Et elles prouvaient ce que l'Alaska Department of Fish and Game refusait d'admettre : que les poissons rapetissaient, que la proportion de femelles par rapport aux mâles diminuait et que les populations étaient affectées par un parasite appelé *ichtyophonus*. L'ADF&G se retrouva sur la sellette, sommée d'expliquer pourquoi les données de Stan étaient plus justes que les siennes. Pourquoi son évaluation du nombre de poissons qui franchiraient la frontière canadienne était meilleure que celle du département. Pour Stan, ce qui s'était produit avec les saumons était clair, car il avait été là pour voir ce qui s'était passé.

« Ça fait sans doute *très longtemps* que l'espèce est surpêchée, explique-t-il. Oubliez le changement climatique. Oubliez toutes les théories sur les courants marins. C'est très facile à comprendre. »

Stan se souvient d'une réunion convoquée par le Board of Fisheries, l'office des pêches, peu après le début de l'effondrement des montaisons. En compagnie d'Andy Bassich et de quelques autres, il s'y était rendu dans le but d'apporter son témoignage et de réclamer que des mesures soient prises. L'association du delta du Yukon avait affrété un avion de cinquante places pour transporter des représentants de l'industrie de la pêche afin de témoigner contre eux.

« Soixante-quatorze personnes ont assuré qu'il n'y avait pas de problème, poursuit-il. Elles ont dit que si on les empêchait de pêcher, elles allaient mourir de faim. Et l'ADF&G a dit : "Il n'y a pas de problème." Ils se sont tiré une balle dans le pied. C'est ça, le putain de truc. Et pourtant moi aussi je fais de la pêche commerciale. Lamentable qu'ils aient bousillé la ressource à ce point ! »

Stan siégeait alors à l'association des pêcheurs du bassin hydrographique du Yukon, laquelle subissait de fortes pressions des pêcheries commerciales situées en aval. En 2007, il demanda par deux fois un vote pour que la question soit tranchée et que l'association dise si oui ou non il y avait un problème avec le format du saumon royal. Lors des deux scrutins, il fut le seul membre du conseil à voter oui. En 2010, l'ADF&G a émis l'hypothèse que si les montaisons de chinook connaissaient des difficultés, c'était parce que trop de poissons parvenaient à remonter le fleuve. Stan fut menacé de se voir retirer ses financements s'il n'arrêtait pas de livrer sur son site ses commentaires sur la meilleure façon d'améliorer la situation. Fred Andersen, un ancien biologiste halieutique, se montre encore plus explicite lorsque je l'interroge :

« Je crois qu'ils ne voulaient pas connaître la réponse. Je le crois sincèrement. Je pense que le nœud de l'affaire, c'est que ces types ne voulaient tout simplement pas avoir à encaisser la tempête de protestations qui leur était promise s'ils prenaient les mesures draconiennes qui s'imposaient. »

En 2015, écœuré par l'attitude de l'État, qui refusait toujours de prendre en compte ses chiffres, Stan rendit pour de bon son tablier. Il estime qu'il faudrait cinquante, voire cent ans pour que le saumon retrouve sa taille, et encore : uniquement dans le cas où les moyens adéquats seraient mis en œuvre dans la gestion de l'espèce. Il reste cependant au moins une lueur d'espoir. Comme il me l'explique : « Une fois que l'humanité se sera autodétruite, alors les populations de poissons se rétabliront toutes seules. »

Pour le moment, il n'y a que lui ici, et aussi Steve, et les Campbell en face. Et tous sont aujourd'hui plus raides, plus grisonnants et plus bêtes qu'ils ne l'étaient autrefois. Linda, la première femme de Steve O'Brien, ne vient même plus dans le coin, et ce depuis qu'elle a été arrêtée à Fairbanks pour avoir vendu du poisson à un couple d'Autochtones. S'occuper d'un camp de pêche n'est pas gratuit. On ne remplit pas son réservoir d'essence avec du saumon, et comment garder un travail si vous passez vos étés au bord de l'eau ? Jadis, les bureaucrates fermaient les yeux là-dessus, mais ce temps-là est révolu. Linda n'est jamais revenue. Installé de l'autre côté du fleuve, son camp se délabre doucement, englouti petit à petit par le paysage.

Bien sûr, ce n'est qu'une partie de l'histoire. Depuis la mort d'Eric, Linda ne se sentait plus à sa place ici. Quand Steve et elle s'étaient séparés, elle avait épousé Eric, avec qui elle avait vécu sur l'autre rive. À cette époque, ils étaient tous jeunes et beaux. Il y a de vieilles photos d'eux, aux jaunes et aux orangés plus intenses : à califourchon sur le toit d'une cabane en construction ou en train de dépouiller un orignal, avec leurs barbes épaisses, torse nu, le visage des hommes qu'ils deviendraient pointant déjà sous leurs traits, mais avec une insouciance que n'entamait pas l'idée de l'avenir. Et leurs bébés, comme leurs maisons : empreintes d'eux-mêmes qu'ils laissaient sur ce décor, habitants de cette terre, partie intégrante de ses rythmes et de sa logique. Mais de telles empreintes s'effacent ici tellement plus vite qu'ailleurs. C'est plutôt la terre qui imprime sa marque sur les gens que l'inverse.

Eric a été emporté par les flots, ce qui aurait pu arriver à n'importe lequel d'entre eux. L'un de ces accidents improbables. Il était le plus athlétique de la bande et c'était lui qui était mort le premier. Des bras dignes d'Hercule. Mais il s'était fait mal au dos quelques jours auparavant, ce qui expliquait peut-être le drame. Alors qu'il était en train de vérifier les paniers de la roue de pêche avec Linda, leur canot se détacha et partit à la dérive. En ces années-là, personne ne portait de gilet de sauvetage. Il plongea, mais le fleuve ne cessait d'entraîner l'embarcation de plus en plus loin, juste hors de portée d'Eric, lequel nageait derrière elle comme un enfant à la poursuite d'un ballon. Linda le quitta brièvement des yeux le temps de remonter la passerelle pour rejoindre la rive et, lorsqu'elle le chercha de nouveau du regard, il avait disparu. Les eaux étaient tellement chargées de limon qu'il aurait pu se trouver à quelques centimètres au-dessous de la surface sans qu'elle puisse le voir. Il était juste parti, avait déserté son existence en un instant. La vase emplit vos vêtements, elle leste vos poches et vos chaussures. Il remonta deux semaines plus tard, en face de l'endroit où était amarrée la roue, pâle et boursouflé. Il fallut deux jours pour creuser dans le permafrost un trou suffisamment profond où l'enterrer.

Stan laisse redescendre son filet dans l'onde, puis tourne la proue de son bateau et le barre de sorte qu'il prenne le courant qui le ramènera à son camp, en aval.

Le soubassement de Rock Island, qui se dresse au milieu du fleuve, avait à un moment été pressenti pour servir de fondation à ce qui, selon les mots de John F. Kennedy, devait devenir « le plus grand barrage du monde libre ». Conçu dans les années 50, le barrage du canyon de Rampart aurait créé le plus vaste lac artificiel de la planète, un record qu'il détiendrait aujourd'hui encore. Plus grand que le lac Érié. Plus grand que la Macédoine. Quelque 283 000 mètres cubes de béton, un peu plus de 160 mètres de hauteur et 1 400 de large. La retenue se serait étirée vers l'amont sur quatre cent cinquante kilomètres, submergeant les Yukon Flats au-delà de Fort Yukon. Le remplir aurait réclamé vingt ans, ses eaux envahissant lentement le bassin hydrographique comme si la terre elle-même avait une fuite.

Devant la législature de l'État, le sénateur Ernest Gruening avait déclaré avec aplomb que cette terre se préparait à être inondée, puisqu'elle n'abritait pas plus de dix toilettes équipées de chasse d'eau. Un chiffre très certainement surestimé.

« Même si vous parcourriez le monde entier, avait-il poursuivi, vous auriez du mal à trouver une zone d'une taille équivalente dans laquelle il y aurait si peu à perdre en la submergeant. »

C'était une région reculée au sens d'oubliée de Dieu, qui tenait plus du désert dans lequel avait erré Moïse que d'un jardin d'Éden vierge et sauvage. Afin d'attirer les promoteurs immobiliers, le groupe de lobbying North of the Range leur assura qu'ils pouvaient « rappliquer ici à bride abattue », une façon de s'exprimer qui devait être merveilleusement libératrice en comparaison des pesanteurs de notre époque, laquelle s'encombre avec les relations publiques et les évaluations d'impact environnemental. Toutefois, un rapport fédéral conclut que : « Jamais, dans l'histoire des programmes d'aménagement hydraulique en Amérique du Nord, les projections en matière de pertes de faune sauvage et aquatique causées par un seul projet n'ont été aussi considérables. » Les 36 000 étangs des Yukon Flats offraient une aire de nidification à plus d'1,5 million de canards, sans compter les oies, les grues et autres échassiers. « Avez-vous déjà vu un canard se noyer ? » raillèrent les partisans du barrage. Neuf villages situés en amont devaient aussi être engloutis et leurs 1 200 habitants évacués, mais c'étaient les vies de milliers d'autres personnes qui changeraient à jamais avec la fin programmée du retour annuel des saumons. Même si ceux-ci sont capables de bonds prodigieux, il leur serait impossible de sauter un obstacle haut de 160 mètres. Pendant un certain nombre d'années, ils seraient remontés jusqu'au pied de l'ouvrage pour se fracasser le crâne contre la muraille de béton et, au bout d'un moment, ils auraient arrêté de revenir. Mais bon, les saumons, ça ne se noie pas non plus.

Selon une étude, le barrage devait produire plus de cinq fois la quantité d'électricité que pouvait consommer l'État de l'Alaska. En privé, un législateur glissa que, même s'il était dynamité le jour de l'achèvement des travaux, le barrage aurait rempli sa fonction puisque en fin de compte l'objectif initial de ce projet était que l'État puisse profiter de la manne fédérale. Une brochure produite par le groupement Yukon Power for America (cotisation de vingt-cinq *cents* par tête pour les écoliers) s'enthousiasmait sur le potentiel touristique de l'ouvrage : « Navigation en canot ou en voilier… pavillons de chasse et camps de pêche sur des rivages pittoresques… marinas, installations portuaires et équipements pour hydravions – le tout aisément accessible en train, en voiture ou en avion. » De tous les arguments déployés, c'était peut-être le plus délirant : imaginer que cet immense lac nouvellement créé, perdu à des centaines de kilomètres au fin fond de l'Alaska et à la limite du cercle arctique, puisse attirer des familles qui viendraient pique-niquer sur ses rives pour le week-end du Labour Day tandis que des adeptes du ski nautique décriraient des arcs de cercle entre les blocs de glace flottants.

Ce fut l'une des batailles environnementales fondatrices de l'Alaska, l'une de ces luttes structurantes qui permettent de se faire les dents. Pour la première fois dans l'histoire américaine, c'est en mettant en avant les risques encourus par la faune aquatique et sauvage que le combat pour la protection d'un cours d'eau fut gagné. Une coalition d'associations écologistes parvint à bloquer le projet jusqu'en 1968, année où les intérêts économiques préférèrent se tourner vers Prudhoe Bay, promesse de profits rapides pour moins de controverses. Lorsque le président Jimmy Carter sanctuarisa le Refuge faunique national des Yukon Flats en 1980, il signa l'arrêt de mort du barrage. Combien les Rapides auraient été différents ! Stan, assis dans sa cabane sous cent cinquante mètres d'eau, ses plants de pommes de terre ondoyant dans le courant, des brochets tapis dans les recoins sombres de son fumoir.

Pour décimer une population de saumons, rien de tel que barrer une rivière. L'homme a compris ça depuis des siècles : en Angleterre, sous le règne de Richard Cœur de Lion (1189-1199), une loi stipulait que tout nouvel ouvrage en travers d'un cours d'eau devait comprendre un trou de la taille d'un cochon d'un an bien nourri. Mais ce savoir ancestral a souvent été ignoré. Malgré le décret, les digues élevées pour les retenues des moulins ont fleuri sur les rivières de l'Angleterre médiévale et, là où elles poussaient, le saumon disparaissait. Huit siècles plus tard, la chute du niveau des eaux lors de la mise en service du barrage de l'entreprise de service public Seattle City Light tua en une seule nuit 239 000 alevins nageants de chinooks. L'espèce est éteinte dans la Spokane River depuis la construction de celui de Long Lake. Dans le granit, quelqu'un a gravé ce poème : « L'endroit où sautent les fantômes des saumons. » Le barrage de Grand Coulee, sur le fleuve Columbia, a été appelé « l'acte le plus destructeur que l'homme ait jamais commis contre le saumon ».

Des tentatives ont bien été entreprises pour atténuer l'impact désastreux de ces ouvrages. Sur certains, on a installé des échelles à poissons afin de permettre à ces derniers de les escalader grâce à une succession de bassins. Sur la Snake River, dans l'État de Washington, on charge les poissons à bord de camions qui les amènent en haut de la digue, puis les redescendent en aval l'automne venu. Au barrage de Rock Island, sur le fleuve Columbia, ce sont des hélicoptères qui les transportent. Une société du nom de WHOOSHH Innovations a inventé un « canon à saumons », qui les aspire au bas du mur pour les recracher au sommet à plus de trente kilomètres à l'heure, apparemment sans effets indésirables, même s'il est difficile de regarder une vidéo de l'engin en action sans éprouver un certain trouble. Mais la méthode la plus efficace est encore de retirer l'obstacle. Érigé en 1910, le barrage de la rivière Elwha, dans l'État de Washington, fut démantelé en 2012 et celui de Glines Canyon, une quinzaine de kilomètres en amont, en 2014. En 2016, 4 000 alevins nageants de chinooks et 32 000 de cohos ont redescendu l'Elwha pour rejoindre la mer. De nombreuses voix se font à présent entendre pour que la même opération soit menée sur le fleuve Klamath, à cheval entre la Californie et l'Oregon, qui a ces dernières années connu des montaisons de saumon royal catastrophiques. Ce serait le plus grand programme de démantèlement de l'histoire des États-Unis.

L'unique ouvrage bâti sur le Yukon est celui de Whitehorse, un petit accroc placé près des sources, ce qui en fait le plus long fleuve libre d'Amérique du Nord. Celui-ci date de 1958 mais, après avoir constaté chaque été que les saumons s'accumulaient à sa base, on lui ajouta une passe à poissons. Cette dernière est plus grande que la tour Eiffel posée à plat sur le sol, un ultime affront qui me laisse perplexe : parvenus au terme de leur montaison, les chinooks exténués sont contraints d'enchaîner une série de tractions presque interminable pour se hisser de bassin en bassin dans l'eau tourbillonnante afin de gravir les quinze mètres qui les séparent de leurs frayères, situées de l'autre côté. Lorsqu'ils repartent vers l'océan, les smolts migrateurs sont propulsés vers l'aval par les quatre turbines du barrage. Au syndicat d'initiative, on dit que ce sont les montagnes russes des poissons, mais des montagnes russes avec un taux de mortalité de 30 %. Mouettes et canards plongeurs attendent plus bas pour cueillir les saumoneaux étourdis lorsqu'ils émergent à la surface. D'autres sont broyés par les pales. D'autres meurent parce qu'ils ont absorbé trop d'azote, comme un plongeur qui a le mal des caissons.

En 1983, on inaugura une écloserie dans le but d'accroître les stocks. Elle est installée aux abords de la ville, dans un ensemble de bâtiments de plain-pied protégés par un grillage que j'étais allé visiter fin mai, avant de commencer mon voyage. J'y ai rencontré Phyllis, qui était occupée à marquer des alevins nageants. Les cuves en abritaient des milliers, dont chacun pesait à peine plus d'un gramme. Ils tournaient dans un sens, puis dans l'autre, comme mus par un seul cerveau collectif, pareils à une volée de minuscules étourneaux subaquatiques. Elle les approchait un par un d'une machine qui leur insérait un millimètre de métal dans le cartilage du nez. Examiné au microscope, l'implant révélerait l'endroit où ils avaient été élevés ainsi que la date et le lieu de leur mise à l'eau.

« On n'a pas l'impression que cela réclame une telle précision, lui dis-je, tandis qu'elle les passait les uns après les autres à toute vitesse avant de les lâcher dans un seau posé à côté d'elle.

– Oh que si », répondit-elle.

C'était sa vingt-cinquième saison. Ce jour-là, elle en avait marqué 9 000, et ce n'était que le début de l'après-midi. Lorsqu'ils tombaient dans l'eau, ils flottaient un bref instant, puis, dans un frisson, se remettaient en mouvement et commençaient à décrire des cercles.

« Ça me plaît de me dire que j'ai eu dans les mains ceux qui reviennent », ajouta-t-elle.

En plus de l'implant, chaque poisson issu d'une écloserie subit l'ablation de la nageoire adipeuse. Il s'agit d'une petite protubérance charnue placée entre les nageoires dorsale et caudale, dont la privation ne semble pas gêner le saumon outre mesure, bien que l'on pense qu'elle ait son utilité lorsqu'il nage dans des eaux turbulentes. Cependant, lorsqu'il est pris, son absence prouve immédiatement que l'on a affaire à un poisson d'écloserie. Phyllis me proposa d'essayer. Ce n'était pas facile. Au creux de ma paume, l'alevin haletait comme si ses piles étaient en train de se décharger tandis que je donnais des coups de ciseaux maladroits. Je lui laissai un bout de chair en lambeaux qu'il garderait pour le restant de son existence, puis le remis dans le seau.

Dans le bâtiment voisin se trouve Warren Kapaniuk. Warren est le genre d'homme qui n'est pas fait pour travailler dans un bureau. Avec ses bottes en caoutchouc, sa chemise à carreaux et sa casquette de base-ball, il paraît trop grand pour la pièce, tandis qu'il pianote sur son clavier avec des doigts poisseux. Écartant une pile de graphiques, il met quelques œufs de saumon au fond d'un gobelet en plastique du distributeur d'eau fraîche dans lequel il verse une rasade de vinaigre blanc.

« Ceux-ci ont été fécondés pas plus tard qu'hier », annonce-t-il.

Il me donne une loupe pour que je les observe. Le vinaigre a rendu le vitellus translucide et c'est là, en son noyau, qu'est la vie. Les cellules se sont divisées. Il y en a huit, en plein cœur de l'œuf, accrochées les unes aux autres comme une grappe de bulles. À la prochaine division, elles seront tellement nombreuses qu'il sera impossible de les distinguer sans microscope. Warren me demande si cela me plairait de fabriquer des saumons.

Dans la salle principale, bercés par le bourdonnement du système de refroidissement, des royaux adultes tournent dans leurs cuves, silhouettes lentes et langoureuses comme des carpes dans des bassins. Des filets ont été installés pour les empêcher de sauter par-dessus bord. Ces spécimens ont été capturés lors de leur migration vers les frayères, alors qu'ils parvenaient au sommet de l'échelle à poissons, et ils n'ont qu'un seul but : s'échapper. Je suis Warren sur la passerelle en acier qui avance entre les cuves. Il est vêtu de la tête aux pieds d'une tenue imperméable et a une épuisette en plastique blanc jetée sur l'épaule, tel un bandit armé d'un fusil. Ils ont choisi trente mâles et soixante femelles, pris au hasard dans la montaison. Il serait facile de s'ingérer dans la génétique s'ils le voulaient, en sélectionnant les plus gros et les plus forts, mais il est important de résister à la tentation. Dans l'une des cuves, Warren cueille une femelle dans son filet et elle se contorsionne dans tous les sens en frappant la surface, tout son corps ramassé en un poing d'argent. Il lui glisse un nœud coulant autour de la queue, serre fort et la brandit à bout de bras. Elle se balance au bout de la corde, puis s'immobilise, semblable à un oiseau pendu la tête en bas.

« Palpez-lui le ventre, dit Warren. On le sent, quand elle est pleine. »

Je lui tâte l'abdomen. Il est souple et malléable. Il m'apprend que cette souplesse indique que les œufs se sont séparés et que la femelle est dorénavant prête à pondre. Dans la nature, il suffirait maintenant de la présence d'un mâle pour stimuler son instinct. Malheureusement, nous sommes les seuls mâles disponibles. Warren se saisit d'un gourdin en bois accroché au mur derrière lui, maintient la femelle de telle sorte qu'elle ait la joue plaquée contre sa botte en caoutchouc et lui assène un coup sec sur le crâne. Elle tressaille, puis la vie quitte son corps. Son voyage s'achève ici. Mais son dessein sera accompli, la prochaine génération assurée. Et peut-être est-ce une fin préférable à l'agonie qui lui était promise, à la putréfaction de sa chair encore palpitante ou au risque d'être dévorée vivante par un ours. Il la suspend à une poutre par le cordon qui lui enserre la queue et lui écarte les ouïes, dévoilant des lamelles aussi écarlates que la coralline, puis plonge son couteau à l'intérieur comme pour sonder les filaments jusqu'à ce que le sang apparaisse. Il dégouline dans des canaux aménagés dans le béton du sol. Il y a du sang sur l'alliance de Warren. Il m'explique que ce dernier risquerait de contaminer les œufs. Nous attendons que le flot se tarisse jusqu'à ne plus former que des gouttelettes ruisselant jusqu'au bout du nez avant de tomber, puis il introduit une autre cordelette derrière les opercules ainsi que dans la bouche ouverte, comme s'il était en train de brider un cheval. Après quoi il fourre de l'essuie-tout à l'intérieur des branchies et de la gueule dans le but d'absorber toute trace de sang qui subsisterait. La femelle semble préparée pour quelque séance fétichiste, ligotée par un maître du shibari. Il l'emporte jusqu'à une bassine blanche qu'il avait préalablement posée par terre, puis il me la passe. Je la prends et la tiens à la façon d'un accordéon ouvert afin que son corps soit tendu, puis Warren lui masse les flancs et les œufs commencent à descendre.

Ils se déversent dans le récipient en un flux régulier et ininterrompu, d'un orange si éclatant qu'on le croirait artificiel. Une fois l'écoulement fini, il glisse son couteau dans son ventre puis fend la femelle de la tête jusqu'à l'anus et le reste des œufs jaillit en un bouillonnement, un frai si abondant que je n'aurais jamais cru qu'il puisse tenir dans un seul poisson si je ne l'avais pas vu de mes propres yeux. Il doit y avoir dans les 5 000 œufs, estime-t-il, ce qui est dans la moyenne. Les femelles de plus grande taille peuvent en porter 8 000. Quant aux très grosses, les bêtes mythiques d'autrefois, c'était de 16 à 20 000.

Les mâles sont gardés dans des cuves à l'extérieur. Beaucoup ont déjà eu leur laitance prélevée une fois et sont au bout du rouleau. C'est Lawrence Vano qui œuvre ici. Il a l'œil vif, le teint rougeaud et, comparé à Warren, il semble petit. Ils forment un improbable duo, un couple de parents soucieux travaillant côte à côte sur les saumons. Lawrence me montre les poissons morts entassés dans une brouette comme les victimes d'une épidémie de peste, leur peau semblable à du papier marbré, avec ses tavelures bordeaux, blanches et d'un rose de la même teinte qu'un bifteck haché bon marché. On voit aussi quelques gonades jetées sur le tas.

« Ça fait trente ans que je suis là, me confie-t-il. Et j'en ai vraiment marre de tuer des bêtes. »

Les têtes seront envoyées ailleurs, où les bandes de métal seront retirées afin d'analyser les données, et les carcasses seront données en pâture aux aigles. Warren prend un poisson dans l'une des cuves. Les mâles sont beaucoup plus calmes que les femelles. Pour celui-ci ce sera la dernière occasion d'engendrer une prochaine génération, mais peut-être le sait-il déjà depuis son viol précédent, d'où ce fatalisme résigné. Ces hommes qui essaient de lui tirer sa laitance avec leurs grosses ficelles. Pendant que Warren le tient dans une serviette, Lawrence va chercher les sacs à glissière. Avec un geste expert du pouce et de l'index, Warren flatte le flanc du mâle depuis le nez jusqu'au bout de la queue. Le poisson ouvre grand la bouche et lâche deux cuillères à café de sperme dans le sachet que tend Lawrence. Il est difficile de regarder ce spectacle comme quelque chose d'anodin. C'est comme l'une de ces pièces exposées dans les grands musées, ces objets d'art des Aborigènes d'Australie ou ces trésors pillés dans les pyramides, lesquels n'avaient jamais été conçus pour être montrés à une telle multitude, à d'autres yeux, perdant totalement leur part de mystère. Warren remplit un second sac, puis le referme.

« Nous avons une relation particulière avec chaque poisson », m'assure Lawrence tandis que nous retournons dans le bâtiment.

C'est une petite écloserie ; celles chargées d'empoissonner le Columbia peuvent élever jusqu'à douze ou treize millions de bêtes par an, alors qu'ici on ne peuple que quatre rivières, qui étaient les frayères traditionnelles du chinook avant la construction du barrage.

« Avant, on élevait 350 000 poissons, explique-t-il. Maintenant, on en fait 150 000 et malgré tout on a autant de retours. Chaque cours d'eau a une capacité maximale. C'est ce que l'homme n'a pas encore saisi. Nous continuons à grossir, à dévorer les ressources. Ces saumons ne peuvent pas faire une chose pareille. »

Les œufs sont répartis dans deux sacs à glissière, afin de ne pas tous les mettre dans le même panier. Lawrence m'en passe un.

« Ils ont parcouru 2 600 kilomètres pour arriver ici, dit-il. Ne les laissez pas tomber. »

Il me donne à présent l'un des sachets de sperme, que je verse dans mon sac d'œufs. Je referme la glissière et le secoue brièvement. Il y a une réaction presque instantanée : une mince couche d'écume commence à se former autour de chaque œuf, bulles microscopiques qui moussent doucement. Je lève le sac à la lumière pour observer le phénomène. Je tiens entre mes mains le début de la vie.

Nous vidons les sacs dans des seaux d'eau froide et les œufs tombent au fond. Le liquide raffermit leur membrane jusqu'à ce qu'elle soit assez dure pour rebondir. Au bout de quelques minutes, Warren vide le seau en rinçant les œufs à grande eau, comme un orpailleur qui lave à la batée – ce qui, au passage, est son hobby –, puis nous les emportons dans une salle voisine et versons l'ensemble dans des plateaux. Les œufs passeront l'hiver ici, entre des couches d'autres plateaux, arrosés par un flot continu d'eau dans le but de reproduire les conditions d'une frayère. Warren et Lawrence sont équipés d'un bipeur afin d'être avertis en cas de problème ; si jamais l'écoulement d'eau s'arrêtait, ils ne disposeraient que de quelques heures pour sauver le stock de toute une année. Au bout d'une semaine environ, les œufs qui n'auront pas commencé à féconder seront retirés pour éviter tout risque de contamination. Quand viendra le printemps, ils seront devenus des saumons. Nous nous tenons côte à côte et contemplons notre travail.

« Vous allez devenir père de 5 000 saumons, plaisante Lawrence. Vous feriez bien de vous y mettre dès maintenant, pour les achats… Et de vous trouver un autre boulot. Ce n'est pas avec l'écriture que vous allez pouvoir vivre, à présent. »

Les écloseries, qui existent depuis le milieu du XIXe siècle, sont apparues au début comme une solution miraculeuse et déculpabilisante à l'effondrement des populations de saumon. Pour chaque poisson prélevé par un barrage ou un pêcheur, il suffisait de le remplacer par un autre. Et au diable l'avarice : par deux autres, mille autres, pourquoi pas ? Dans la seconde moitié du XIXe siècle, on assista donc à une multiplication de ce type d'établissements en Écosse, en France, au Canada, en Nouvelle-Angleterre et dans le Nord-Ouest pacifique. Des œufs de la côte Ouest étaient expédiés par bateau dans le monde entier – jusqu'en Australie et en Nouvelle-Zélande – afin de rempoissonner des rivières sauvages vidées de leurs saumons. Cela semblait être la panacée. John M. Crawford, directeur du groupement des écloseries de saumon de l'État de Washington, était convaincu que grâce à elles « il n'y avait absolument aucune raison sérieuse de s'inquiéter d'un éventuel épuisement [de la ressource] consécutif à la surpêche ou à l'avancée de la civilisation ». Comme si des écosystèmes dont le développement s'était étalé sur plusieurs millions d'années étaient aussi simples que cela.

En 1896, Livingstone Stone, qui supervisait l'initiative visant à repeupler les cours d'eau d'Angleterre, dut reconnaître que c'était un échec :

> Je doute que, parmi les personnes informées de cette affaire… il y en ait une qui n'ait pas cru que le saumon allait redevenir abondant dans les fleuves atlantiques… L'éclosion des œufs a été parfaitement réussie. Les jeunes alevins, une fois déposés dans l'eau douce des rivières, ont semblé particulièrement bien s'adapter. Ils se sont rapidement développés et, le moment venu, nous avons constaté qu'ils redescendaient en grand nombre vers la mer. Ce qu'il est advenu d'eux ensuite demeurera à jamais un mystère insondable. Sauf en de très rares cas isolés, nul n'a jamais revu un seul de ces millions de jeunes saumons. Que sont-ils devenus ? Où sont-ils allés ? Y en a-t-il qui sont encore vivants dans l'océan infini ? Ou sont-ils tous morts ? Et s'ils le sont, qu'est-ce qui les a décimés ?

La restauration des montaisons dépend apparemment du degré de dégradation de l'environnement et des restrictions des périodes de pêche. Mais là où des animaux d'écloserie ont renforcé le stock de saumons, ils n'ont pas accru la population sauvage, mais l'ont remplacée. Les poissons d'élevage sont habitués à se battre pour leur nourriture et, une fois relâchés dans la nature, ils entrent en concurrence avec leurs homologues sauvages, qu'ils supplantent aisément, pouvant même se repaître de leurs alevins. Ils apportent également des maladies. Persuadés que les écloseries sont le remède au problème, certains responsables de la gestion des pêches ont fermé les yeux sur la surpêche comme sur la disparition de l'habitat. Mais le plus préjudiciable dans cette pratique, c'est peut-être l'introduction par ces intrus de gènes étrangers au sein d'un groupe d'animaux sauvage auxquels il a fallu des centaines de générations avant d'acquérir un patrimoine génétique propre à leur cours d'eau natal. Et puis il y a le prix de l'opération. L'ichtyobiologiste Chris Stark estime que chaque chinook qui retourne à Whitehorse a coûté dans les trois cents dollars à la société Yukon Energy, laquelle finance l'opération. Si l'on transpose au niveau mondial, on atteint des montants intenables pour un projet de restauration de l'environnement. Nous ne sommes guère plus proches de la solution qu'il y a un siècle. En 1979, le plan de réintroduction du saumon dans la Tamise avait pour objectif de rempoissonner le fleuve, mais à l'issue du programme, en 2011, le seul résultat tangible de cet effort était une facture de plusieurs millions de livres sterling. Quand certaines choses ont été cassées, il arrive parfois qu'on ne puisse pas les réparer.

Le bassin hydrographique de la Tanana River, le deuxième plus gros affluent du Yukon, est grand comme l'Irlande. À la confluence des deux cours d'eau, la concentration de limon est plus importante encore et le courant semble scier les flancs du canoë. La journée est chaude, trop chaude pour que cela dure. Voilà près d'une semaine maintenant que cette météo se maintient, mais le vent se lève et, loin à l'est, dans la direction de Fairbanks, les nuages s'amoncellent. Le ciel est tellement immense que vous pouvez y lire des heures à l'avance le temps qu'il va faire. Ce sont les derniers jours de juillet et les gens commencent déjà à parler de la fin de l'été.

Au fil de notre descente, nous veillons de plus en plus à camper sur les îles. Le flot de saumons est à son apogée et, comme ceux qui sont épuisés ou morts après le frai commencent à être rejetés sur les berges des affluents, les ours descendent des collines sur lesquelles ils ont passé le début de l'été. Même si nous ne les voyons encore que rarement, nous y pensons constamment. Nous sommes passés devant l'un d'entre eux qui se rafraîchissait, assis dans les hauts-fonds avec de l'eau jusqu'au menton.

La montaison des royaux est presque terminée et il ne reste plus que les traînards, les « gros lards » dont parlait Andy. Mais maintenant les chums d'été sont là, qui glissent sous notre bateau dans leur course vers l'est, vêtus de leurs couleurs de frai – vert et rouge –, puis viendront les roses, suivis des argentés et des sockeyes, avant que les chums d'automne ne ferment la marche. La plupart des chinooks qui n'ont pas été capturés ou qui n'ont pas remonté les affluents du Yukon pour aller se reproduire doivent être au Canada à l'heure qu'il est. Les royaux parcourent quatre-vingts kilomètres par jour, une distance qui, pour nous, est exceptionnelle, alors que nous descendons le fleuve et avalons encore trois repas quotidiens.

Mais c'est peut-être précisément cela qui nous ralentit : la moitié de notre embarcation est remplie de nourriture. Nous fabriquons notre pain et préparons des tagines, agrémentés de feuilles de pissenlit. Au petit-déjeuner, nous dégustons des pancakes aux framboises sauvages, tandis que le dîner se compose d'un potage épais au poisson et d'un ragoût élaboré de viande d'orignal au chou pour se conclure par un crumble à la rhubarbe. Et puis il y a le saumon, que tout le monde veut partager avec nous bien que les fumoirs soient à moitié vides cet été-là. Lorsque nous demeurons quelques jours chez des gens, ils insistent pour que nous en prenions et, quand nous repartons, ils remplissent nos sacs de poissons entiers et de filets, de têtes et de ventres, fumés et demi-fumés, en conserve et séchés. Une après-midi, un homme s'approche à bord de son canot et se range à côté de nous, puis nous donne deux sachets remplis de bandes séchées – pour nous souhaiter la bienvenue, explique-t-il – avant de repartir à vive allure vers l'aval. Nous grignotons du saumon en pagayant, au point d'être tellement imprégnés de sa graisse qu'elle devient partie intégrante de notre propre odeur, et, le soir, nous le faisons rôtir, griller, frire ou nous le coupons en fines tranches pour confectionner des sushis. Je m'interroge parfois sur le bien-fondé, d'un point de vue éthique, d'une enquête sur le déclin d'un poisson dont je me goinfre. C'est dans ces moments-là, assis devant le feu une fois la journée terminée, la vaisselle lavée et rangée, que j'ai une conscience plus aiguë de ce voyage : sa simplicité, ces heures riches et pleinement utilisées au terme de chaque étape.

Deux jours après avoir quitté Tanana, nous bivouaquons en plein milieu du fleuve, sur une île sablonneuse qui émerge à peine de l'eau. Nous ne l'avions pas vue avant d'y accoster presque par mégarde, cachée qu'elle était par la faible houle. Aucun ours sain d'esprit ne se hasarderait jusque-là, avons-nous pensé. Il n'y a rien du tout sur cette bande de terre, à l'exception d'un arbre mort solitaire. Ulli plante la tente pendant que j'allume le feu et nous sommes en train de finir notre repas quand le vent commence à se lever. Nous le remarquons d'abord dans le vol des hirondelles, ballottées dans l'air. Au bout de la vallée par laquelle nous sommes arrivés, le ciel est si gris qu'il en paraît presque bleu. Sur les berges, les arbres s'agitent, la canopée frémit, les branches murmurent et les sons nous parviennent, bruts, portés par l'immensité de l'eau. Il est difficile d'arrimer solidement les haubans dans un sol aussi meuble. Nous nous activons pour entasser sur les piquets tout ce qui nous tombe sous la main : de grosses branches mortes, le bidon étanche, le canoë. Je me demande si l'eau monte. Cela semble du domaine du possible.

Le ciel s'assombrit encore davantage. Nous l'observons en buvant notre thé à petites gorgées. Nos ombres se découpent sur le sable en silhouettes aux contours nets. De vénérables épicéas ploient, turquoise sous cet éclairage, s'inclinant avec déférence pour se redresser brutalement et battre d'avant en arrière à la façon de ces bonshommes gonflables que l'on voit parfois devant les garages automobiles. Aussi acérée que la lame d'un couteau, la lumière découpe chaque couleur séparément. Le vent monte d'un ton et fait voler le sable, qui circule entre nos pieds tel le fantôme d'un autre fleuve. Les aulnes élancés qui montent à l'assaut des promontoires s'enflamment de blanc. L'atmosphère me galvanise ; je me sens électrique, animal. La foudre claque. Et alors nous entendons la pluie. Le son enfle tandis qu'elle balaie la vallée d'amont en aval, comme si un troupeau de chevaux approchait, galopant dans l'eau pour nous charger. Nous rentrons précipitamment nous mettre à l'abri et baissons la fermeture Éclair juste avant que l'orage nous frappe.

La tente se tord et tremble, tirant sur ses cordes. Couchés dans nos duvets, nous contemplons au-dessus de nous la toile qui résonne du martèlement des gouttes. Je n'avais pas encore utilisé cette tente dans de telles conditions et je prends subitement conscience du fait que nous sommes terriblement loin de tout. Que cette membrane qui sépare notre fragile foyer du vaste monde tempétueux me semble soudain illusoire ! Derrière les rabats, le ciel est noir comme jamais il ne l'a été depuis des semaines. Il se reflète dans les flaques qui se forment sur la plage. Le tonnerre arpente le firmament. J'essaie de lire, mais l'orage est trop absorbant, impossible de lui échapper. Nous échangeons nerveusement de piètres plaisanteries. Une oie solitaire glapit, expulsée sans ménagement des nuages.

Il pleut toute la nuit et, à notre réveil, ça continue. Au moins le vent est-il tombé. Je m'enfonce plus profondément dans mon sac de couchage et me dis que je pourrais passer la journée à dormir. Un peu plus tard, Ulli s'agite et jette un coup d'œil à l'extérieur. L'île a diminué de moitié. Le canoë flotte partiellement et le fleuve n'est qu'à quelques mètres de la tente. Ulli me secoue pour m'arracher à mon sommeil. La pluie tambourine sur la toile. Nous enfilons nos tenues imperméables et sortons affronter les intempéries.

Le déluge se poursuit sans relâche une semaine durant. L'équipement est trempé, la tente aussi, et notre humeur l'est également de plus en plus. La rive opposée disparaît dans la brume. Nous parcourons les trois cents kilomètres suivants sans apercevoir le moindre village. Nul camp de pêche, nul abri, rien. Nous restons assis dans la tente à faire d'interminables parties de cribbage et à lire chacun les livres qu'a apportés l'autre. Certains jours, il tombe tellement d'eau que nous sommes obligés d'écoper tout en pagayant. Les flots charrient sans cesse du bois flotté, d'imposants troncs d'arbre d'un tout autre ordre de grandeur que ceux que nous voyons autour de nous. Les petits affluents sont si encombrés qu'il serait plus facile de les remonter en courant qu'en ramant. Les garçons qui d'habitude récupèrent des rondins pour les revendre comme bois de chauffage – les attrapant au lasso depuis leur canot, comme du bétail qu'ils voudraient parquer dans un corral – gagneraient bien leur vie, mais les pêcheurs, eux, redoutent ce genre de temps : les débris causent des ravages aux filets fixes, les pitounes peuvent bloquer les tourniquets. La terre est détrempée et planter notre tente se révèle de plus en plus ardu.

Nous sommes exténués quand enfin nous trouvons un endroit où nous arrêter. C'est une île là aussi, mais une grande, cette fois, avec des saules dont les branches touchent presque le rivage. Il est préférable de choisir un terrain découvert afin que les grands mammifères aient le temps de nous voir au lieu de tomber nez à nez avec nous mais, comme nous pagayons depuis le petit-déjeuner, nous sommes fatigués, irritables, et puis le prochain terrain plat se trouve peut-être encore à des heures de navigation d'ici. Il y a une brève interruption de la pluie. Ulli en profite pour faire un feu avec des morceaux d'écorce de bouleau que nous avions gardés au sec dans un sac à glissière hermétiquement fermé. Je m'éloigne de la tente pour aller cueillir du thé du Labrador, une petite plante aux feuilles elliptiques et un peu charnues dont le dessous offre une couleur d'un brun rouille qui n'est pas sans évoquer celle de certaines chenilles ou de clous que l'on aurait laissés exposés aux intempéries. Elle donne des infusions au goût apaisant et aux vertus antiseptiques. On la trouve assez facilement, ce qui est une chance car je ne suis pas tranquille à l'idée de m'aventurer trop loin de notre campement. Je découvre quelques pieds de cette plante et prends plusieurs feuilles sur chacun avant de continuer mon chemin pour en chercher d'autres. À force d'être ici, j'en viens à développer des superstitions très intenses, parmi lesquelles celle-ci : si je m'attache à appliquer scrupuleusement ce qui est en mon pouvoir – ne pas laisser de traces, ne prélever sur chaque végétal qu'une partie de ce dont j'ai besoin pour ne pas entraver sa croissance, creuser un trou suffisamment profond pour déféquer –, alors j'aurais moins de risques d'être dévoré par un ours.

Tout cela est irrationnel, bien sûr, mais après tout les ours le sont tout autant. Nous avons avec nous une corne de brume et deux bombes de répulsif Yukon Magnum – du spray au poivre format industriel –, et je crois en général à l'efficacité des choses, mais tout cela paraît bien dérisoire et précaire pour qui sort d'une existence entièrement fondée sur des certitudes. Je me fie à mes sens et veille à les utiliser davantage qu'à l'accoutumée : j'explore les endroits où nous nous arrêtons pour y déceler des signes de la présence des plantigrades, je flaire l'atmosphère. Une fois, alors que nous déjeunons, nous avons tous les deux au même moment la sensation que nous ne devrions pas nous trouver là et, malgré le sentiment d'être un peu ridicules, nous nous hâtons de plier bagage pour reprendre l'eau. Allez savoir pourquoi. Peut-être un changement de direction du vent ou une baisse de la pression atmosphérique, ou encore la chute d'une branche dans les bois. Il est sans doute exagérément romantique d'imaginer que mes instincts engourdis, trop rouillés par leur sous-utilisation, puissent subitement se réveiller une fois placés dans les bonnes conditions. Mais après le retour des loups dans le parc, il n'a guère fallu de temps aux cervidés de Yellowstone pour se remémorer les comportements ancestraux. Percy Henry, à Dawson City, m'avait dit que le loup était le docteur de tous les animaux. Peut-être que pour nous c'est l'ours.

Cette quête de nouvelles formes de compréhension et de protection n'a rien de surprenant, lorsqu'on est dépouillé de sa façon rationnelle de prédire l'univers. Les premiers pionniers arrivés ici avaient l'impression de découvrir un monde d'avant les Lumières et, à leurs yeux, le savoir des Autochtones n'avait aucune valeur scientifique. Ici, personne n'évoquait directement un ours ; c'était toujours « le grand animal ». Et encore moins en présence d'une femme. Il était interdit à ces dernières ainsi qu'aux enfants d'en regarder un, car cela pouvait porter un immense malheur au village. J'ai rencontré dans une bourgade un homme, fraîchement débarqué, qui en parlait sans cesse, tant était vive la peur que ceux-ci lui inspiraient : « Un jour, un ours viendra frapper à sa porte pour lui dire : "Me voilà, puisque tu tiens tellement à me voir" », m'avait glissé un ancien.

Les Indiens Karuks de Californie se servaient exclusivement des arbres qui poussaient sur les montagnes les plus élevées pour fabriquer leurs lances de pêche, sinon les saumons risquaient de les voir. Si quelqu'un garde jusqu'au lendemain des yeux de saumon chez lui, alors toute la montaison disparaîtra. On prétend que des jumeaux de même sexe ont une affinité particulière avec les poissons. Dans leurs rapports, les missionnaires balayaient d'un revers de main ces visions animistes de la Création, qu'ils jugeaient primitives et prérationnelles, mais les colons pouvaient eux aussi partager l'idée que le saumon possédait une vie intérieure qui dépassait le stade simplement biologique. Chaque culture voit en lui sa propre approche du combat sisyphéen : pour les tribus de la côte Ouest, il incarne le sacrifice altruiste au service des générations futures ; pour les Européens, il est le symbole de l'individualisme farouche. Pour le gentleman-pêcheur, le saumon a toujours été un miroir qui lui renvoyait l'image de son propre flegme, avec sa mentalité de combattant prêt au sacrifice. Izaak Walton, auteur du *Parfait Pêcheur à la ligne*, écrivait que le saumon accomplissait « son devoir naturel », tandis que Dickens racontait comment « il se rue sur une cataracte tel un pur-sang de steeple-chase, revenant sans cesse à la charge, en vrai bon poisson britannique qu'il est ». C'est à la fois noble, désespéré, royal et sauvage. Un animal qui a un lien intime avec son pays natal, doté de l'énergie et de la détermination nécessaires aux grandes expéditions ; un animal qui accueille sa mort à bras ouverts comme un maître zen. Plus près de nous, il est devenu un emblème pour les activistes de la côte Ouest, un champion de la lutte contre les coupes claires et les barrages, un individu qui triomphe contre vents et marées, qui vainc le cours du progrès.

Chaque tribu de la région Pacifique a ses rites sur la manière dont doit être consommé le premier royal de la saison. Les Kwakiutls de l'île de Vancouver servent à leur chef ses yeux rôtis ; habillés en pêcheurs, les chamans du peuple des Tsimshians défilent dans le village en le portant sur un plateau d'écorce de cèdre fraîche. Les Aïnous du Japon utilisaient autrefois un gourdin cérémoniel en bois de saule pour tuer le saumon, et le premier de la saison était introduit dans la maison de celui qui l'avait capturé par une fenêtre spéciale aménagée pour cet usage ; on roulait ensuite un mélange de riz et de malt dans une feuille de bambou, qui était alors placée à côté de la tête du poisson. En Sibérie, au moment de la montaison printanière puis de la dévalaison automnale, les Nivkhes disposaient dans la rivière deux bâtons de saule entre lesquels ils mettaient à l'eau une petite barque en écorce de bouleau remplie d'offrandes de nourriture, dont du saumon. Chaque année à la mi-mai, Alaska Airlines envoie à Seattle depuis la ville portuaire de Cordova les premiers chinooks pris dans la Copper River. L'avion est peint comme un saumon, la queue dressée, les nageoires écartées. Un blog permet de suivre en direct sa progression. Sur la piste de l'aéroport de Seattle, on déroule jusqu'au cockpit un tapis rouge sur lequel les pilotes avancent en portant leur cargaison. Au bout du tarmac, devant la presse réunie, un concours départage ensuite plusieurs chefs qui préparent chacun un plat pour un jury composé de pêcheurs et de sportifs à la retraite.

Après avoir cueilli suffisamment de feuilles de thé du Labrador, je reviens au camp et pose la bouilloire sur le feu. Nous retournons décharger le canoë et, tandis que je regarde les traces d'un orignal dans le sable, Ulli lâche : « Il y a un ours. » Trouvant la plaisanterie déplacée, je lève les yeux et le découvre alors à mon tour.

Voilà si longtemps que j'anticipe ce moment qu'il s'apparente à une promesse enfin tenue. C'est un grizzly, ou un ours brun, le premier que nous voyons. *Ursus arctos horribilis.* Il devient le point de convergence de la journée. Avec son allure plissée, il est debout sur ses pattes arrière, aussi haut que les saules – il doit mesurer dans les un mètre quatre-vingts à deux mètres cinquante –, et il nous lorgne d'un regard de myope. Il est peut-être à cinq ou six mètres de nous. Les ours bruns et noirs peuvent être indifféremment noirs ou bruns : ce qui distingue le grizzly, c'est sa bosse et, contrairement au museau du noir, qui est arrondi, le sien s'allonge en un mufle, plus colley que labrador. Je ne saurais dire s'il s'agit d'un adulte ou d'un jeune : sur la côte sud de l'Alaska, où leur régime à base de saumon produit des bêtes énormes, un adulte peut culminer à trois mètres soixante, mais dans cette région, où ils se nourrissent principalement de baies et de racines, il sont parfois deux fois moins grands. Il a une telle *présence.* Par le truchement de cette nature sauvage, lui et nous vivons en quelque sorte la même expérience : c'est en les parcourant que nous nous sommes surpris mutuellement. Mon corps saisit la gravité de la situation de façon profondément instinctive.

J'avais cru qu'à la vue d'un ours, je serais partagé, déchiré entre la peur et le sentiment de connaître un instant privilégié. C'est une plongée au cœur de ce qu'ont pu expérimenter mes ancêtres mais, pour un homme occidental moderne, la situation est inhabituelle. La perspective de la violence est familière, mais il n'y a nulle trace de la méchanceté qui accompagne généralement celle-ci. De ce fait, les réactions des gens dans de telles circonstances ne sont pas prévisibles. Il y a des touristes qui donnent à manger aux plantigrades par la portière de leur voiture ; en 2012, dans le parc national de Denali, en Alaska, un photographe a été tué après s'être approché trop près d'un grizzly – dans son appareil, une série de photos intimes prises à moins de cinquante mètres. Mais je m'aperçois que mes instincts ne se sont pas trop émoussés. Dans un même élan, Ulli et moi levons les mains, puis poussons spontanément une sorte de rugissement primitif. C'est un réflexe inconscient. D'ailleurs, on nous a enjoint de ne jamais réagir ainsi et bien répété que, face à un grizzly, il fallait toujours avoir une attitude soumise. À la réflexion, je suppose que nous essayions juste de paraître plus gros. L'animal est interloqué. Il retombe à quatre pattes, fait demi-tour, dresse la tête et la retourne pour nous lancer un dernier coup d'œil, puis déguerpit au petit galop dans les broussailles avant de disparaître parmi les saules avec une délicatesse que ne laissaient pas soupçonner ses plusieurs centaines de kilos.

Dans ma poitrine, mon cœur bat la chamade. Mes mains se mettent à trembler. La plage est absolument déserte. Nous restons plantés là, le regard fixé sur l'endroit où il se trouvait, et s'il n'y avait ses empreintes dans la boue, j'aurais pu croire que nous avions inventé la scène. L'incident a dû durer dix bonnes secondes. Une oie cacarde, puis une autre. Nous empestons la peur. Nous plions bagage en quelques minutes, une tâche qui normalement nous prend des heures, notre mécanisme de vol encore en mode surmultiplié, et nous filons pour chercher une autre île. Peut-être qu'il y aura un ours sur celle-là également, mais au moins nous n'en saurons rien.

Nous nous réveillons tard, épuisés, aux accords étouffés d'une musique distante. On dirait une vieille chanson des Tokens. Le son est si faible, ou nous sommes si loin de tout, que j'y vois un effet de mon imagination. Je consulte la carte. Sur tout notre itinéraire, aucun autre point n'est plus éloigné d'un village : plus de cent cinquante kilomètres nous séparent de Tanana comme de Ruby. Je jette un coup d'œil à l'extérieur de la tente. Pas d'ours. Le temps est toujours engourdi et maussade. La musique doit tellement me manquer que j'en suis à entendre des rythmes battre dans le fleuve. On dirait incontestablement une vieille chanson des Tokens. *In the jungle, the mighty jungle* – « Dans la jungle, terrible jungle ». Nous passons la journée à traîner au campement, las, incapables de nous mettre en train, et quelques mesures nous parviennent encore de temps à autre, des Beatles, peut-être, ou alors des Bangles. Assis à boire mon café, je vois un Cessna s'élever au-dessus des épicéas de l'île située juste en face de la nôtre, suffisamment près pour que je distingue le pilote. Il me salue de la main. Je me penche en arrière, bouche bée, au moment où il nous survole.

Nous contournons l'île à coups de pagaie pour rejoindre la rive nord. Maintenant, c'est Bill Withers et « Ain't No Sunshine », au moment où la pluie recommence à tomber. Au bout du méandre, nous apercevons, plantées au sommet du promontoire qui se dresse devant nous, une manche à air pointé vers le sud et trois croix, assez grandes pour une crucifixion, qui se découpent sur le nuage bas. Nous amarrons notre bateau à côté d'une rangée de canots et grimpons la berge en direction de la musique.

Au sommet de la côte, le paysage est ouvert et rempli d'enfants. Ils grouillent sur l'herbe, cherchant à attraper des ballons de football américain ou des frisbees, se courant après. Ils sont peut-être une centaine, soit plus de monde que je n'en ai vu depuis longtemps rassemblé en un seul endroit. Ils braillent, poussent des cris aigus et se déplacent avec le plus total abandon, absorbés par leurs jeux, indifférents à l'averse. La musique provient de haut-parleurs accrochés dans les arbres. Derrière ceux-ci, le terrain est couvert de cabanes en rondins, certaines petites, d'autres énormes. Un terrain de basket entouré de gradins occupe le centre du site. J'avise un adulte, debout près des arbres. Je me dis que c'est peut-être leur esclave. Je lève le bras pour lui faire signe. Il me répond d'un geste de la main. Puis il attrape un frisbee et file en courant vers la forêt d'épinettes, poursuivi par plusieurs gamins.

Nous montons les marches du plus grand chalet, flanquées d'un panneau qui porte l'inscription « Porcupine Hall », et un homme sort du bâtiment pour nous accueillir, entouré d'une nuée d'enfants. Il respire la santé, semblant tout droit sorti des pages d'un magazine.

« Bienvenue à la colonie chrétienne, les amis ! » s'exclame-t-il.

Il se nomme Joey Katches et nous apprend qu'il appartient à la confrérie chrétienne de Foothill, à Meadow Vista, Californie. Un gosse blond qui saigne du nez agrippe le bord de son pull. Les autres sont tous des Autochtones.

« Vous deux, vous campez, ça se sent à l'odeur », nous dit une fille.

Joey lui ébouriffe les cheveux en un geste de réprimande affectueux, mais il ne peut nier cette vérité.

Il nous invite à partager le dîner avec eux. De longues tables sont alignées dans la salle, autour desquelles ont pris place quelque deux cents enfants, disposés approximativement par taille. Nous sommes installés avec les plus grands qui, âgés de seize à dix-huit ans, aident les moniteurs à s'occuper des plus petits. Ils sont originaires de Buckland, une localité du Nord-Ouest située non loin de la côte, à environ trois cents kilomètres d'ici et trois correspondances d'avion. Le repas se compose d'un plat de riz, poulet et chou, suivi d'un gâteau aux fraises d'un rose improbable. C'est l'anniversaire de Joey et nous chantons tous pour lui. Il a l'air aux anges. Pendant le dîner, nous jouons à un jeu : après avoir bu votre verre de jus de fruits, vous devez frapper deux fois la table avec et, si vous oubliez, vous avez un gage. Je veille à me plier à la règle. En face de moi, Billy, un grand costaud à la voix grave, au visage couvert de cicatrices et aux dents de travers, grommelle qu'il ne veut pas jouer.

« Tu as eu de mauvaises expériences par le passé ? » je demande.

Billy ne saisit pas la plaisanterie au sujet du jeu et imagine que c'est une astuce pour engager la conversation, laquelle ne manquera pas de faire ressurgir les traumatismes de son enfance, et il me fusille du regard. Et dire que c'est censé être un endroit sûr…

La colonie chrétienne de Kokrine Hills a été fondée en 1965 par des missionnaires de New York. Depuis 2009, elle est dirigée par Roger et Carole Huntington, deux natifs d'Alaska. Huntington est encore l'un de ces noms qui se répercutent tout le long du fleuve et que j'entendrai depuis Fort Yukon jusqu'à Kaltag. Roger, un Athabascan, est né à Koyukuk en 1944, et Carole, une Inupiaq, a vu le jour à Nome la même année. Ils vivent au camp à l'année, dans un chalet à un étage construit à l'autre bout de la clairière.

En 1988, Roger vécut deux évènements qui devaient bouleverser son existence. Cette année-là, son oncle mourut et sa tante lui demanda d'interpréter « Amazing Grace » à l'enterrement. Roger était croyant ; c'était le fruit de son éducation. Il avait été élevé dans un orphelinat par des prêtres catholiques après que sa mère avait contracté la tuberculose. Il affirme qu'ils ont abusé de lui au cours des trois années qu'il y a passées. Plus tard, quatorze membres de sa famille se suicidèrent. Même s'il croyait en Dieu, il n'éprouvait que colère envers Lui. Mais comme sa tante l'avait prié de chanter aux funérailles, il se dit qu'il pourrait tenter une nouvelle fois de comprendre ce que la grâce en question avait de si étonnant.

Il se rendit tous les jours à la bibliothèque pour lire la biographie de John Newton, le ministre anglican et abolitionniste auteur des paroles du cantique. Cette expérience fut une illumination. Roger avait connu la réussite comme chef d'entreprise et aussi comme activiste indigène, mais il avait de plus en plus la sensation que sa vie était creuse.

« J'avais un ego surdimensionné et un orgueil démesuré, avoue-t-il. À une époque, je possédais trois avions privés, juste pour mon plaisir personnel. »

Toujours cette même année, il survécut de justesse au crash de l'un de ces avions, s'en tirant avec des brûlures au troisième degré sur 60 % du corps. Sa peau en a conservé de terribles séquelles. C'est à cette époque-là que Carole et lui commencèrent à fréquenter l'église, avant de prendre par la suite la direction de la colonie. La route vers la guérison avait été longue et tortueuse et ils voulaient partager leur expérience avec des enfants qui avaient pu connaître des épreuves similaires. Roger cite Job 14:7 : « Car il y a de l'espoir pour un arbre : quand on le coupe, il peut encore repousser et donner des rejetons. »

Hormis Roger et Carole, presque toutes les autres personnes impliquées dans le fonctionnement quotidien de la colonie sont blanches et, pour la plupart, californiennes. L'une des exceptions est Delbert Mitchell. Né dans le village inupiat de Selawik, il est venu pour la première fois à Kokrine Hills en 2010. Il explique que la colonie est son deuxième chez-lui et que le seul été qu'il a manqué, c'était l'année précédente, quand tout a été annulé à cause des feux de forêt. Roger espère qu'à terme le camp sera géré par des Autochtones et, dans ce cas, Del serait un choix évident. L'intéressé dit prier pour cela. Après le dîner, il nous guide pour une visite des lieux. Il nous montre la salle d'expression artistique et la coulée de boue, la plage où ils vont se baigner et administrer les baptêmes. Nous voyons le stand de tir à l'arc, avec ses cibles en papier mâché qui représentent des caribous et des ours, mais aussi les nouveaux sanitaires, financés par la famille du pasteur Billy Graham, qui abritent la plus grande concentration de toilettes équipées de chasses d'eau sur tout le cours du Yukon. Je demande à Del ce qui peut bien attirer les gamins ici.

« Difficile à expliquer, répond-il. Mais à ce que je vois, ils sont entourés d'amour et d'attention. L'ambiance est sympa et ils ont l'occasion d'apprendre la Bible. C'est un endroit où ils sont en sécurité, ce qui n'est pas toujours le cas dans les villages. Loin de là. Certains villages sont vraiment durs et la vie y est difficile. »

Après sa première année à la colonie, Joey Katches invita Del à venir loger chez lui et son épouse, Amanda, à Los Angeles, où le garçon suivrait un cycle universitaire de deux ans. Nancy, une autre adolescente à côté de qui j'étais assis pour le dîner, m'a confié : « Je parlais à Joey et à Amanda par Skype quand ils vivaient en Californie. Ils m'écoutaient vraiment. » Ils téléphonaient souvent aux enfants de Buckland, avant de finalement décider de s'y installer avec toute leur petite famille. Nancy se rappelle combien elle était nerveuse lors de leur première rencontre. Elle ne savait pas s'ils se souviendraient de son nom, ce qui était à peu près la seule chose à laquelle elle pouvait se raccrocher. Mais à peine eut-elle franchi la porte de l'église qu'ils l'appelèrent. Depuis, elle vient tous les étés à la colonie.

Joey nous offre de passer la nuit ici. Vu les conditions météo, un lit bien au chaud n'est pas de refus. On nous propose de participer à la séance du soir. Comme nous n'avons pas de bibles, Del nous en trouve deux. Au son d'un air évangélique, le service commence par un photomontage de la journée projeté sur le mur de derrière. Gamins couverts de boue, gamins sur le mur d'escalade. Le cuistot dans les cuisines, hilare derrière ses énormes marmites. Gamins souriants, gamins qui s'étreignent, gamins qui se surprennent à repousser leurs limites. Un autre des Californiens, le visage rayonnant, joue quelques accords de guitare pour nous entraîner dans un cantique. *Tu es riche d'amour et guère porté sur la colère. Ton nom est illustre et ton cœur empli de bonté.* Puis il récite une prière.

« Nous sommes tous indignes, débite-t-il. Nous avons tous déçu Dieu. »

L'ai-je déçu ? me dis-je. Peut-être que oui. Ainsi soit-il, alors.

Paul se lève pour prononcer le sermon. Il compare Dieu à un parachute. « Si vous sautez d'un avion sans parachute, vous mourrez », déclame-t-il. Il a le crâne rasé, les yeux écarquillés. « Je viens de Russie, poursuit-il, où encore récemment les chrétiens étaient persécutés. Ils voulaient même tuer le dernier chrétien en direct à la télé. Mais vous savez quoi ? Aujourd'hui, il y a plus de chrétiens dans le pays que jamais auparavant. Nous finirons par l'emporter. »

Tout cela commence à être un peu pesant pour des enfants de huit ans qui se préparent à aller au lit. Paul parle de l'évolution. Il raconte que les scientifiques sont dans le déni et qu'ils ne suivent qu'eux-mêmes. Nous avons le choix entre suivre Dieu ou nous suivre nous-mêmes, ce qui équivaut à suivre Satan. Et nous échouons constamment à nous montrer dignes du nom de Dieu, à le suivre : seul Jésus y est parvenu. Il nous fait réfléchir au sens de deux mots : omniscient et omniprésent. Il tend une main vers le plafond et psalmodie : « Saint, saint, saint. » Il brandit sa bible d'un bras frémissant et poursuit en disant que s'il est une chose que nous devons garder de ce sermon, c'est que nous devrions tous trembler devant la parole du Seigneur.

« Demain, nous parlerons de la dépravation », conclut Paul.

Personne ne se souvient d'avoir vu le niveau de l'eau si haut en juillet. Les gens de la colonie ont marqué sur notre carte les endroits qui abritaient des plages plates se prêtant au camping mais, quand nous y arrivons, la plupart du temps il n'y a plus que le fleuve, qui bat contre les racines submergées des arbres. Depuis quatre jours que nous avons quitté Kokrine Hills, impossible de trouver un site où bivouaquer, et nous voilà donc encore en train de pagayer alors qu'il est minuit passé. Nous décidons de continuer jusqu'au village de Koyukuk, tant il nous paraît improbable de pouvoir nous arrêter avant. On nous a dit que Koyukuk était situé à l'écart du cours principal du Yukon, à près de deux kilomètres en amont de sa confluence avec la rivière du même nom, et que, pour nous éviter une longue remontée à contre-courant de cette dernière, nous pouvions emprunter un raccourci par Whontleya Slough, un bras mort du Yukon qui nous amènera juste en amont de la localité. (La légende veut que jadis tous les cours d'eau aient coulé dans les deux sens, vers l'aval d'un côté et vers l'amont de l'autre, mais, jugeant que cela facilitait trop la vie de la population, Corbeau fit en sorte qu'ils coulent uniquement dans la direction de la mer.) Les rives du Whontleya Slough sont rapprochées, offrant une litanie d'aulnes et de saules interrompue par l'irruption de fleurs ou d'autres arbustes. Un orignal nous épie cependant que nous dérivons au fil de l'onde. Devant nous, un grand-duc se décroche d'un arbre pour descendre le canal en vol plané. Il se pose plus loin sur une branche en surplomb et nous observe de sa tête de félin. Lorsque nous passons en dessous, le rapace redécolle avec des battements d'ailes aussi lents et réguliers que ceux d'un cœur pour s'envoler sans bruit, éphémère comme une ombre, entre les épicéas blottis sur la berge à côté de nous. Chaque fois il se perche pour nous attendre le temps d'une halte, puis il repart. Masse de plumes farouche qui darde sur nous son regard acéré comme une aiguille. Par la suite, une ancienne m'expliquera que, contrairement à la croyance populaire selon laquelle les hiboux apporteraient le malheur, ils sont en réalité porteurs de tout. Elle affirme que les gens ne savent plus entendre ce qu'ils disent – mais comme ils parlent de toute façon athabascan, même s'ils pouvaient les entendre, ils ne les comprendraient pas.

« La dernière fois qu'un hibou a parlé à quelqu'un, c'était en 1973, raconte-t-elle. Et c'était à Walter Nelson et à son fils. Mais Walter s'est mis en colère et il l'a effarouché, et c'est cet hiver-là que son fils est passé à travers la glace. Et vous savez, on ne l'a jamais retrouvé. »

Quand, après quelques heures de navigation, nous ressortons du bras mort, le vent souffle fort. Il reste environ une heure avant l'aube et la nuit est d'un bleu lugubre tandis que brillent, sur la rive opposée, les lumières de Koyukuk. Que ce serait doux d'y être ! Mais la rivière est plus large que je ne l'aurais cru, près d'un kilomètre d'une berge à l'autre, et, en cet instant, un kilomètre nous semble vraiment être une distance insurmontable. Bien à l'abri à l'embouchure du Whontleya Slough, nous contemplons les vagues qui déferlent, chassées par les rafales de vent qui les décoiffent en poussière d'écume. Au fur et à mesure de notre prudente progression le long de la berge friable, au sol saturé de pluie et aux saules impénétrables, il devient évident que nous devrons soit tenter de rallier le village, soit passer toute la nuit assis dans le canoë. Nous mangeons un peu de chocolat en discutant de la conduite à tenir, mais il n'y a pas grand-chose à discuter. Si nous restons là, nous serons sans aucun doute trempés jusqu'aux os et en bien piteux état le matin venu. La traversée demeure une inconnue. Le grand-duc était peut-être de bon augure.

C'est la houle la plus violente que nous ayons eu à affronter jusqu'ici. Nous nous arc-boutons tous les deux, poussant fort sur nos pagaies. Installée à la poupe, Ulli dirige le canoë, droit devant, de sorte que les vagues se brisent sur la proue, où je plonge profondément mon aviron dans les flots, tirant énergiquement pour nous faire avancer. Nous volons sur l'eau. Nous grimpons chaque crête, avant d'en dégringoler pour partir à l'assaut de la suivante. Nous trouvons notre cadence, à l'unisson. À chaque déferlante qui s'écrase sur notre embarcation, nous prenons des paquets d'eau et je suis déjà mouillé de la tête aux pieds. À l'arrière, Ulli écope. Après avoir dépassé le milieu de la rivière, nous commençons à croire que nous allons y arriver. Et, malgré l'effroi que je ressens, je me rends aussi compte que je m'amuse comme un fou. Nous nous encourageons mutuellement à grands cris. Nous nous mettons à chanter. Étrangement, l'eau nous paraît chaude. Les lumières de Koyukuk se rapprochent, puis nous parvenons enfin aux hauts-fonds avant de gagner la plage, hilares, euphoriques, sains et saufs. Un peu plus loin sur la berge, des adolescents qui font tourner un joint nous observent – ces créatures que la rivière vient de rejeter sur la plage – pendant que nous nous hissons avec difficulté sur la grève, gloussant encore, avant d'y planter notre tente.

Il s'avère que nous avons accosté juste au moment où se déroulait l'un des tournois de base-ball de l'été. Six villages qui, le week-end venu, forment leurs équipes et parcourent des centaines de kilomètres en bateau pour aller manier la batte : Nulato, Ruby, Koyukuk, Huslia, Galena et Kaltag. L'évènement est prétexte pour les gens à traîner ensemble, pour les familles à se réunir et pour les jeunes à fricoter. Les canots sont serrés, plat-bord contre plat-bord, le long de la rive. La pluie ne s'arrête pas. Elle forme des flaques sur les bâches qui abritent les gradins, dégouttant par les trous de la toile. « K-O-Y-U-K-U-K », scande la foule sur les bancs. « Les Koyukuk Raiders, c'est les meilleurs ! » Les batteurs glissent dans la boue, étirés de tout leur long.

Les garçons mâchonnent leur chewing-gum en plastronnant et regardent les filles, furtivement, qui les regardent à leur tour. Nous pourrions être dans n'importe quel bled d'Amérique. Les Koyukuk Raiders et les pom-pom girls, les Raiderettes, sont tout de bleu vêtus, le dos de leur sweat-shirt à capuche orné d'un Indien de western, avec coiffe de plumes d'aigle et nez aquilin. Les femmes du village apportent sans relâche de la nourriture sur les tables et tout le monde se sert. Rôti de castor, soupe d'oie, soupe de cœur d'orignal, sandwichs à la mortadelle, gâteau glacé, chocolats. Il y a du saumon en quantité. Et aussi un gros percolateur plein de café.

Nous demeurons quelques jours à Koyukuk pour assister aux rencontres. Le soir, nous flânons à la lueur des réverbères dans les rues que parcourent en incessants allers et retours les quads bondés de passagers. Il règne une effervescence alimentée par l'alcool, la sensation qu'il se passe quelque chose en ville. Des feux de joie brûlent autour du terrain. Les jeunes traînent au lavomatique, où ils peuvent recharger leurs portables. Au bout de la rue, un bal s'achève dans la salle des fêtes. Les gens sont assis sur des bancs adossés aux quatre murs du bâtiment alors que l'orchestre, entièrement constitué d'enfants du pays, joue sur une petite scène nichée dans un coin. Un poêle à bois occupe un autre angle et, sous son plafond dont le placoplâtre s'effrite, on devine que cette salle a connu maintes soirées similaires à celle-ci. Sur une cloison, une affiche proclame : *C'est le saumon qu'il faut fumer, pas les cigarettes*. Nous nous asseyons à côté d'un homme qui se présente comme Eddie. Je lui demande comment les gens dansent par ici.

« Vous vous trouvez une cavalière, et voilà : c'est ça, danser », répond-il.

Le groupe entonne une reprise de « Wagon Wheel », le tube d'Old Crow Medecine Show, hymne alaskien s'il en est. *Oh, les hivers du Nord me filent le bourdon / J'ai perdu mon fric au poker alors fallait que je mette les voiles.* Les uns après les autres, les couples rejoignent le centre de la pièce et s'enlacent tout en tenant leurs canettes de Miller Lite. Quelqu'un éteint les néons. L'harmonica pleure. J'entends des anciens se lamenter entre eux qu'on n'entende plus de violon dans la musique d'aujourd'hui, mais ce sont pourtant principalement des gens de leur âge qui occupent la piste. Les jeunes sont assis autour, l'air gêné, garçons et filles séparés de part et d'autre de la pièce. Les danseurs se trémoussent comme ils en ont envie. Eddie rayonne de joie et agite les bras dans tous les sens. Le guitariste prend ses aises dans un long solo, dont profite le chanteur pour allumer une cigarette. « C'est un bâtiment financé par le gouvernement fédéral. Éteins ça ! » crie un papy par-dessus la musique. Se retrouvant assis entre deux chaises, entre le rock'n'roll et le respect des aînés, le chanteur tire une longue bouffée et, après une hésitation, écrase la cigarette sous sa botte. *Alors chahute-moi, cocotte, comme une roue de chariot / Chahute-moi, cocotte, autant qu'il le faut / Hey, cocotte, chahute-moi.* Ulli et moi dansons, faisant éclore les sourires sur les visages de l'assistance. L'euphorie qui flotte dans l'air est palpable. Quand l'orchestre marque une pause, tout le monde sort pour se rassembler par petits groupes sous les réverbères dans un nuage de fumée de cigarette. Nous regagnons ensuite notre tente pour nous coucher, dormant par intermittence, écoutant les gamins qui, sur la rive, se passent une bouteille dans la lueur de l'aube tout en hurlant à la face de la rivière leurs rêves adolescents.

Enfin le soleil apparaît. Je regarde quelques parties de base-ball, puis je vais me promener et, à mon retour au camp le soir, j'aperçois une femme qui nage avec quelques mômes, tous équipés d'un gilet de sauvetage. Depuis un banc installé sur la berge, Lucas et Billy observent la scène. Lucas, le torse nu et glabre, a vingt-huit ans. Il a une bouteille de R&R (Rich & Rare, un whisky canadien) coincée entre le bas de son dos et la ceinture de son jean, à la façon d'un revolver de gangster. Ses tétons sont durcis par le vent qui souffle de la Koyukuk River et sa peau, potelée comme celle d'un bébé, est entièrement hérissée par la chair de poule. Il a les yeux légèrement enfoncés. Billy a le sourire plus avenant, c'est le petit frère de Ruth, la femme qui se baigne. Il a son neveu de huit mois sur les genoux et une autre bouteille de R&R à moitié vide posée à côté de lui. Il me confie que c'est son anniversaire : aujourd'hui il a vingt ans. Je viens d'acheter de la glace, gourmandise rare pour nous, mais l'épicerie ne vendait que des gros pots de près de quatre litres et je suis content de pouvoir la partager avant qu'elle fonde. Billy me tend la bouteille en échange.

« Un petit coup ? » propose-t-il.

Je lève la main et refuse de la tête.

« Ça réchauffe le ventre, m'encourage-t-il. C'est quoi, le problème ? T'es chrétien ? »

Évasif, je hausse les épaules en guise de réponse. En vérité, on m'a conseillé d'être prudent avec l'alcool par ici, et je ne sais déjà pas trop comment cette soirée pourrait se terminer. Les cadeaux facilitent le lien et on est censé rendre la pareille, mais je préfère avoir les idées claires, selon l'évolution de la situation. Billy avale une lampée et affiche un grand sourire. Tant pis pour moi.

« Il paraît qu'à vingt et un ans on trouve ça moins bon, poursuit-il. Quand on n'a plus besoin de se cacher.

– Ça fait des semaines que je picole, dit Lucas au moment où Billy lui glisse la bouteille. Des semaines que j'ai la tête qui tourne. Quand je commence, j'sais pas m'arrêter, tu vois ? Avant, je bossais dans les bois ; on coupait des pare-feux, mais on a tous été licenciés. C'était il y a quinze jours, peut-être. La boîte a fait faillite, je suppose. »

Billy est de bonne humeur et a envie de bavarder. Il veut savoir combien coûte une paire de baskets à Londres. Il n'arrive pas à croire que l'âge légal pour consommer de l'alcool en Angleterre soit dix-huit ans. Il veut ensuite savoir si j'ai rencontré son cousin à Fort Yukon. Il m'expose son projet d'y monter un élevage de bétail : et le faire quelque chose de sa vie, explique-t-il, et le faire pour le village. Billy sait déjà où trouver le terrain et quel type d'animaux il veut. Il faut que son affaire soit lancée avant que tout parte en couille, insiste-t-il.

« Putain, c'est la première fois que je parle avec des gens de l'extérieur », constate-t-il.

Ulli lui demande pourquoi il a la conviction que tout va « partir en couille ». Il prend une longue et profonde inspiration.

« Les gens prennent tout et ne préservent rien, commence-t-il. On voit les grands dirigeants du monde et ce qui arrive à la planète. On sait qu'il faut qu'on se débrouille tout seuls. Y a que nous autres, dans ce pays. On doit protéger nos terres. Protéger nos rivières. Pas d'ordures, ici. On respecte cet endroit. Faut qu'on empêche les chasseurs blancs de venir. »

Il me jette un coup d'œil, jaugeant son auditoire.

« On vous laisserait passer. Les gens qui voyagent, comme vous, y a pas de souci. Vous n'avez pas d'armes. »

Ruth est à présent sortie de l'eau. Elle a le bébé sur les genoux et prend des comprimés, un médicament qui m'est inconnu. Deux pilules et une gorgée d'alcool. Elle les passe aux autres. Les enfants s'amusent à quatre pattes sur la plage. Vêtu d'un T-shirt Spider-Man, le garçon utilise ses pouvoirs de super-héros pour envoyer d'un coup de pied du sable dans les yeux de la fille, qui se met à pleurer. Ruth l'attrape.

« T'es vraiment qu'une petite merde ! » crache-t-elle.

Les pleurs de la fillette redoublent et elle file se cacher dans les broussailles. Ruth boit du thé glacé pour faire descendre son whisky, puis grimace.

Le soleil se couche, un autre orage se prépare. Les gamins sucent des bâtonnets de glace à l'eau dont ils jettent l'emballage dans la glacière, entre les canettes de bière et les cigarettes. Les deux garçons fanfaronnent avec des anecdotes de virées en bateau en étant bourré, de chavirages et de noyades évités de peu, de pêche illégale d'une espèce ancienne appelée saumon à pois bleus. Les bras de Lucas présentent un entrelacs de tatouages maison, dont plusieurs se décolorent déjà : sa date de naissance, le signe de la Balance, un grizzly, le prénom d'une fille. Le mot « Athabascan » écrit en italiques sur sa nuque.

« Y a de la contrebande de saumon, déclare-t-il. Tout le monde sait ça. »

Il me dévisage pour voir comment je vais réagir.

« Avant, je pratiquais la pêche illégale, se vante-t-il encore. Trente-neuf boules la livre. Une année, j'ai gagné dix-sept mille dollars. J'en ai expédié dans le monde entier.

– C'est peut-être mon cousin, mais y raconte que des conneries », raille Ruth avec un sourire oblique.

Lucas l'ignore. Il sort un sac de lamelles de saumon.

« Vous voyez ça ? demande-t-il. Eh bien ça, c'est vingt boules. »

Il me tend le sac et je me sers, content d'avoir quelque chose à accepter.

« Partout dans le monde, les gens en ont rien à foutre de la surpêche, poursuit-il. Alors pourquoi on devrait s'en soucier ici ? »

Le long du Yukon, chaque village a sa propre politique concernant l'alcool, votée par le conseil tribal. Tanana en autorise la vente : on y trouve un magasin de vins et spiritueux, mais ses horaires d'ouverture sont si peu pratiques qu'une beuverie prolongée réclame une certaine organisation. Celui qui approvisionne Koyukuk est un drive-in situé cinq kilomètres en aval sur la rive nord, le bien nommé Last Chance, qui est de fait le dernier habilité à vendre de l'alcool sur le fleuve. D'autres localités, comme celle d'Anvik, en aval, ont une position intermédiaire sur la question. Il est légal de posséder de l'alcool, mais pas d'en vendre et il y a des limites à ce que vous pouvez commander.

À Anvik, celle-ci est de huit bouteilles d'alcool fort, cinq caisses de bière et quatre bouteilles de vin par personne et par mois. La marchandise est débarquée du chaland par chariot élévateur. La plupart des villages sont prohibitionnistes. Derrière le comptoir, bombes de laque et produits d'entretien garnissent les rayons et le marché est régi par la contrebande. Le prix d'une bouteille de R&R doit être de dix dollars à Anchorage, de trente ici, de cinquante à Anvik, et il peut grimper jusqu'à deux cents dans les bourgades de la côte, où l'alcool est interdit. Cette politique est à peu près aussi efficace de nos jours qu'elle l'a été la dernière fois où elle a été appliquée historiquement. Plus vous payez, plus ça doit valoir le coup.

En 1984, Harold Napoleon, chef du village de Hooper Bay, à environ cent cinquante kilomètres au sud de l'embouchure du Yukon, a battu son fils de quatre ans à mort. Il était tellement soûl qu'il ne se rappelait plus l'avoir fait. Pendant qu'il purgeait sa peine, il a écrit un essai intitulé « Yuuyaraq : la voie de l'être humain ». Il y décrit la prison comme un laboratoire qui offre la possibilité d'étudier les Autochtones incarcérés pour abus d'alcool, lesquels constituent la majorité des détenus. Harold Napoleon ne croit pas que la prédisposition des siens à l'alcoolisme soit le fruit d'un caprice malveillant de la génétique. Cette théorie jadis répandue a été développée par les Blancs, qui pensaient mieux tenir l'alcool, mais elle était davantage fondée sur des hypothèses colonialistes que sur la biologie. Comme l'Histoire, les légendes liées à l'alcool sont écrites par les vainqueurs. Mais bien que ce postulat soit aujourd'hui infirmé, j'ai rencontré de nombreux natifs qui y croient encore. La véritable cause, selon Napoleon, n'est pas d'ordre physique, mais spirituel. Et si le mal est d'origine spirituelle, alors le remède doit l'être également.

En 1900, une épidémie de grippe – dont le virus avait été apporté par les missionnaires et les mineurs – se propagea à Nome avant de gagner tout l'Alaska. 60 % des Esquimaux et des Athabascans finirent par y succomber. Puis en 1918, la pandémie de grippe espagnole décima la moitié de la population de Nome. Les *angalkuqs* – chamans, sorciers, détenteurs de la culture et de l'esprit – se trouvèrent démunis face à sa propagation. Tout ce qui avait permis aux tribus de survivre pendant des millénaires dans l'un des environnements les plus hostiles de la planète – leur médecine traditionnelle, leurs guérisseurs, leur spiritualité et leurs histoires – se désagrégeait devant cette nouvelle force. La maladie venait de l'invasion d'esprits maléfiques, écrit Napoleon, des esprits maléfiques que leurs *angalkuqs* étaient impuissants à apaiser, des esprits maléfiques qui frappaient tellement de gens que ce devait être le Mal en personne. Ce devait être parce qu'ils le méritaient, peut-être.

Une nouvelle génération, orpheline de ses traditions, emplie de chagrin, abandonnée, sans racines, naquit des cendres de la précédente. Il ne fut guère difficile aux missionnaires de la convaincre que les traditions en question étaient païennes. Les Autochtones étaient en état de choc. Ils venaient d'enterrer leurs enfants, leurs parents, leurs amants. Ils n'avaient plus de boussole. Ils se sédentarisèrent, ils cessèrent de danser, et ils se mirent à prier. Lorsque les enfants prononçaient les mots de la langue ancestrale, les nouveaux venus leur fermaient la bouche avec du ruban adhésif ou la leur lavaient avec du savon. Harold Napoleon explique que les anciens intériorisaient leur culpabilité, leur souffrance, les scènes indicibles dont ils avaient été les témoins. Il compare leur situation à celle des jeunes soldats de retour du Vietnam.

L'alcool est arrivé avec les pêcheurs de baleines ; la ruée vers l'or le fit couler à flots. Pour des âmes plongées dans de si profondes ténèbres, c'était le seul remède qui restait, la seule chose paraissant avoir un semblant de sens dans un monde qui par ailleurs se délitait. Maladies et famines continuèrent à se répandre jusque dans les années 50.

Les alcooliques élevaient des enfants non désirés et maltraités qui, à leur tour, deviendraient alcooliques. Et en dépit d'une amélioration des conditions matérielles de la population à partir des années 60, les symptômes ont persisté, retombées du mal originel. En Alaska le taux de viol est trois fois supérieur à la moyenne nationale et celui des enfants victimes d'abus sexuels presque six fois. La moitié des femmes de l'État ont subi des violences sexuelles ou conjugales. Le taux de suicide des Autochtones y est plus élevé que celui de n'importe quelle ethnie des États-Unis et de tout autre pays du monde.

Billy, le regard désormais trouble, se penche vers moi avec un air de connivence masculine et me demande :

« T'es allé à Fairbanks ? T'as pas vu cette Latina ? Meeerde ! Moitié latina. Je me la taperais bien. »

Il a les yeux perdus dans le lointain.

« Tu veux une meuf ? poursuit-il. Je peux t'en trouver une. La dernière que je me suis faite, elle montait dans mon bateau et me suçait pendant que je pêchais. Elle se mettait à quatre pattes, comme ça. Une vraie vicelarde, vieux. Une vraie vicelarde. »

Ruth crache la fumée de sa cigarette.

« Tu ferais mieux de pas trop faire le malin, parce que vous êtes sans doute parents », ironise-t-elle.

Nous éclatons de rire et la tension retombe l'espace d'un instant. Billy nous considère en clignant des paupières tandis qu'il réfléchit.

« Vous vous foutez tous de ma gueule, dit-il. Si vous vous foutez encore de moi, j'vais peut-être avoir envie de cogner. »

Je vais rejoindre Ulli, assise près de la tente, à l'écart du groupe. Billy ne cesse de me lorgner d'un œil noir. Ruth a posé une main apaisante sur sa poitrine. Ils parlent entre eux mais le vent m'empêche de les entendre. Le son des pleurs du bébé nous parvient depuis leur pick-up. Lucas s'approche et me passe le bras autour des épaules, puis il m'attire contre lui d'un geste possessif, le visage un peu plus près qu'il ne devrait l'être, une cigarette non encore allumée collée sur sa lèvre inférieure, battant au rythme de ses paroles. Il émane de lui une odeur douceâtre, mélange de sueur et de fumée ; ses cheveux sont mous, son front luisant, et il m'indique une cicatrice sur son flanc, près du ventre, une vilaine balafre plissée.

« Tu vois ça ? lance-t-il. Mon pote m'a tiré dessus. Mon meilleur pote m'a tiré dessus. »

Il me dévisage. Je ne sais pas quoi répondre.

« Mais j'ai survécu, continue-t-il. Je lui ai tiré dessus à mon tour. Je l'ai descendu.

– Je suis désolé, fais-je d'une voix faible.

– J'm'en suis tiré, heureusement. Légitime défense, souffle-t-il en papillotant des paupières. Ça t'arrache les tripes, quand tu tues un homme. J'y pense tous les jours. »

Je ne saurais nommer la menace, mais elle est présente, comme une matière palpable. Il laisse son bras retomber de mes épaules.

« Mais on va pas parler de ça », conclut-il.

Il recule d'un pas, allume sa cigarette et me scrute intensément pour voir ce que je vais dire. Il attend quelque chose de moi. Je me hasarde à bredouiller :

« Ça a dû être terrible. »

Il part d'un rire tonitruant et me donne une grande claque dans le dos.

« Je blague ! s'exclame-t-il, les yeux toujours rivés sur moi. Tu ne penses quand même pas que je serais capable de tuer quelqu'un, hein ? »

Je souris et m'efforce de rire avec lui. Il s'éloigne d'une démarche mal assurée et, lorsqu'il revient, il porte un peignoir d'enfant en éponge rose pour se protéger du froid. On dirait un boxeur avant le combat. Je perds le fil de ce qui se passe. J'ignore où sont les gamins. Billy s'avance vers la tente en titubant, l'affront antérieur visiblement oublié. Il est résolu à me trouver une nana. Il jette à Ulli un regard lubrique.

« C'est ça que tu te tapes ? »

Il me demande si je ne voudrais pas échanger avec sa cousine. Apeuré, je marmonne une vague réponse. Il empile de grosses bûches sur le feu, qui crache dans les fines branches des broussailles et vers la tente des étincelles, attisées par le vent qui se lève. Je tente d'ajuster leur position, mais il me rembarre d'un ton sec.

« Un feu, c'est comme un bébé, psalmodie-t-il. Faut le nourrir. »

Lucas s'est assoupi. Un canot dont les amarres se sont détachées passe devant nous, suivi quelques minutes plus tard par un autre parti à sa poursuite. Les hommes crient, rient, boivent.

Et soudain la pluie arrive. Elle crible la plage de taches noires ; le feu chuinte comme une bête blessée.

« Punaise ! » lâche Billy, les yeux plongés au cœur des braises.

Ruth tire le bras de Lucas pour le réveiller. Des éclairs lézardent le crépuscule. Le trio file s'abriter dans le pick-up en trébuchant. Ulli et moi rejoignons la tente et nous couchons, adjurant le moteur de démarrer. Il se met enfin en marche et son cognement régulier résonne pendant quelques instants, puis nous l'entendons s'éloigner.

Plus tard, dans le noir, je me réveille. Des phares illuminent la tente.

« Ohé ? gémit Billy. Vous êtes là ? »

Je ne réponds rien.

« Où est passée ma sœur ? » dit-il.

Je l'épie par les rabats de la tente, éclairé par les feux d'un quad, son T-shirt trempé collé à la peau, planté là comme s'il avait oublié jusqu'aux choses les plus élémentaires sur sa personne. Il balaie l'espace du regard. Et tandis que je l'observe, il sort un sac en plastique de sa poche, se laisse tomber à genoux et, tâtonnant dans des vapeurs de pluie, de ténèbres et d'alcool, il entreprend de ramasser les ordures.

Voilà une semaine que nous avons quitté Koyukuk. Le Yukon change, sillonne le continent tel un rôdeur, traquant la mer au gré de ses humeurs et caprices depuis divers points stratégiques. Il grignote ses rives et, aux endroits où le permafrost les a travaillées, le sol s'effrite par plaques qui tombent dans un bruit d'éclaboussement dont les échos nous parviennent par-dessus la surface des flots. Là où les arbres s'approchent trop des berges, ils deviennent bancals, leurs racines pointant sous les surplombs, suspendues entre ciel et terre, de sorte que, du fleuve, on a l'impression d'une coupe transversale du monde tel qu'une créature souterraine pourrait le voir. Ils penchent selon des angles de plus en plus impossibles comme s'ils étaient en train de basculer au bout d'un tapis roulant, uniquement tenus par une poignée de racines secondaires, se projetant si loin que nous naviguons au-dessous de cette phalange de trompettes levées en notre honneur.

L'air est empli d'effluves humides et féconds, les entrailles de la terre mises à nu. Ruisselantes et d'un noir de tourbe, parcourues par une couche de glace crasseuse qui brille d'un éclat terne. Que le fonctionnement interne de la croûte terrestre paraît simple, maintenant ! Comme lorsqu'on dépouille un animal et que très rapidement se dissipe l'illusion qu'il est un être vivant, un lapin ou un orignal, pour n'être plus qu'une masse de chair. Nous dépassons le site de Palisades, où des défenses de mammouth surgissent de la paroi et où le vent charrie l'odeur fétide de ces corps de mammifères du pléistocène en décomposition, exposés à la lumière après une centaine de milliers d'années. L'immensité de ce lieu semble le prédisposer à la destruction. Au ravinement de ses berges, à l'affaissement de ses falaises, aux assauts massifs des incendies, autant de ravages presque sans impact sur le paysage.

En face, au creux d'un méandre où le courant est moins fort, le limon apporté depuis des sommets distants de plus de mille cinq cents kilomètres remplace ce que l'érosion a fait disparaître. Jadis, Holy Cross se dressait sur la rive droite du Yukon et les vapeurs à aubes jetaient l'ancre au pied du village. À présent le fleuve a reculé de près d'un kilomètre et la seule façon de gagner la localité par bateau est d'emprunter les eaux paresseuses de Ghost Creek Slough.

Trois grues du Canada se tapissent dans les hautes herbes des bancs de sable qui se sont constitués à l'embouchure du bras mort, et l'on voit leurs têtes apparaître par intermittence au-dessus des fourrés, le rouge vif de leur calotte tranchant sur le blanc de leurs joues, drapeaux japonais aux yeux ronds et perçants. Leur chant monte en bouillonnant le long de leur immense cou pour avertir leurs congénères de notre présence. Ce sont les oiseaux les plus anciens de la planète : l'étude de leurs fossiles a permis de dater leur apparition à deux millions et demi d'années, soit deux fois plus que la plupart des autres espèces à plumes vivantes et, en les voyant, on comprend davantage le lien entre oiseaux et dinosaures. Les grues déplacent leur corps fuselé avec la contenance hautaine du lézard et quand, ne pouvant plus supporter notre présence, elles décollent enfin, elles ont une telle envergure et un vol si pesant que son processus apparaît moins mystérieux, comme si elles se hissaient dans le ciel, une main après l'autre. Nous les regardons s'élever, lançant toujours leur cri modulé et claquetant, et planer au-dessus de la surface afin d'atterrir un kilomètre et demi plus loin, sur la berge opposée.

Dans Ghost Creek Slough, les rives sont rapprochées et nous voguons sous les tonnelles que forment les peupliers de l'Ouest. Nous nous laissons dériver et lançons nos lignes. Quand le courant est plus indolent et que le limon sombre vers le fond, il est possible de pêcher ; ici les poissons peuvent voir les appâts scintiller. Un martin-pêcheur est perché au sommet d'un épicéa mort. Le niveau du fleuve est si haut qu'il s'infiltre dans les bois. Des polypores orange vif poussent sur les chicots des saules morts ; une bouteille de vodka vide flotte entre les arbres. Devant nous, la surface est légèrement agitée, une fine ondulation dans le sillage de quelque créature qui se meut juste au-dessous. Un poisson, sans doute. Et alors que je me demande quelle espèce peut bien fendre ainsi l'eau, l'animal vient heurter le côté du canoë.

Il rebondit et je le distingue alors clairement. C'est un saumon, un rose, celui que l'on appelle par ici un bossu. Ou plutôt c'était. Nous en avons aperçu pour la première fois il y a deux jours de cela, en doublant les falaises de Bishop Rock : ils nageaient par milliers dans le vaste remous, avec leur protubérance qui affleurait l'onde, produisant l'impression que le fleuve était en ébullition. Mais ceux-ci étaient en bonne santé, l'argent de leur robe éclatant, et ils étaient en pleine montaison. Le nôtre est monstrueux. Son corps a la couleur des yeux d'un aveugle, pas blanc à proprement parler, mais comme si on le voyait à travers le voile translucide de la cataracte. Ses yeux nous renvoient notre regard, sans ciller, aussi vides que le reste, et ses flancs portent de vilaines plaies grisâtres autour desquelles pendillent des lambeaux de peau flasques. Sa bosse est ridiculement disproportionnée et la partie de son dos qui s'étend de la tête à la nageoire dorsale est si difforme que la masse émergée égale l'immergée. Son bec crochu est figé dans une grimace qui se situe quelque part entre le rictus mauvais et le sourire lubrique tandis que ses ouïes sont encombrées de champignons, lui imposant de haleter telle une bête qui respirerait à travers de la ouate.

De toutes les espèces de saumon, le rose est celui qui a la durée de vie la plus courte, puisqu'il suit un cycle strict de deux années. C'est également le plus petit, pesant en moyenne un peu moins de deux kilos trois. J'en avise un deuxième, puis un troisième, puis des centaines. Plus nous progressons le long du bras mort, plus il y en a, partout autour de nous. Des nuées de poissons, bouffis, pleins d'air, rugueux, flottant à la surface. Quelques-uns mourants mais la plupart déjà morts, pâles et rigides, seuls la queue ou le nez dépassant des flots. Enchevêtrés dans les roseaux submergés, la gueule pétrifiée dans une expression d'incrédulité. De grosses meurtrissures sont visibles autour de leurs yeux et de leurs narines, mais également sur tout leur dos. Beaucoup ont déjà le corps dévoré par les algues, mousse verdâtre qui en estompe les contours. Là où les castors ont érigé des barrages sur le bras mort, le canal navigable se réduit comme peau de chagrin et, à ces endroits, les cadavres de saumons s'amoncellent sur les berges. À l'aide de nos pagaies, nous nous frayons un chemin au milieu de ce charnier tandis que, dans notre sillage, résonne le bruit sourd de leurs corps contre les flancs du canoë et que l'air est empli d'une odeur de marché aux poissons, mêlée à celle de la charogne. Au terme de la remonte, leur dessein accompli, dépourvus de l'énergie nécessaire pour lutter contre les maladies, ils vont ainsi dériver dans un état de décomposition graduelle et leur vie ne s'achèvera pas en un dernier souffle, mais elle se fondra petit à petit dans la mort.

Une fois à Holy Cross, nous bivouaquons près de Ghost Creek Slough, dont les rives recouvertes de poissons pourris et de diverses immondices empestent tout le bourg quand le vent souffle d'une certaine manière. Les saumons roses n'ont pas frayé à cet endroit. Ils sont arrivés en provenance d'un autre lieu et jamais auparavant on ne les avait vus dans ces eaux. Personne ne sait quel est leur but, la signification de tout cela. À notre réveil, une brume épaisse nous enveloppe. Nous sommes le 10 août mais un vieil homme croisé devant le bureau de poste m'assène avec autorité que l'automne est déjà là et que l'hiver sera rude, avant de s'éloigner d'une démarche traînante, comme happé par l'obscurité. Des quads passent à la limite de mon champ de vision. La population de cette localité à cheval entre les territoires des Indiens Athabascans et des Esquimaux Yupiks offre un mélange des deux peuples. Le clocher de l'église, de style orthodoxe, se presse contre le bas-ventre des nuages – les missionnaires russes furent les premiers Blancs à s'aventurer jusqu'ici dans les années 1840. Connie Demientieff me reçoit dans la pièce d'où elle gère avec son mari une société de guides touristiques et dans laquelle deux messieurs venus de l'Oregon pour pêcher le brochet regardent les Jeux olympiques à la télé, l'air chagrin, en attendant que le temps se lève pour permettre à leur avion de décoller. Elle m'explique que si je veux réellement rencontrer un expert de la pêche dans le Yukon, alors je dois aller voir sa mère, Mary, âgée de quatre-vingt-quatre ans. Et que si je peux mettre la main sur une bouteille de chardonnay à lui apporter, alors ce serait encore mieux.

Nous poussons sur nos pagaies pour nous arracher à Ghost Creek Slough. Le camp de pêche de Mary Demientieff se trouve à une demi-journée de navigation en aval, en retrait du fleuve, au bord d'une large baie qui s'étend au pied de Tabernacle Mountain. Cette baie est cernée de collines, mais à partir d'ici les hautes terres deviendront rares. Depuis Koyukuk, quatre cents kilomètres en amont, le Yukon coule vers le sud. Parallèle à sa rive ouest, la chaîne des Nulato Hills l'empêche de rejoindre l'océan, pourtant distant parfois d'une soixantaine de kilomètres seulement. Mais ce camp marque la fin des monts et le fleuve peut alors bifurquer en direction de l'ouest pour parcourir les quatre cents derniers kilomètres à travers le delta. Cette courbe contribue à créer les remous les plus propices à la pose de filets fixes. Nous nous rangeons à côté de deux autres embarcations, deux canots, au pied d'une berge affaissée. Nous voyons plusieurs cabanes, certaines en contreplaqué, d'autres en rondins, un fumoir construit avec des plaques de tôle ondulée, le tout disposé dans le plus grand désordre sur ce bout de terrain. La brise gonfle du linge qui sèche. Debout en contre-haut, une enfant nous observe avec cette gravité que peuvent avoir certaines fillettes. Elle nous a vus arriver et est chargée de nous transmettre les consignes pour l'amarrage. Je monte sur le rivage et attache le laguis à un mât sur lequel un drapeau s'agite comme une flamme dans le vent, les mots *Vivre, rire et aimer* brodés dessus. Dans un geste qui a toute la solennité d'un rituel diplomatique, la gamine nous remet à chacun un morceau de céleri de cinq centimètres de long, dont la partie creuse est tartinée d'une couche de beurre de cacahuète. Elle nous explique que ce sont des petits canoës à manger. Nous sommes représentés par le beurre de cacahuète. Mes pensées me ramènent encore aux ours.

Mary Demientieff traverse son lopin pour venir à notre rencontre. Elle est chaussée de pantoufles et vêtue d'une tunique rouge, les cheveux cachés sous un turban de flanelle bleue. Elle marche les mains derrière le dos, tout le corps cassé, et avance en donnant l'impression de basculer en avant, chaque pas comme un constant exercice d'instabilité et d'équilibre. Ses genoux ne sont plus ce qu'ils étaient. Ses yeux luisent du même éclat que ceux de son arrière-petite-fille, ses joues sont rondes et brillantes, son visage s'est ramolli mais n'est pas ridé. Elle a autour du poignet un bracelet qui porte l'inscription : *Padre Pio*

– *Prie, espère et ne t'inquiète pas*. Elle nous accueille avec un large sourire et les bras grands ouverts.

« Des aventuriers ! » s'exclame-t-elle.

Mary passe ses étés ici, au camp, et ses hivers à Holy Cross, une routine qu'elle perpétue depuis plus de soixante ans. Un torrent qui dégringole du sommet de la montagne pour se jeter dans le fleuve partage la rive en deux : d'un côté le camp de Mary, de l'autre celui de Jeffrey, l'un de ses garçons. Mary a six fils : Jeffrey, Joseph, Jareth, John, Julian et Bergen. Elle a également six filles : Carol, Connie, Cathy, Correin, Candyce et Lisa. À présent, elle ne compte même plus ses arrière-petits-enfants, mais il doit bien y en avoir une centaine, et maintenant il y a aussi ses arrière-arrière-petits-enfants. Sa famille, l'œuvre de sa vie. Quand elle révèle aux gens le nombre d'enfants qu'elle a eus, elle s'attire parfois des regards désapprobateurs.

« Je leur réponds : “Je faisais mon devoir d'épouse”, dit-elle. Ils s'imaginent que j'étais peut-être trop portée sur la chose ou je ne sais quoi. »

Bergen est monté d'Anchorage pour quelques jours, afin de donner un coup de main à sa mère. La fillette, c'est Mary Junior, sa petite-fille. Bergen a l'air distrait de la personne accaparée par son propre dialogue interne. Il étire au maximum les syllabes de mon nom et, comme pour ponctuer chaque phonème, expulse en parlant de minces filets de salive brune, conséquences de la chique de tabac logée sous sa lèvre supérieure. Nous nous asseyons autour d'une table dans l'une des cabanes. Mary prépare du thé et pose devant nous des œufs de poisson et du pain bannique frit. Comme elle a de la famille tout le long du fleuve, mais aussi dans tous les recoins de l'État, elle veut savoir où nous sommes allés, qui nous avons vu, comment se déroule la pêche, qui est au camp. Elle est ravie d'apprendre que nous avons séjourné chez ses amis, les Honea, près de Ruby. Une fois de plus, je suis ébahi par cette hospitalité spontanée, cette facilité avec laquelle les gens vous ouvrent leur porte pour vous offrir le gîte et le couvert. On nous a proposé tellement de nourriture qu'Ulli a depuis longtemps abandonné son régime non carné pour se mettre, avec tout le zèle d'une végétarienne, à l'orignal, au castor et au lard, accompagnés de pancakes et de sirop de bouleau. Au demeurant, c'était l'ordinaire de son enfance.

Les murs sont tapissés de boîtes en carton aplaties pour garder la chaleur du poêle à bois. À côté sont disposées des étagères remplies de produits secs et des marques qui nous sont maintenant devenues familières : café Dunkin' Donuts, confiture de fraises Smucker's, beurre de cacahuète Jif, graisse alimentaire Crisco, crackers Sailor Boy Pilot Bread. Dehors, Mary Junior se balance d'avant en arrière et de gauche à droite dans le hamac en fredonnant un air de son cru. La baraque est envahie par des représentations de la Vierge Marie : un bibelot sur la table de la cuisine, des reproductions encadrées sur les murs, une statue en plastique sur le perron qui la figure les bras écartés, comme pour montrer la longueur d'un saumon de taille plutôt décevante. Un sanctuaire surmonté du clocher de la première église de Holy Cross se dresse à flanc de coteau. Au-dessus du poêle est accroché un portrait en noir et blanc de la fondatrice des Sœurs de Sainte-Anne, le visage enserré par son apostolnik – le voile des religieuses orthodoxes –, un crucifix autour du cou. *Mère Marie-Anne, fondatrice des Sœurs de Sainte-Anne*, indique la légende au-dessous. *Née le 18 avril 1809, décédée le 2 janvier 1890.* Je demande à Mary qui est cette personne et elle me répond que si je veux le savoir, il y a certains faits que je dois préalablement connaître.

Mary Demientieff est née Mary Dahlquist en 1932, à Nulato. Son père, Bill Dahlquist, était originaire de Stockholm, mais elle ignore ce qui a pu l'amener en Alaska. Elle a toujours ignoré beaucoup de choses. Il est mort alors qu'elle avait cinq ans. Elle pense qu'il avait peut-être un travail en rapport avec les voiliers. Elle se souvient des photos à la maison, des vieux clichés de grands navires en bois sous un dais de voiles, la proue plongeant vers les vagues, et elle revoit aussi son père rentrer le soir après son boulot à la prison de Nulato, puis s'asseoir pour se murer dans un silence impénétrable. Il était le troisième mari de sa mère – le troisième ou bien le quatrième. Le premier était mort dans une avalanche. Le deuxième déchiqueté par un ours. Personne ne divorçait, en ce temps-là : les gens ne vivaient jamais assez longtemps. Elle se souvient également de sa mère. Elle se souvient que celle-ci pleurait tout le temps. Et aussi qu'elle buvait. Elle se souvient des histoires qu'elle lui racontait.

À l'âge de sept ans, elle fut placée à l'orphelinat de la mission de Holy Cross, celui-là même où Roger Huntington, de la colonie chrétienne, se retrouverait lui-même dix ans plus tard et où il serait victime d'abus sexuels. Mary y était allée sur recommandation de l'un des prêtres de Nulato : son père avait disparu et sa mère était incapable de s'occuper d'elle. Elle devenait ingérable, avait déclaré le jésuite, et sa mère n'avait pas pour habitude de contester les opinions de l'Église. Debout sur la rive, les yeux brûlants et rougis, elle regarda le bateau emmener sa fille là où elle-même avait été élevée. Mary descendit le fleuve à bord du vapeur à aubes *Nenana*. Pour la plupart des enfants, le voyage, coûteux, serait un aller simple, dont ils ne reviendraient pas avant d'avoir atteint dix-huit ans. Le bateau est aujourd'hui visible dans un parc de Fairbanks, musée de sa propre histoire, comme une grande partie du reste de l'existence de Mary. L'un de ses petits-fils joue du piano pour les touristes dans le saloon du *Nenana*.

Elle se souvient de tout cela comme si c'était arrivé hier. Le débarquement à Holy Cross au milieu d'une nuit de septembre, et l'air vif de l'automne. La fumée qui s'élevait des cheminées, les feuilles sur le sol. Un paysan était venu les chercher avec un chariot tiré par son tracteur et ils avaient emprunté une piste bordée d'épicéas, au bout de laquelle elle avait aperçu les lumières de la mission, illuminée comme un billard électrique. Elle se croyait morte et presque parvenue à la porte du paradis. L'établissement accueillait trois cents enfants. Elle et tous les autres orphelins. Mary se sentait privilégiée d'avoir encore sa mère, qui lui avait même rendu visite une fois.

Les pensionnaires étaient élevés au son de la cloche. Elle leur disait quand se lever et quand se coucher. Quand manger, quand se laver, quand travailler, quand se taire, quand parler. Dix ans, voilà le temps qu'elle sera restée à la mission. Dix années pour en faire la femme qu'elle est aujourd'hui. On leur inculquait la valeur de la discipline.

« Sans les bonnes sœurs, je serais à la rue aujourd'hui », avoue Mary.

Mais ce qui était dur, c'était qu'elles ne les serraient jamais contre elles. Sa mère était peut-être alcoolique, mais au moins l'étreignait-elle. Cela dit, les religieuses n'avaient pas d'enfants, alors comment auraient-elles pu savoir ? En hiver, elles allaient patiner avec eux, dans leur habit flottant, et elles glissaient sur la surface gelée du fleuve tels des oiseaux d'eau exotiques. Certaines n'étaient guère plus âgées qu'eux. Elle a des photos de l'époque qui montrent des groupes d'enfants autochtones en costume ou en parka et, au dernier rang, détonnant avec ceux-ci, une bonne sœur en grande tenue, coiffée de sa guimpe, forme fantomatique que personne n'aurait vue au moment où le cliché a été pris et qui n'était apparue qu'au développement.

On leur enseignait la lecture, l'écriture, le calcul et la religion. L'accent était particulièrement mis sur l'usage de l'anglais, toute autre langue étant celle du Diable. Les religieuses les emmenaient à Paimiut, un village situé à quelques kilomètres en aval de son camp actuel, où les filles apprenaient comment couper le poisson et les garçons comment poser des filets. Chaque mois, on leur assignait des tâches différentes. Récurer les casseroles. Laver le linge. Désherber le jardin. Balayer les escaliers et, nom d'un chien, il y en avait un sacré paquet ! Comme l'argent était rare, les élèves étaient chargés de l'entretien des bâtiments dans lesquels ils logeaient et du jardin qui les nourrissait. Mary aimait travailler à l'infirmerie, aux côtés de sœur Mary Edward, mais aussi comme sacristaine, pour s'occuper du linge d'autel. Mais ce qu'elle préférait, s'était se consacrer aux tout-petits, les orphelins encore trop jeunes pour étudier, mais qui avaient été amenés à la mission car ils n'avaient aucun autre endroit où aller. Elle les habillait et elle les prenait dans ses bras. Rien que cela : les prendre dans ses bras et humer leur cuir chevelu ; alors, l'espace d'un instant, elle était transportée ailleurs, dans un lieu de douceur, où c'était l'amour et non l'obéissance qui contribuait à vous rendre meilleur. Annie était toujours vivante, elle habitait Anvik. Le premier souvenir de Mary, c'est celui des bras d'Annie. Et c'est quelque chose, pense-t-elle.

Un soir, à l'âge de quinze ans, elle avait fugué. Elles étaient trois : Mary, Ursula et Irene. Les filles s'étaient glissées subrepticement hors de leur dortoir en pleine nuit et avaient descendu la colline en direction des lumières. Si le village de Holy Cross devait son nom à la mission, c'était à peu près tout ce qui les liait. Les enfants n'avaient pas le droit de se mêler à ceux d'ici. La liberté était une idée grisante. Mais arrivées au bord du Yukon, rêvant des aventures qui les attendraient si elles laissaient le fleuve les emporter, elles s'aperçurent qu'elles n'avaient nulle part où aller. Elles frappèrent à la porte de Mrs Simms, qui les pressa d'entrer chez elle avant de leur servir de l'akutaq, la glace des Indiens, confectionnée avec de la graisse de phoque, du poisson blanc et des baies et si elle se demandait ce que pouvaient bien fabriquer trois gamines dehors au beau milieu de la nuit, elle n'en souffla pas mot. Mary n'avait jamais rien vu qui ressemblât à l'akutaq et elle crut qu'elle allait vomir. Mais les religieuses leur avaient appris à manger tout ce qui se trouvait dans leur assiette et, en vérité, il n'y avait pas besoin de vraiment les pousser, parce qu'elles étaient toujours, toujours affamées. Les grandes – c'était ainsi qu'on les appelait à partir d'un certain âge – aidaient à découper le chinook pêché par les grands, mais les pensionnaires n'en mangeaient presque jamais. Mary ne savait pas ce que devenait ensuite le poisson. Peut-être allait-il aux bienfaiteurs de la mission. Les orphelins avaient droit à de l'aiguillat et, tous les trente-six du mois, le dimanche, à un petit peu de royal, deux morceaux de ventre salés sur une soucoupe, posés côte à côte comme des tranches de bacon. C'étaient ces souvenirs, ces rappels d'un temps antérieur à la mission, qui aggravaient encore la faim. C'est au couvent que Mary avait appris à voler. Elle avait cousu à l'intérieur de son jupon une poche dans laquelle elle dissimulait les chutes de poisson séché qu'elle parvenait à chaparder lorsqu'elle travaillait en cuisine. Une fois, elle avait découvert un baquet de beurre de cacahuète donné par l'armée après la guerre et elle se glissait dans l'office entre deux corvées pour s'en délecter par cuillerées. Elle fut si écœurée qu'elle n'y retoucha plus avant ses soixante-dix ans.

De chez Mrs Simms, le trio passa ensuite au bâtiment voisin, où le vieux John Simms et son épouse vivaient avec leurs enfants, lesquels avaient le même âge qu'elles, mais étaient on ne peut plus différents. De part et d'autre de la pièce, les gamins s'observèrent en chien de faïence. Les filles prirent conscience qu'elles ne connaissaient personne et que la liberté, une fois qu'elle avait perdu de son éclat, apportait avec elle son lot de problèmes. Elles couchèrent sous un pont et se réveillèrent à l'aube, transies de froid, décidant alors de rentrer. Les orphelins étaient en rang, prêts pour l'école, et elles se faufilèrent parmi eux en se félicitant d'avoir au moins été assez astucieuses pour s'en tirer à bon compte. C'était un secret qu'elles garderaient entre elles jusqu'à la tombe.

« Ursula Ellanna. Mary Dahlquist. Irene Solomon. La mère supérieure veut vous voir. »

Elles furent convoquées pendant l'après-midi, en plein cours d'arithmétique. La mère supérieure trônait derrière son bureau, son visage allongé et étroit encadré par la guimpe de son habit, semblable à un quartier d'orange mis à nu.

« Où étiez-vous la nuit dernière ? » s'enquit-elle.

Silence dans la pièce.

« En bas, marmonna l'une des filles.

– En bas où ça ?

– En bas. »

C'est sœur Joanne qui fut chargée de leur raser la tête. Mary contempla son reflet dans le miroir tandis que la religieuse passait la tondeuse. L'image lui évoqua un attelage de chiens qui fendait la neige. Et elle lui remit en mémoire le premier souvenir qu'elle avait : enveloppée dans des couvertures à l'arrière du traîneau tiré par leurs trois chiens avec sa mère qui courait à côté. Il est rare que les gens se remémorent des évènements aussi lointains, mais Mary si. Ces petits matins d'avril, quand la nuit avait déposé une croûte craquante sur la neige et que toutes les familles s'en allaient rejoindre le camp de printemps. Elle se revoit marcher seule dans la tente baignée par le soleil matinal cependant qu'à l'extérieur résonnait la voix de sa maman qui bavardait avec les autres, tout en langue indienne, avant de revenir à l'intérieur lorsqu'elle entendait que sa fille était réveillée. Sa maman l'appelait par son prénom autochtone, que Mary a depuis oublié. Sa maman dépouillait les rats musqués, dont elle tendait la peau sur des planches avant de jeter les queues dans une marmite. Sa maman lui disait qu'il ne fallait pas en manger, sinon quand elle serait plus grande elle tremblerait lorsqu'elle essaierait de passer un fil dans le chas d'une aiguille, parce que les rats musqués ont la queue qui tremble. Mais elle prélevait le gras et les nerfs qui restaient sur la peau, qu'elle coupait en fines lamelles avec son couteau pour les fourrer dans la bouche de Mary. Elle sentait encore l'odeur des branches d'épicéa qui tapissaient le sol de la tente, l'odeur de la toile chauffée par le soleil, celle des rats musqués et aujourd'hui, au crépuscule de sa vie, quand elle a besoin d'avoir une pensée réconfortante – à l'hôpital en attendant une piqûre, mettons –, ce sont ces moments-là qui lui reviennent en mémoire et tout devient alors indolore.

Leurs cheveux s'amoncelaient à leurs pieds par poignées. Elles avaient le crâne chauve et blanc, laid et déformé. Elle crut mourir de honte. Les autres enfants gardèrent leurs distances ainsi qu'on le ferait avec des malades contagieux. Ursula et Irene avaient des cheveux bouclés, qui ne tardèrent pas à repousser, mais ceux de Mary étaient longs et raides et elle dut subir le poids de sa honte des mois durant. Elle porta si longtemps un mouchoir sur la tête qu'il finit par être difficile de l'imaginer sans. Mais elle méritait cette punition, bien sûr, elle le savait. Elle était ingérable.

La théière est vide. Bergen veut lever le filet avant qu'il ne fasse trop sombre et il me demande si je désire l'accompagner. Ulli préfère rester au camp pendant que nous partons tous à bord du bateau, dont Bergen prend le volant. À l'extrémité de la baie, Tabernacle Mountain plonge directement dans l'eau. À la base des falaises, le courant est rapide car l'onde file sur le fond rocheux profond.

« C'est comme ça qu'il faut voyager », crie Bergen dans un nuage de jus de chique.

Debout derrière lui, Mary Junior porte un gilet de sauvetage à l'effigie des personnages de *La Reine des neiges* tandis que son arrière-grand-mère est assise sur une chaise à l'arrière de l'embarcation, à côté de la barre, les mains dans son giron et le regard perdu sur l'immensité du fleuve. Lorsqu'elle sourit, ses yeux luisent et elle semble parfois sur le point de pleurer, comme si la frontière entre joie et tristesse s'était estompée au fil de son existence au point de devenir extrêmement ténue.

Le filet est indiqué par une bouée orange. Bergen confie le volant Mary, qui serre les lèvres pendant qu'elle maintient le canot à contre-courant. Elle n'a plus autant d'assurance qu'autrefois, mais elle est encore capable d'effectuer la manœuvre si nécessaire. C'est elle qui, ce printemps, a conduit le bateau pour venir ici. Elle n'aime pas déranger les gens. Bergen sort une paire de gants de sa salopette Helly Hansen et va se planter à la proue pour remonter les rets, une main après l'autre. Je m'approche pour l'aider. C'est un travail pénible : le filet est non seulement lesté par les grosses pierres qui sont attachées au fond, mais aussi par des bossus si nombreux qu'on a l'impression qu'il est plus poisson que maille.

« Ils sont tellement *exaspérants* ! s'exclame Mary en levant les bras au ciel. Hier, on en a remonté cent cinquante-neuf. Cent cinquante-neuf ! Pour l'amour du Ciel. »

Elle trouve sur son iPhone la photo d'une caisse en plastique débordant de saumons roses qui se répandent jusque sur le pont. La plupart d'entre eux ont été accrochés par les ouïes, certains par les dents, et ils sont empêtrés dans des nœuds gordiens que Bergen est capable de dénouer en quelques secondes, alors qu'à force de tirer maladroitement à petits coups secs je ne fais qu'aggraver les choses. Ceux qui sont encore vivants me regardent bouche bée, muets d'incrédulité face à cette ultime injustice. Je les ligote encore plus. Je me donne l'impression d'être un marionnettiste dérangé. Le nylon leur entame les branchies. Leurs flancs sont marqués de zébrures imprimées par leur lutte contre le filet et leur corps est gainé d'une substance visqueuse qui vise à gêner la préhension par leurs prédateurs. J'essaie de les attraper. Ils sont mous, épuisés, et j'ai les mains tellement recouvertes de mucosités que, lorsque j'écarte les doigts, elles évoquent des membres d'amphibien. Je réussis à la longue à en prendre un en lui enserrant fermement le ventre. J'ai la sensation d'avoir entre les bras un oreiller bon marché. Et je le tiens de telle façon, en le manipulant exactement aux endroits sensibles, qu'il m'éjacule sur la jambe.

Ce qui déclenche l'hilarité. Bergen a du mal à reprendre son souffle. Je ne sais pas si cela arrive souvent, mais on dirait vraiment une bourde d'amateur. J'aurais préféré qu'il n'y ait pas de témoins.

« Faut que vous vous achetiez une Helly ! » plaisante Bergen d'une voix entrecoupée.

Je parviens finalement à le dégager d'un geste vif et le jette dans la caisse, où il atterrit avec un claquement mouillé, tressaillant quelques secondes avant de s'immobiliser. Le monceau de poissons grossit. Conscients pendant quelques instants de la gravité de leur situation, certains se débattent furieusement, ricochant contre les parois de la glacière qu'ils barbouillent de traces sanglantes. Leur force me rend nerveux, comme si l'impétuosité propre à la nature sauvage ne s'exprimait que dans un cadre contraignant, ainsi que pour un oiseau prisonnier d'une pièce. Mais à peine leur combat a-t-il commencé qu'il s'achève et les voilà qui gisent, pantelants, un œil rivé sur le ciel, leurs flancs s'élevant et s'abaissant. Mary Junior pose les mains sur le bord et examine le contenu du bac, fascinée par ces blocs de muscles qui font la moitié d'elle.

Quand le filet est enfin vide, Bergen le rend à l'eau. La caisse contient des dizaines de bossus, mais seulement trois argentés correspondant aux souhaits de Mary. Après nous être éloignés des rets pour rejoindre le milieu du courant, nous renvoyons les roses deux par deux dans le fleuve. Mary Junior les hisse à l'aide de ses deux bras, le devant de son anorak luisant de sang. Les argentés restent au fond du bac. Nous rentrons au camp.

Mary s'est mariée à dix-sept ans. Il avait dix ans de plus qu'elle. Elle annonça aux bonnes sœurs qu'elle désirait se marier et qu'elle voulait quelqu'un qui la traiterait correctement. C'était la voie la plus rapide pour quitter le couvent. Elles choisirent Joe Demientieff, un homme de Holy Cross qui avait acquis une bonne réputation pour s'être occupé de sa vieille mère après le départ de tous ses frères et sœurs. Mary et Joe étaient assis de part et d'autre d'une table du réfectoire, tandis que la mère supérieure trônait au bout de la même table, feignant de lire saint Augustin. Je veux des enfants, dit Mary. Et je ne veux pas d'alcool à la maison. Joe répondit qu'il pensait pouvoir y arriver.

Ils se marièrent au cours de l'automne et le demeurèrent pendant quarante-trois ans. Ils quittèrent la mission pour rejoindre le bateau de Joe, qui l'emmena à son camp d'automne. Une fois la nuit tombée, il commença à neiger, et voilà qu'elle se retrouvait assise là, loin de tous les gens qu'elle avait jamais connus, loin des centaines de filles du pensionnat, loin des religieuses, plus loin encore de sa mère. Seule, avec cet inconnu pour toute compagnie. Joe n'était vraiment pas bavard. Mais Mary remerciait Dieu de lui avoir donné un homme bon et elle ne voyait pas ce que l'on pouvait demander de plus. Ce premier hiver, ils se construisirent une cabane, sciant les grumes qui descendaient le Yukon ; pour le toit, il y avait des mottes de gazon et elle calfata les interstices entre les rondins avec de la mousse. C'était désormais Joe son professeur, et il lui apprit tout : comment poser des pièges, comment dépouiller les animaux, comment préparer des conserves, comment découper la viande et comment être une épouse.

Ils eurent un bébé chaque année. La plupart naquirent en mai, inscrits dans le cycle annuel de la même façon que la débâcle printanière ou le retour du saumon royal. Beaucoup virent le jour ici, au camp. Les aînés aidaient à élever les plus petits et les tâches de chacun étaient bien définies. Joe vendait ses fourrures et fabriquait des filets de pêche, et ils parvenaient vaille que vaille à s'en sortir, Dieu sait comment. Ils purent envoyer neuf de leurs enfants au lycée à St. Mary's. Comme ils n'avaient pas beaucoup d'argent, ils payaient les frais de scolarité avec de la viande d'orignal et les pommes de terre qu'ils cultivaient.

Ils ne perdirent qu'un seul de leurs enfants, ce dont Mary dit qu'elle peut s'estimer heureuse.

« Pour remplacer celui que j'ai perdu, j'ai adopté celui-ci. »

Elle désigne du doigt Bergen, qui est sur le départ, s'affairant à charger des caisses sur son canot. Il doit ouvrir la boutique à Holy Cross le lendemain matin.

« Il a de la famille à Kaltag. C'est là que j'ai ramassé ce petit con. À l'époque il y avait un prêtre qui avait un avion. Le père McNeil. Il a eu la gentillesse de m'y emmener. J'avais des enfants tous les ans et c'était très bien. Je les aimais tous, sans exception. Mais celui-là… Je suis *tombée amoureuse* de lui. Je ne sais pas quel genre d'amour c'était. Peut-être de la pitié.

– Pourquoi ses parents ne pouvaient-ils pas s'occuper de lui ? demande Ulli.

– Ça picole beaucoup, dans le coin de Kaltag, nous explique Mary. J'ai réuni tous mes enfants et j'ai dit : "Vous et moi on va élever ce bébé." Parce que j'avais pris ce bambin sans la permission de mon mari, et ça a méchamment bardé chez les Demientieff. Ils ne l'ont toujours pas digéré – et il a cinquante ans maintenant ! Mon mari m'a dit : "Il vaudrait mieux que tu ramènes ce môme." C'est comme ça qu'il me l'a demandé : "Il vaudrait mieux que tu ramènes ce môme." Gentiment, quoi. J'ai répondu non, je veux pas. J'étais têtue et il n'était pas question que je m'en sépare. Tous ses frères et sœurs sont morts, maintenant. Alcool. Noyade. Je veux pas me vanter, mais ils le savent. Ceux de l'amont le savent tous. Je veux pas me faire mousser. Dieu a été bon avec moi. Et je suis déçue que Bergen consomme tant de drogue ou d'herbe ou Dieu sait comment on appelle cette saloperie, mais le monde est ainsi fait de nos jours. C'est toujours un garçon travailleur. Il a élevé un fils. Il a construit sa maison. Mais cette satanée drogue ! C'est comme avec l'alcool : ils ne savent pas boire. Ils se sentent obligés de descendre toute la bouteille. Moi j'aime bien boire un verre de vin. Mais les jeunes, ils ne savent pas y faire. »

Elle contemple le fleuve.

« Regardez-le, reprend-elle. Il coule, et il coule. »

Un chatoiement d'expressions lui balaie le visage, semblable à la lueur tremblotante d'un feu.

« J'ai répondu non, répète-t-elle comme en aparté avec elle-même. Il était hors de question que je le ramène. J'ai été sa mère, son père et sa grand-mère jusqu'à ses sept ans. Alors ils l'ont enfin accepté. Vous comprenez maintenant pourquoi j'ai le cœur si gros. Oh, Seigneur, c'était dur ! J'ai beaucoup pleuré. Mais sans bruit car j'étais quelqu'un de fort. Et regardez-moi aujourd'hui ! Si vieille ! »

Un rire monte d'elle en bouillonnant, strident comme un tuyau qui fuit.

« J'ai vraiment été gâtée, conclut-elle. Et j'espère que vous aurez aussi cette chance, tous les deux. Ne soyez pas égoïstes. Ayez des enfants. Vous serez heureux pour eux. Et ils auront grandi et quitté la maison que vous n'aurez même pas eu le temps de vous en rendre compte. »

Ce soir-là, alors que le ciel se décolore, nous nous réunissons dans la cabane qui sert de chambre à Mary, autour du poêle dans lequel brûle un petit feu. Les soirées deviennent plus froides. Les murs extérieurs sont peints d'un joyeux turquoise caribéen. Les trois saumons sont posés dehors sur le billot, recouverts d'un linge humide. Elle s'en occupera demain matin. Elle n'a plus la même énergie qu'autrefois. Elle a passé huit ans à Bethel, logeant non loin de l'hôpital où les médecins cherchaient ce qui pouvait bien clocher avec ses poumons, mais ils n'ont jamais rien trouvé et ont donc fini par la laisser rentrer chez elle. C'est la première année qu'elle ne monte pas au sanctuaire.

« Mais écoutez-moi donc ! glousse-t-elle. La vieille Frances, la mère de Joe, ne se plaignait jamais. Elle a vécu jusqu'à l'âge de cent un ans et a trimé dur jusqu'à ce qu'elle claque. Après avoir eu son attaque, elle ne pouvait plus trop se servir de ses mains, alors elle attachait les paquets de poissons avec ses dents. Jamais elle ne s'est plainte. Bon sang, je devrais avoir honte ! »

Ulli a apporté sa guitare et elle sort pour aller la récupérer dans le canoë. Mary a appris à jouer de la musique à la mission. Du piano et de la guitare, de la mandoline et de l'harmonica, tout à l'oreille. Aucun chant autochtone, bien sûr. Plus personne ne les connaît vraiment. Tout ce qui intéresse les jeunes c'est la guitare et la country, Hank Williams, ce genre de choses. Des airs pour picoler. Les doigts de Mary sont crochus, conséquence d'une vie à raccommoder les filets, et les accords barrés lui imposent une tension qui se ressent dans sa voix. Mais bien qu'elle redoute d'avoir tout oublié, lorsqu'elle commence à jouer c'est avec une jubilation indéniable, sans la moindre timidité, la musique et les mots s'entraînant mutuellement en un flot rapide :

Il y a une fille à la peau couleur saumon
Qui a plongé mon cœur dans un tourbillon
Elle vit au bord du Yukon, bien loin d'ici
Sa peau, comme j'aimerais pouvoir la toucher
Mais impossible pour moi d'en approcher
Car sa parka en fourrure me l'interdit.

Elle s'arrête dans un éclat de rire, la respiration sifflante. Elle est vite essoufflée. Il y a des gens qui sont venus passer la soirée l'autre jour et ils se sont amusés comme des fous avec cette chanson. Bon sang, ils ont joué et dansé toute la nuit !

« Je vais maintenant vous raconter une histoire, les p'tits, dit-elle. Je la tiens de ma mère, l'histoire d'un homme et d'une femme qui sont allés au camp de printemps, comme nous. Cet homme et cette femme ont chassé le rat musqué et quand ils en ont eu suffisamment, l'homme a dit : "Je crois que je vais emporter les peaux au village pour les vendre." Et elle lui a répondu : "C'est une bonne idée." Et donc il a chargé toutes les fourrures sur son canoë et il est parti. Et après son départ, voilà qu'un merle descend voir la femme. »

À l'aide de mots athabascans, Mary reproduit le chant du merle d'Amérique, aigu et flûté, puis poursuit :

« Alors la femme dit : "Que diable peut bien me vouloir cet oiseau ?" »

Mary imite de nouveau le chant du merle :

« "Ton homme n'est pas allé au village pour vendre les peaux", lui dit l'oiseau. "Il batifole, il batifole, il batifole." Et donc elle monte dans son canoë et, après le coude du fleuve, elle le voit qui fait la grosse fiesta, alors elle récupère son canoë et y met le feu – en ce temps-là, ils étaient en écorce de bouleau. Je dis aux gosses que la morale de cette histoire, c'est qu'il faut rester fidèle. »

Elle éclate de rire en battant des deux mains devant sa bouche.

La guitare posée sur ses genoux, elle regarde par la fenêtre. C'est le crépuscule le plus sombre que je vois depuis le début du voyage et la rive opposée est presque dévorée par les ténèbres.

« Joe avait, comment on appelle ça ? » commence-t-elle. Elle agite des mains tremblotantes pour illustrer son propos et son bracelet Padre Pio frémit dans le mouvement.

« La maladie de Parkinson ? je demande.

– C'est ça. La maladie de Parkinson. Je me suis occupée de lui, longtemps. Il a fini par partir. Il est mort là-bas à Anchorage, mais j'étais avec lui. Je lui ai posé une question sur son lit de mort. Parce que de toute façon il ne parlait jamais.

– Que lui avez-vous demandé ?

– Je lui ai posé une seule question. Celle-ci : “Pourquoi t'as jamais voulu que j'aille enterrer ma mère ?” Je dois avouer que ça me turlupinait. Il a refusé que j'aille enterrer ma mère. Au lieu de ça, il a affrété un avion pour descendre à Bethel avec la sienne. Bon, en y repensant aujourd'hui, c'était pour une bonne raison : il vendait ses fourrures. Mais à l'époque j'étais très égoïste et je voulais y aller. Et ils m'ont attendue pour l'enterrement, ils m'ont attendue, mais je ne suis pas venue, alors ils l'ont finalement mise en terre sans moi. Et je lui en ai voulu *longtemps* pour ça. Alors je lui ai demandé : “Pourquoi t'as jamais voulu que j'aille enterrer ma mère ?” Il m'a regardée et il a répondu : “J'en sais rien.” »

Le silence de la cabane est uniquement rompu par le crépitement du feu.

« Il vous manque ? » veut savoir Ulli.

Mary réfléchit quelques instants.

« Non, réplique-t-elle. Il ne me manque pas. C'était un homme bon. Mais il a fallu que je me montre très très forte. Forte dans ma foi. Je me suis toujours appuyée sur les religieuses. Je parlais avec elles. Je déballais tout, tout, tout. Ça m'a permis de tenir jusqu'ici. Mais c'est encore très frais, c'est toujours là. Il est au ciel, maintenant. Il est mieux que moi. Je me demande comment ça se passera au jour du Jugement dernier. On se reverra au paradis, peut-être.

– Vous vous aimiez ? » je demande.

J'ignore pourquoi j'ose poser cette question, peut-être que le naturel de Mary m'a poussé à m'enhardir, et d'ailleurs elle répond comme si c'était la question la plus normale qui soit.

« Moi non, déclare-t-elle. Lui je ne sais pas. Mais on n'a jamais abordé le sujet. On ne se disait jamais : “Je ne t'aime pas.” On continuait juste à faire ce qu'on avait à faire. Tous les jours. Boulot, se lever, boulot, toute la journée. On était polis entre nous, c'est ce que les enfants voyaient. Ils s'en portaient mieux. Je ne criais pas sur les toits : "Oh, je ne l'aime pas." Non. On m'a appris à aimer tout le monde.

– Avez-vous rencontré quelqu'un après Joe ? interroge Ulli.

– Oui, répond Mary. Un instituteur. Et je croyais que j'étais amoureuse. Mais après quelque temps avec lui, je me suis rendu compte qu'il était d'un genre différent. Il était du genre à aimer les autres hommes. Alors il a demandé qu'on se sépare. J'ai traversé une période difficile après ça, je pense que c'est pour cela que j'ai été gravement malade. Le brave homme : il était bon. On a vécu ensemble un moment. On voyageait beaucoup tous les deux. Mais je ne savais pas ça. Ce n'est pas juste. »

Elle nous serre contre elle, nous enveloppe de ses bras. « Bonne nuit, mes chéris », dit-elle.

Il existe peu de photos du père George S. Endal. Mais il y en a une qui le montre à son arrivée en Alaska, en 1936, debout devant la mission de Holy Cross à l'époque où Mary est encore petite fille. C'est une belle journée et un reflet éblouissant sur la fenêtre devant laquelle il se tient frappe l'objectif de l'appareil. Il a sa soutane, un col romain, et il porte une raie stricte sur le côté. Il affiche un sourire gauche, les lèvres déformées par la grimace qu'il fait en plissant les yeux à cause du soleil. Il est tentant d'essayer de déchiffrer ce regard, de se demander à quoi il pouvait penser tandis qu'il posait pour cette photographie à l'aube de ses soixante années de carrière au service de l'Église catholique. Peu après sa mort, vingt-six Autochtones l'accuseront d'abus sexuels et cent douze autres incrimineront également Joseph Lundowski, son assistant à partir de 1949.

Endal parcourut une partie de l'État. De Holy Cross, il déménagea à Mountain Village, de Mountain Village à Alakanuk, d'Alakanuk à Dillingham. Puis il rencontra Lundowski et, au début des années 60, les deux hommes s'installèrent à Nulato, puis à Hooper Bay et enfin à St. Michael, sur la côte, au nord de l'embouchure du Yukon. Il racontait à ses victimes que si elles en parlaient à quiconque, elles iraient directement en enfer. À St. Michael, on estime que 80 % des enfants, soit presque une génération entière de Yupiks, furent abusés par Endal et ceux qui travaillaient avec lui.

En amont, à Nulato, nous nous étions rendus dans l'ancienne mission qui se dresse toujours sur la rive septentrionale du fleuve. Livres appuyés les uns contre les autres telles des mains qui prient : *Martyrologe romain, Pratique et perfectionnement des valeurs chrétiennes – volumes 1 à 3, Enchiridion symbolorum et definitionum.* Partitions écrites à la plume : « Minuit, chrétiens », « Caelitum Joseph », « Salve Regina », « Alma Redemptoris Mater ». Une pile de vinyles couverts de poussière et, à côté d'eux, sur l'électrophone dont le saphir laboure la fine couche poudreuse : *Trini Lopez joue et chante « There Was a Sinner Man ».*

« Tout le monde sait qui sont les garçons de la ville qui ont été victimes d'abus sexuels, mais personne ne parle des filles », dit Joyce, l'ancienne élève de l'établissement qui nous faisait visiter les lieux.

Il y avait une atmosphère lourde, dont le poids était presque tangible. Bureaux en bois équipés d'une planche pour s'agenouiller, alignés contre un mur jauni. Une statue de la Vierge Marie qui tient son enfant bien serré contre elle. Dans une autre pièce, un autre Jésus, acculé contre le mur du fond, prisonnier d'un lit relevé verticalement dont il regarde à travers les ressorts. Un orgue. Des bougeoirs en cuivre jaune. Des sols en linoléum.

« Une triste époque, dit Joyce. Vraiment une triste époque. »

Elle avait conservé l'accent de Boston contracté auprès des religieuses, comme une facette de son âme. Condamné par des planches, un escalier qui menaçait de s'effondrer descendait dans le trou noir du sous-sol. Elle laissa son regard s'y poser cependant que les souvenirs remontaient.

Dans les années 1860, tant aux États-Unis qu'au Canada, le gouvernement se mit à évoquer le « problème indien », le problème en question étant qu'il restait encore des Indiens. Le génocide n'avait pas résolu toutes les difficultés des colons et, pour des pays désormais las de la guerre, une nouvelle solution était nécessaire. En 1879, Nicolas Davin, un homme politique de l'ouest du Canada, résuma ainsi la nouvelle stratégie : « Les enfants devraient être enlevés à leur famille, car l'influence du wigwam est plus grande que celle de l'école, afin d'être placés dans un cercle où ils baigneront constamment dans les conditions civilisées et où ils recevront l'attention d'une mère ainsi qu'une éducation qui leur permettra de s'adapter à la vie dans un Canada en voie de modernisation. » Généralement, ces écoles étaient financées par le gouvernement et dirigées par l'Église. Les élèves y apprenaient à lire et à écrire en anglais. On leur y inculquait l'histoire de leur pays du point de vue occidental, ainsi que les principes chrétiens. En août 1911, sous le titre « Le jeune prince de Moosehide rentre à l'école », le *Dawson Daily News* raconta que le chef Issac était « ravi à l'idée que son jeune fils reçoive une éducation », bien que le chef Issac lui-même semblât plus dubitatif, si l'on se fie à ses propos tels que rapportés par l'article : « Mon garçon aller école huit ans. Moi pas le voir pendant longtemps. Peut-être mon garçon oublier ma langue. Je sais pas. »

Madeleine Jackson, une ancienne que j'avais rencontrée à Teslin au début de mon périple, est l'une des deux survivantes du premier groupe d'enfants du village à avoir été enlevés à leurs familles. Des camions étaient arrivés un beau matin pour les prendre à leur bord et les emporter comme du bétail.

« Quand ils nous ont emmenés là-bas, ils nous ont pris nos vêtements et nous ont donné ceux de l'école, se souvient-elle. Dès qu'on se met à parler notre langue, ils nous frappent avec une ceinture en cuir large comme ça et longue comme ça. Plus on pleure, plus ils tapent fort. Et il faut se mordre la langue pour ne plus pleurer afin d'éviter de recevoir une fessée. Ellie Ambrose est pas plus haute que ça et elle connaît que notre langue. Et moi j'essaie de lui dire : “Parle anglais maintenant, Ellie, parle anglais.” Rien que pour l'entendre, cette pauvre petite môme. Et je ne peux rien faire, parce que si je cherche à l'aider, on me frappe. Environ un mois plus tard, deux peut-être, elle a fini par comprendre. Elle vient me voir pour me dire : “Je comprends ce que tu m'as dit. Je vais m'efforcer de parler blanc, à présent.” Aujourd'hui, elle sait parler blanc, mais elle parle à peine Tlingit. »

Il reste des lettres de cette époque, rédigées d'une écriture mal assurée et parfois en mauvais anglais, adressées par des mères désespérées à des hommes lointains.

« Je suis la mère de Maggie Linklater et j'aimerais l'avoir à la maison pour les vacances d'été. Elle n'est pas rentrée depuis qu'elle est partie à l'école et nous aimerions l'avoir chez nous une fois. »

« Je ne veux pas qu'elle reste à l'école jusqu'à dix-huit ans ; c'est trop long ; quand ils sont trop longtemps à l'école, ils ne veulent plus nous voir ; ils s'éloignent de nous en grandissant. »

« Je suis abattue que vous envoyer les petits bébés de ma fille à Carcross. C'est trop dur pour moi que c'est ce que vous voulez faire. »

Comme l'expliquait en 1917 un journal local canadien à ses lecteurs : « Il est souvent assez difficile de persuader les parents de se séparer de leurs enfants, surtout pour un certain nombre d'années, mais le temps permettra sans aucun doute de surmonter petit à petit ce préjugé naturel. »

À la différence des États-Unis, le Canada s'est depuis engagé à tenter de réparer les dégâts. Mise en place en 2008, une commission Vérité et Réconciliation (douze ans exactement après la fermeture du dernier pensionnat indien au Saskatchewan) a rendu son rapport final en 2015. Inspirée du modèle sud-africain imaginé pour refermer les blessures de l'apartheid, cette commission a sillonné le pays pour recueillir les témoignages de quelque six mille membres des Premières Nations ayant fréquenté ces établissements. Sur les 150 000 enfants qui y furent envoyés durant les cent vingt ans où ils restèrent en activité, au moins 3 200 sont morts dans les écoles et, sur les 70 000 encore vivants, plus de 35 000 cas d'abus sexuels ont été relevés. Le Premier ministre de l'époque, Stephen Harper, présenta les excuses officielles du Canada en 2008 et la commission conclut en 2015 que le gouvernement avait « séparé des enfants de leurs parents… non pour les éduquer, mais principalement pour rompre le lien qui les unissait à leur culture et à leur identité… Ces mesures faisaient partie d'une politique cohérente visant à éliminer les peuples autochtones en tant que peuples distincts pour les assimiler contre leur gré à la société canadienne ».

Madeleine Jackson m'a confié que personne n'a jamais présenté d'excuses aux parents. « C'était dur pour eux, dit-elle. Leur seule façon de montrer leur émotion, c'était quand ils buvaient, alors ils se mettaient à pleurer et ils demandaient : "Pourquoi ont-ils emmené mes enfants ?" C'est seulement à ce moment-là, après qu'on a enlevé les enfants à leur famille, que tout le monde a commencé à boire. Tout le monde, même les femmes. Partout. Dans tout le Canada c'était pareil, je pense. Et toutes les femmes et tous les hommes boivent et boivent et boivent encore, parce que c'est la seule manière d'oublier leur souffrance. »

Voilà l'héritage vivace laissé par le projet d'« extirper le sauvage qui est en l'Indien ». Alcoolisme, suicides, honte, déstructuration de la communauté, cycles de maltraitances.

Duane Aucoin, le neveu de Madeleine, appartient à la génération suivante.

« Je n'ai pas souffert dans un pensionnat indien à proprement parler, explique-t-il. J'ai souffert dans le pensionnat indien qui est venu jusqu'à ma communauté, qui est venu jusqu'à ma famille. On ne m'y a pas traîné, mais on l'a traîné jusqu'à moi. »

On estime que plus de 4 000 femmes et jeunes filles ont disparu au Canada depuis 1980, mais on ne dispose pas de chiffres précis. Réclamée par les associations depuis quarante ans, l'enquête nationale sur les disparitions et les meurtres de femmes autochtones est actuellement menée dans tout le pays, mais avec un mandat beaucoup plus restreint que ne l'auraient souhaité de nombreux acteurs. Cependant, beaucoup craignent que cette opération ne rouvre les vieilles plaies au lieu de les cicatriser.

Le traumatisme des écoles fut encore exacerbé par une culture qui veut traditionnellement que l'on évite les conflits et dans laquelle l'expression de la colère est considérée comme un signe de faiblesse. En yupik, on appelle cela *nallunguarluku* – « faire comme si de rien n'était ».

« On ne parle pas des souffrances qu'on endure, m'avait dit Debbie Nagano à Dawson. C'est comme ça qu'on est éduqués. Quand mes oncles sont revenus du pensionnat indien, ils n'étaient rien. Et on se demande pourquoi une personne qui n'est rien devient alcoolique. Comment se fait-il que les jeunes n'écoutent plus de nos jours ? Comment se fait-il qu'ils se droguent ? Eh bien à cause de ça. Ils voient leur mère et leur père boire. Et pourquoi pas, après tout ? À quoi bon la pêche ? À quoi bon la chasse ? Qui est-ce que ça intéresse ? »

Duane Aucoin me dit qu'il faudra autant de générations pour revenir de ce stade de souffrance qu'il en a fallu pour l'atteindre. Il cite l'expression Tlingit *Haa Kusteeyí*.

« Cela signifie "notre art de vivre", commente-t-il. Notre manière de vivre, notre manière de penser, notre manière de faire, notre manière de nous comporter. Tout ce qui était puissant avant les pensionnats autochtones. Nos anciens aident à faire renaître *Haa Kusteeyí*, mais beaucoup de nos jeunes sont encore en train d'apprendre. Ils doivent se purger de la doctrine occidentale du "moi d'abord", de ce point de vue individualiste. Ils commencent à prendre conscience qu'il existe une communauté plus large, qui dépasse les limites de la génération actuelle. »

Il juge que les rassemblements aux camps de pêche sont essentiels à l'accomplissement de ce travail.

Mary se réveille tôt. Couchée dans son lit, elle récite « Ô Divin Cœur de Jésus » ainsi qu'elle l'a fait chaque matin depuis le jour où elle est entrée à la mission, trois quarts de siècle plus tôt. Les rythmes et les sifflantes de la prière lui sont aussi familiers que le mouvement immuable du fleuve :

Ô Divin Cœur de Jésus,
accordez, je Vous prie,
aux âmes du Purgatoire, le repos éternel ;
à ceux qui doivent mourir aujourd'hui, la grâce finale ;
aux pécheurs, la vraie pénitence ;
aux païens, la lumière de la foi ;
à moi et à tous les miens, Votre bénédiction.

Elle vérifie sur son iPhone s'il y a des anniversaires à fêter dans sa famille aujourd'hui, puis ouvre la porte de la cabane et s'avance sur l'herbe. L'apercevant, le porc-épic, effrayé, s'éloigne vers les buissons en se dandinant et en balançant des hanches. Elle ne l'aime pas depuis qu'il a pris la manie de déféquer dans ses W.-C. extérieurs et de griffer les murs de sa baraque la nuit, lui fichant une peur bleue, vu qu'il n'y a personne à des kilomètres à la ronde. Il vient ici pour les pissenlits, après quoi il s'attaque à toutes les bottes en caoutchouc. Un singe hérissé d'aiguillons. Et ces bestioles vous regardent bien, avec leurs piquants qui se dressent, prêtes à attaquer. Elle a vu des chiens en si piteux état, la gueule criblée de piquants, et elle les maintenait couchés pendant que Joe les retirait à l'aide d'une pince. Non, elle n'aime pas ce porc-épic. C'est ce qu'on appelle de la nourriture de survie. Sales bêtes.

Elle traverse le lopin pour rejoindre la cuisine. Elle fredonne l'une des vieilles chansons apprises à la mission, *Sainte Croix, ma seule croix*. Elle prépare des œufs sur le plat et coupe du jambon dans la poêle. Pendant trente-cinq ans elle a cuisiné les repas de la cantine de Holy Cross. Elle y est restée si longtemps qu'on lui a donné son nom. Elle a vu grandir deux générations d'enfants et son plus grand plaisir était de rencontrer ceux qui étaient nés de parents qu'elle avait servis avant eux. Mince alors, se disait-elle, je l'ai déjà vu, celui-là ! Ils se ressemblent tous, à cet âge-là, les fils sont le portrait craché de leur père.

Sa sœur l'appelle de Wasilla. Comme elles en ont souvent coutume le matin, elles parlent de la météo. Sa sœur lui annonce que les feuilles commencent déjà à tomber. Alors qu'on n'est qu'à la mi-août. Elle raconte que la terre a tourné sur son axe et que tout arrive en avance cette année.

« L'hiver va être précoce, prédit Mary. Ma foi, c'est comme ça. On ne peut rien y faire. »

Depuis quelque années, les automnes sont interminables, pas comme avant. Ces temps-ci, tout est chamboulé.

« C'est peut-être la fin, dit sa sœur.

– Je n'en sais rien, réplique Mary avec un petit rire. Personne ne peut le savoir. Personne sauf Dieu. »

Tout change, songe Mary en raccrochant. Autrefois, la berge s'étendait sur une centaine de mètres devant le camp, mais maintenant elle s'est entièrement affaissée et le Yukon se rapproche d'année en année. D'une façon ou d'une autre, quelque chose lui arrivera quand son temps sera venu. Mais ce n'est peut-être pas pour tout de suite. Que dit Bergen, déjà ? Qu'elle est la dernière d'une espèce en voie de disparition. Elle surprend son image dans le miroir. Elle se trouve plus lasse chaque jour quand elle se voit. « Qu'est-ce que tu fais encore là, Mary ? » demande-t-elle à son reflet. Elle n'a plus d'enfants à nourrir, maintenant. Elle a tellement mal aux doigts qu'elle parvient à peine à couper le poisson. Mais elle ne peut néanmoins s'empêcher de revenir ici. Il lui a été donné de connaître une bonne vie, grâce à Dieu.

Le café finit de passer et elle s'en sert une tasse. Les enfants apprécient toujours de rentrer à la maison quand ils en ont le temps – et si c'est Mary qui paie le billet d'avion. Ces moments au camp ont été les plus heureux de tous, juste elle et la famille, et puis Joe qui installait le filet, et les gamins qui pouvaient courir en toute liberté où bon leur semblait. Ils riaient en ce temps-là. Le travail était dur, mais ils riaient. Et maintenant il n'y a plus de poissons, excepté ces satanés bossus. Elle n'a même pas cherché à pêcher du royal cette année, tant la réglementation est compliquée. Faites ceci, faites cela. Le temps que vous plongiez le filet dans l'eau, il faut déjà l'en ressortir. C'est si triste. Bien sûr, il y a d'autres poissons et elle devrait s'estimer heureuse. Mais rien ne vaut le royal. Tout change.

Elle emporte son café et son petit-déjeuner jusqu'à la chaise installée sur la rive. Peut-être l'eau a-t-elle arrêté de monter, à présent. Elle a ses jumelles accrochées autour du cou. Elle se demande combien d'étés il lui reste avant qu'elle n'ait plus la force de revenir ici. Elle commence à manger et mastique lentement tout en contemplant le fleuve.

En aval, à une journée de navigation du camp de Mary, Paimiut est le lieu où les bonnes sœurs emmenaient les filles de la mission pour leur enseigner les techniques que leurs supérieures avaient jugées indispensables pour mener une vie de bon chrétien. La localité est déserte maintenant. Du fleuve, les maisons sont totalement dissimulées, les saules envahissent l'espace, le seul signe de présence humaine étant un petit cimetière perché sur une éminence qui domine le village et sur lequel veillent une Vierge Marie ainsi qu'un drapeau américain en lambeaux qui flotte au sommet d'un mât. Un creux dans l'herbe trahit l'endroit où un animal de grande taille a passé la nuit. Entre les saules, on aperçoit des barils de pétrole éparpillés çà et là, que les gens appellent affectueusement la fleur officielle de l'État de l'Alaska. Sur les flancs de la colline, quelques baraques en tôle ondulée penchées selon des inclinaisons différentes, roussies par la rouille.

Je grimpe sur le tertre pour avoir un panorama d'ensemble. Une balance étalonnée jusqu'à cinquante kilos trône encore dans une cahute sans toit jadis utilisée comme atelier de découpe du poisson. Un masque en bois, sorte de totem aux traits lissés par les années, est cloué sur le linteau. Un bouleau à la large ramure étend sa frondaison au-dessus d'une petite cabane. C'est l'arbre le plus gros que je vois depuis des semaines et le sous-bois est également différent, ici, pas encore dévoré par les fourrés, mais toujours composé des plantes caractéristiques des sites occupés par l'homme : céraistes, orties et pissenlits. À l'intérieur, des rideaux râpés sont gonflés par la brise qui entre par les fenêtres aux carreaux cassés. Il flotte une odeur fétide d'ammoniaque, comme si une créature avait établi sa tanière ici, ainsi que le laisse supposer le matelas en mousse tout mâchouillé. L'horloge s'est arrêtée à 4 h 20 et le calendrier en août 2011. Sur un mur est accroché un tableau en tapisserie qui représente deux ours en train de pêcher le saumon et sur un autre des wapitis dans les montagnes. Dans un cadre, *Dieu bénisse cette maison*. Une boîte remplie de vidéos au boîtier cabossé, *Fantasia, Le Professeur Foldingue, Le Ballon rouge*. Une photo de famille, montée sur du papier d'aluminium, est collée au-dessus de la fenêtre, près de l'icône d'un saint. À côté d'elle, d'autres clichés, la fille à présent chaussée de lunettes comme son père.

Nous cuisinons une partie du poisson que nous a donné Mary. Le soleil commence à décliner et le ciel à rosir tel un chinook vieillissant. Les bernaches volent par groupes de six ou sept. On a la sensation qu'après avoir atteint un pic le temps se dévide, reflue nonchalamment. Je ne connais que son inexorable marche en avant – davantage d'humains, moins de terre, davantage d'objets. Ici, c'est la terre qui est en marche, qui récupère ce qu'on lui a dérobé, et l'humain qui relâche son emprise. Il est tentant de percevoir ces forces comme malveillantes, mais en réalité elles ne font que piquer l'ego d'une manière qui m'est inhabituelle. J'avais cru que je trouverais cela réconfortant, mais en vérité il y a là une leçon d'humilité quelque peu terrifiante, quand on comprend que la terre a plus d'importance que soi. Quand on prend conscience qu'un jour la Nature assujettira l'œuvre de l'homme encore plus sûrement que l'homme a assujetti la sienne.

Nous mangeons notre poisson et allons nous coucher.

L'homme raconte ses histoires en suivant la tradition yupik du jeu de ficelle, manipulant les cordelettes qu'il entrelace entre ses doigts pour former des montagnes, un renard, un oiseau qui s'envole en oubliant ses pattes. Il narre celle des deux chasseurs, celui qui chassait uniquement pour sa famille et celui qui chassait pour toute la communauté. Il conte celle du chasseur en canoë qui remonte la rivière et, tout en parlant, il tire sur les fils pour transformer un bateau en pagaie. Le chasseur ayant navigué toute la journée, il avait besoin d'uriner mais, ne voulant pas s'arrêter, il se demandait comment il allait se débrouiller et, tout à son récit, l'homme façonne avec ses doigts une coupe, puis libère d'un coup sec la ficelle qui entoure ses poignets en même temps qu'il étire une boucle, matérialisant ce qui est indiscutablement un pénis. Il s'écroule de rire et ses pattes-d'oie se plissent.

Les enfants lui demandent l'histoire du poisson noir. C'est celle qu'il ne manque jamais de raconter. Comme il veut se faire prier, il leur répond qu'il est trop fatigué. Pour un vieil homme, c'est agréable de se sentir désiré.

« Alors, il y avait un poisson noir qui remontait la rivière à la recherche d'une nasse dans laquelle entrer, commence-t-il quand il est incapable de jouer la comédie plus longtemps. C'est le cycle de la vie, hein ? Et tandis qu'il nage, il se met à chanter. »

Tressant de ses doigts le fil de ses précédents récits, l'homme entonne la chanson du poisson en yupik. Elle est intraduisible : les K et les Q explosifs, couplés au rythme guttural de sa langue maternelle, lui donnent une atmosphère qu'aucune langue ne peut reproduire. Les gamins la connaissent, car ils l'ont maintes fois entendue, et ils la reprennent en chœur avec lui.

« Puis le poisson noir arriva à une nasse qui était cassée et dans laquelle certains poissons étaient morts, poursuit l'homme. Le poisson noir sortit la tête de l'eau pour voir à qui appartenait ce casier et il vit que le village était sale, que les chiens n'étaient pas attachés, puis une femme sortit de chez elle pour leur jeter les restes d'un repas de poisson et il regarda les chiens se battre pour les arêtes. Le poisson ne voulait pas qu'on se batte pour ses arêtes. Il continua donc son chemin. »

L'homme reprend la chanson. Il explique que le poisson parvint à une autre nasse, mais que celle-ci était bien entretenue et que les poissons qui se trouvaient à l'intérieur étaient encore vivants. Pointant la tête hors de l'eau, il constata que le village était propre, que les chiens étaient tous enchaînés et qu'une femme allait de l'un à l'autre pour servir les restes dans leur gamelle. Alors il choisit d'entrer dans ce casier.

« Puis il est attrapé et mangé, et il faut savoir que la conscience et l'intelligence d'un poisson résident dans ses arêtes. On les donne aux chiens et elles descendent dans leur gorge, leur estomac, leurs intestins pour enfin ressortir en merde de chien, qui gèle dans la neige. La neige fond au printemps et quelqu'un marche dans le caca. »

L'homme se balance en arrière en éclatant encore de rire, imité par les gosses.

« J'ai beaucoup d'histoires comme celle-ci », conclut-il.

La présence de nuages lenticulaires suggère du vent en altitude, mais au niveau du sol le temps est calme, plutôt chaud et, à la mi-août, des journées comme celle-ci sont de plus en plus rares. Pour la première fois je perçois l'odeur de la mer. Un parfum nostalgique, magnétique, grisant. À vol d'oiseau, la mer de Béring est encore à plus de cent cinquante kilomètres et le cours tortueux du Yukon accroît encore son éloignement. Sentir le sel à une telle distance semble improbable, mais je me prends à ajouter foi à mes instincts. Grand comme l'Angleterre mais peuplé de 25 000 âmes, le delta du Yukon-Kuskokwim est l'un des plus vastes au monde. (Celui du Gange est un peu plus étendu et abrite une population de 300 millions d'habitants.) Il forme une boursouflure sur la côte occidentale de l'Alaska, une excroissance relativement récente, née voilà deux mille cinq cents ans, à l'époque où le fleuve adoptait son cours actuel et commençait à déverser les quatre-vingt-dix millions de tonnes de sédiments qu'il charriait chaque année. Le delta est en territoire yupik, un peuple qui se qualifie d'esquimau, non d'indien, et qui partage le patrimoine génétique des indigènes du Groenland comme de Sibérie. Autrefois, la division entre Yupiks et Athabascans était aussi profonde que si on avait creusé un abîme entre eux : des millénaires de tueries, un no man's land où des délégués se retrouvaient pour échanger huile de phoque contre viande de castor, ivoire de morse contre fourrure de vison. En ce temps-là, pour inciter leurs enfants à se calmer avant d'aller se coucher, les Athabascans leur racontaient que s'ils n'étaient pas sages les Yupiks viendraient les chercher ; dans le delta, on proférait les mêmes menaces, mais en inversant les rôles.

Les Yupiks appellent le Yukon *Kuigpak* et se baptisent eux-mêmes *Kuikpagmiut*, « le peuple du grand fleuve ». Et c'est effectivement un grand fleuve. Bien sûr, il l'est depuis le début de mon voyage mais, après le camp de Mary, il prend une tout autre ampleur. Il est rejoint chaque jour par une succession d'affluents qui sont eux-mêmes des rivières imposantes : la Khotol, l'Innoko, la Chulinak, l'Andreafsky. « Ni la plume ni le crayon ne sont à même de rendre compte de la morne grandeur, de la vaste monotonie, de l'immensité illimitée qui s'étalait devant nous, écrivit en 1866 le dessinateur britannique Frederik Whymper tout près d'ici. L'artiste me comprendra si je précise que, pour un croquis de ce fleuve, il serait nécessaire que sa largeur soit totalement disproportionnée par rapport à sa hauteur, ce qui, par conséquent, en ferait un dessin insatisfaisant. »

Par endroits, le Yukon a près de cinq kilomètres de largeur et, avec Ulli, nous flottons sur une image parfaite qui paraît embrasser l'intégralité du ciel. Il y a longtemps que nous n'avons plus posé le pied sur la rive sud, dont le dernier village, Ruby, est situé à plus de neuf cents kilomètres de l'embouchure. En hiver, c'est la rive nord qui reçoit l'essentiel du maigre soleil et, toutes les localités étant sises de ce côté, la dangereuse traversée devient inutile. Pour l'effectuer, il nous faudrait peut-être une heure, un laps de temps durant lequel le vent fantasque pourrait nous jouer des tours. Les jours d'orage, nous naviguons au plus près des berges, mais quand le temps est calme nous nous en éloignons afin de profiter du courant le plus rapide, lequel faiblit à l'approche de la mer. Lorsque nous voguons ainsi au centre, il m'arrive d'avoir des étourdissements soudains. À moins d'une manœuvre vraiment stupide, il n'y a aucune raison pour que nous chavirions mais, sans vouloir dramatiser, si cela se produisait, ce serait la mort assurée. Gagner l'une ou l'autre rive à la nage serait terriblement long, surtout dans une eau aussi froide. J'ai l'impression d'être un funambule. Cette peur me saisit pendant quelques instants, puis je me détends de nouveau en essayant d'oublier combien nous sommes chétifs, dans nos cinq mètres cinquante de bateau lancés sur une autoroute large de presque cinq kilomètres. Dans les bureaux du gouvernement tribal de Nulato, nous avons déniché un exemplaire du *Vieil Homme et la mer* et parfois, nous nous allongeons pour faire la lecture à tour de rôle tandis que nous dérivons. Un jeune goéland bourgmestre se détache de sa volée pour décrire des cercles autour de nous. Je le regarde, pris dans les rayons du soleil. Il tournoie en virant sur l'aile, nous gardant au centre de son orbite. Il reste à notre contact. Je jurerais qu'il nous sourit.

Le paysage a changé. Les collines sont recouvertes d'une toundra jaunie constellée de prêles et d'autres broussailles desséchées. Des éclairs frappent les montagnes lointaines. La saison est en train de basculer. Nous nous en rendons compte non seulement par les conditions météorologiques – la cavalcade désordonnée des nuages, le vent plus fort, le poids de l'atmosphère –, mais aussi par la subtile mutation qui affecte notre environnement, des détails dont je ne me serais pas aperçu si je n'avais pas été immergé au cœur de ce monde. Désormais nous voyons des orignaux tous les jours – un mâle ou une femelle solitaire, une femelle avec deux petits. Ils semblent tous converger vers le bord du fleuve et les gens du coin nous posent des questions sur leurs allées et venues. C'est bientôt la saison de la chasse. Une certaine agitation règne dans les colonies d'oies et je me demande si c'est parce qu'elles se préparent à la migration. Au cours des deux derniers jours, nous avons admiré deux grands vols de bernaches du Canada qui décollaient de leur banc de sable dans un fracas d'ailes à notre arrivée pour s'éloigner en lignes ondoyantes, immenses voiles qui se gonflaient avant de tourner pour rejoindre leur point de départ, tel un liquide qui s'écoule par une bonde. La fin du voyage approche. Et la nuit revient. On aurait cru que cela n'adviendrait jamais. Comme j'en ai perdu l'habitude, je me sens nerveux. Couché sous la tente, j'écoute le bruit des outardes dans le noir. Un bourdonnement grave et continu, brisé par les braillements de quelques individus qui transpercent ce brouhaha. Leur présence est profondément réconfortante.

Nous dépassons Marshall et sa grève d'embarquement sans nous y arrêter. Dans la lumière froide et brillante du soleil, elle donne l'impression d'une bourgade fluviale grouillante d'activité, avec le bavardage incessant des hommes qui réparent leurs filets à bord des canots amarrés. Un fatras de bouées et de filets endommagés, de toits de tôle branlants et d'antennes paraboliques. Des chiens aboient, des gosses nous adressent des signes et courent le long de la plage pour nous suivre en braillant inlassablement les deux mêmes questions.

« D'où vous venez ? Où vous allez ?

– D'Angleterre ! je réponds.

– Angleterre ? me rétorque l'un d'eux. C'est en amont ? C'est loin d'ici ? »

Moins de deux kilomètres avant le village de Pilot Station est installé un sonar qui permet de dénombrer les populations de saumons dans le cadre d'un programme initié en 1989 par l'Alaska Department of Fish and Game. Nous nous faufilons dans la zone de remous, puis amarrons. Il n'existe nulle part dans tout l'État, voire dans le monde entier, un endroit où l'on ait amassé autant de données à long terme sur l'espèce. Pourtant, le camp n'a pas du tout l'air d'une structure permanente. Chaque bâtiment, et il y en a entre une dizaine et une quinzaine, n'est guère plus qu'une charpente en rondins couverte d'une bâche en plastique tendue et agrafée sur le bois. À l'exception de la carcasse, tout le reste est temporaire et remballé à la fin de la saison pour être mis en sécurité dans un entrepôt.

« Une année, on avait essayé de laisser le lavabo, mais les jeunes du coin l'ont transformé en passoire en tirant dessus », explique Kyle Schumann.

Kyle est le chef de projet du site. C'est à la fois le camp de pêche le plus luxueux et l'établissement fédéral le plus modeste que j'aie jamais vu. Kyle est responsable de la plupart des aménagements de confort : le lave-linge séchant, la douche au propane, le carré de légumes, sans oublier une dizaine, au moins, de sauces épicées différentes. C'est sa deuxième saison à Pilot Station et sa septième sur le fleuve. Kyle est le genre d'homme qui n'a jamais froid, même en short. Il porte autour du cou un coquillage suspendu à un cordon et est coiffé d'une casquette qui a connu de nombreux étés, barrée au-dessus de la visière de l'inscription *Simms Fishing Products* – Simms, articles de pêche. Kyle adore la pêche. Il s'y adonne quand il ne tire pas le canard. Nous discutons à côté de son ordinateur, dont l'économiseur d'écran fait défiler les photos de sa vie : celle d'un labrador assis au bord d'une rivière en automne, de Kyle brandissant un énorme flétan, une séance de marquage de poissons, le labrador à la proue d'un canoë, le même avec un canard dans la gueule, Kyle tout sourire à côté de son chien, à l'époque où il était plus jeune et plus mince. Kyle dispose d'une semaine de congé pendant l'été, qu'il met à profit pour pêcher. À la fin de la saison, il retourne dans le Montana pour la chasse au canard avant de consacrer l'hiver à taper la synthèse de ses études. Être payé pour s'amuser avec des poissons, il ne pouvait pas rêver mieux, avoue-t-il.

Sur un tableau sont notés les totaux journaliers et cumulés de tous les poissons passés devant le sonar depuis le début du recensement, fin mai. Le total cumulatif s'élève à 4 425 623. À côté de ce chiffre sont griffonnés quelques mots en yupik que Donald, l'un des hommes de Pilot, est en train d'apprendre aux autres membres du groupe.

« *Ataq*, mère. *Aduq*, père. *Tingmaaq*, oie. *Guopuk*, dormir longtemps. *Nijuliuk*, fauteur de troubles. *Milukuyuli*, lanceur de pierres (chevronné). »

Si cet endroit a été choisi pour y installer le camp, c'est parce que c'est le seul du cours inférieur du Yukon qui ne compte ni bras morts ni îles et où le fleuve coule en empruntant un seul canal, offrant ainsi les meilleures chances de compter chaque poisson qui remonte. Il y a moins d'un kilomètre d'une rive à l'autre ; lorsqu'il fait chaud et que l'activité est moindre, l'équipe du sonar aime s'y baigner. Mais même si c'est la seule partie droite du fleuve, la tâche est loin d'être simple. Avant, ils travaillaient avec des sorties papier et des ciseaux mais, comme à présent tout est numérisé, je m'étais imaginé qu'avec le tas de données ou d'instruments de précision dont nous disposons au XXIe siècle, une opération aussi simple en apparence que l'estimation du nombre d'individus des montaisons ne présenterait pas de difficulté. Mais le comptage du poisson reste aujourd'hui encore l'un des aspects les plus problématiques de la gestion du fleuve.

Après tout, voilà des siècles que le saumon déroute les scientifiques. On a pendant longtemps cru que, pour effectuer leurs sauts impressionnants, ils prenaient leur queue dans leur bouche pour former un arc, avec lequel ils se projetaient à la manière d'une flèche. L'un des premiers à comprendre le principe de base qui régit le cycle du saumon fut Hector Boece, l'historien écossais qui, en 1527, écrivit : « Toujours, au premier courant qui se lève, ils retournent à la mer. Ils prolifèrent en quantités merveilleuses et, poussés par le plus ardent des désirs et des appétits, s'en reviennent à l'endroit même où ils ont été engendrés. » Un siècle plus tard, dans *Le Parfait Pêcheur à la ligne*, Izaak Walton relata des expériences au cours desquelles on avait attaché des rubans autour de la queue de jeunes saumons, à la suite de quoi on avait observé plusieurs années après, dans les mêmes cours d'eau, des poissons qui portaient les rubans en question. Il fallut pourtant attendre le début du XXe siècle pour que la communauté scientifique accepte globalement l'idée que les saumons avaient à la fois l'intelligence et la motivation les incitant à revenir dans les eaux qui les avaient vus naître. Restait malgré tout la question du comment. En 1946, alors qu'il effectuait une randonnée à côté de chez lui, dans l'Utah, Arthur Hasler, écologiste spécialiste des lacs et rivières, parvint à une cascade où il fut assailli par des senteurs d'ancolie et de mousse qui déclenchèrent en lui une profonde nostalgie pour son enfance. Il se demanda alors si le saumon serait susceptible d'éprouver la même chose. Les expériences auxquelles il se livra ultérieurement confirmèrent cette intuition : les saumons dont les organes olfactifs étaient abîmés étaient incapables de retrouver leur rivière natale, alors que ceux qu'il avait aveuglés n'avaient aucun problème à effectuer le trajet de retour. Comme la plupart des autres poissons, les saumons sentent en stéréo et ont la faculté de s'orienter en suivant le mélange particulier d'acides aminés et d'autres composés chimiques de l'embouchure du fleuve à leur lieu de naissance. Toutefois, en dépit de toutes ces avancées, il demeure de nombreuses zones d'ombre. Comment au juste détectent-ils ces composés chimiques ? Où passent-ils précisément leur vie d'adulte ? Qu'est-ce qui provoque de si grandes fluctuations dans les chiffres des montaisons ? Comment arrivent-ils à trouver l'estuaire du Yukon à partir de leur aire de nutrition perdue dans le Pacifique ? On sait que lorsqu'ils entreprennent le voyage de retour, ils se déplacent dans les couches supérieures de l'océan. Par conséquent, il est communément admis qu'ils se repèrent aux étoiles mais également grâce aux particules de magnétite qu'ils ont dans le crâne, lesquelles réagissent au champ magnétique terrestre. « Qu'un animal soit capable d'accomplir bêtement ce qui pour l'homme nécessite l'usage d'instruments, de cartes et de tables est remarquable », écrivit Hasler.

Je demande à Kyle ce qui, selon lui, est responsable du déclin des populations de chinooks.

« Ce n'est pas dans l'eau douce que les facteurs environnementaux risquent de trop affecter le poisson, mais dans l'océan, répond-il. Ils y restent deux à quatre fois plus longtemps que dans l'eau douce. Il se passe beaucoup de choses dans l'océan. »

Pour certains, les diverses évolutions climatiques ont un impact sur le royal. La débâcle plus précoce des rivières, qui accélère le départ des jeunes saumons pour l'océan alors qu'ils n'ont pas atteint leur taille normale et sont plus vulnérables ; les courants océaniques changeants qui favorisent peut-être la propagation des maladies ; des modifications chez d'autres espèces de sa chaîne alimentaire ; l'augmentation de la mortalité en cours de migration, causée par le stress et la dépense d'énergie qu'impose le réchauffement des eaux… Fin 2013, la persistance d'un système de hautes pressions au-dessus du golfe de l'Alaska a empêché la formation des orages d'automne qui, habituellement, agitent l'océan, permettant de disperser sa chaleur latente. Une masse d'eau chaude commença donc à se former, qui finit par se propager aux zones côtières sur tout le littoral pacifique, descendant même jusqu'au Mexique. Ce phénomène fut appelé le « blob ». Par endroits, la température de l'océan dépassa les maxima jamais enregistrés. Les poissons mouraient de faim. Le krill faillit disparaître. L'épisode fut marqué par l'une des plus importantes extinctions d'oiseaux de l'histoire nord-américaine. Les bébés otaries se traînaient, décharnés, sur les plages californiennes. On en a retrouvé un sur un fauteuil du patio d'un hôtel, un autre avachi dans le box d'un restaurant de poissons et fruits de mer. Le blob demeura et fut suivi en 2015 par le « bloom », une prolifération d'algues qui infesta les eaux de la côte Ouest sans se dissiper. La pêche au crabe et aux crustacés fut interdite du fait de concentrations de toxines trente fois supérieures au niveau considéré comme sûr. L'anchois fut déclaré impropre à la consommation. Marsouins, phoques et oiseaux marins tombèrent malades. La mer rejeta sur tout le rivage de l'Alaska des cadavres de rorquals communs et de loutres.

Les rapports de cause à effet sont difficiles à établir de manière incontestable. On a simplement un alignement d'anomalies, une constellation d'intuitions. Il est possible que le blob n'ait en rien entraîné le bloom. Il est possible que ce dernier ne soit pour rien dans la mort des loutres de l'Alaska. Il est possible que les saumons chétifs que l'on a vus rejoindre tant bien que mal leurs rivières en 2015 aient été sous-alimentés pour d'autres raisons. Les océans sont des milieux complexes et le blob n'est probablement pas le fruit du changement climatique global, mais d'autres facteurs climatiques à plus court terme. Pour Nate Mantua, de la National Oceanic and Atmospheric Administration, le changement climatique pourrait être « le marionnettiste qui tire les ficelles en coulisse ». Les océans se réchauffent. L'aire de répartition des espèces évolue, tout comme les courants. Des recherches récentes prédisent qu'avec la montée continue des températures les évènements extrêmes dus aux cycles naturels du Pacifique deviendront plus fréquents.

Quelle que soit la cause de la baisse du nombre de saumons, les régulateurs de la ressource sur le Yukon ont un avantage : ils connaissent les multiples exemples à ne pas suivre dans sa gestion, que ce soit dans les pêcheries de saumon de l'hémisphère Nord ou dans les autres pêcheries de l'État. Il circule des histoires sur ces capitaines qui, au début de la saison du crabe en mer de Béring, jetaient leur montre en or dans le port en partant, tellement ils étaient sûrs qu'en acheter une autre à leur retour leur coûterait trois fois rien. C'était avant l'effondrement des populations de crabes. À ce titre, les montaisons de chinooks du Yukon, avec les menaces qui pèsent sur elles, ont une importance qui dépasse les limites de ce simple fleuve : peut-être que pour une fois, pour une ultime fois, l'homme saura imaginer une meilleure manière de procéder.

À un bureau situé à l'autre extrémité de la pièce, Lindsay est assise devant un écran sur lequel elle clique à chaque bip. Chacun de ceux-ci indique un poisson. Au fil des années, la technologie des sonars s'est améliorée et, comme on pouvait s'y attendre, chaque progrès technique a permis de découvrir davantage de poissons. L'ADF&G procéda alors à une réévaluation de ses anciens chiffres grâce à l'estimation du nombre de saumons passés sous le radar. Au-delà de Pilot Station, ils ne sont plus comptés jusqu'à ce qu'ils parviennent au sonar d'Eagle, à la frontière, soit près de deux mille kilomètres plus loin. Par conséquent, nombreux sont ceux qui, chez les pêcheurs et les biologistes, n'ont guère foi en ces données, jugées insuffisantes.

Malgré les évolutions technologiques, les sonars de chaque rive ne portent pas jusqu'au cœur du fleuve. Le département affirme que très peu de poissons empruntent le canal central, ainsi que l'ont démontré des sonars embarqués à bord de bateaux. Mais dans les villages, les anciens pensent que ce sont ces saumons-là, ceux qui nagent dans le courant le plus fort, qui vont au Canada.

« C'est la première fois que j'entends ça », avoue Lindsay quand je le lui dis.

Il y a de part et d'autre une méfiance profonde. Les tenants de l'approche scientifique occidentale estiment bien évidemment que le savoir indigène est empirique et non étayé. Les tenants du savoir indigène trouvent pour leur part difficile à encaisser que des doctorants californiens âgés de vingt-cinq ans et fraîchement diplômés débarquent pour leur expliquer le fonctionnement de leur territoire ancestral.

En voici une bonne illustration : en 1977, considérant que la population de baleines boréales de l'Arctique avait atteint un point trop critique, la Commission baleinière internationale (CBI) décida d'un moratoire immédiat sur la pêche de subsistance que pratiquaient les Inuits et les Esquimaux Yupiks, et ce sans les consulter. Dans le combat des années 70 pour sauver les baleines, ces tribus constituaient la cible la plus facile. Alors que les flottes baleinières industrielles continuaient à décimer les cétacés ailleurs sur la planète, l'interdiction imposée dans l'Arctique ne servit qu'à priver les indigènes de l'une de leurs plus importantes sources de nourriture et d'une pratique culturelle millénaire. Après une intense pression de la part des communautés baleinières alaskiennes, la CBI finit par leur accorder un quota annuel de douze captures, que les Esquimaux déclarèrent inadapté à leurs besoins et qu'ils jugeaient basé sur une grave sous-estimation de la population réelle. Le National Marine Fisheries Service, l'agence fédérale responsable de la gestion des ressources marines, procéda à un comptage aérien durant une migration printanière et parvint à une estimation de 2 264 individus, mais les anciens affirmèrent qu'il y en avait beaucoup plus. D'autres recensements furent effectués pendant les années 80 et, en 1996, grâce à des transects aériens plus larges, couplés à un échantillonnage acoustique, cette estimation fut relevée à 8 200 et le quota porté à une moyenne de 66 baleines par an. Il avait fallu vingt ans et des millions de dollars pour prouver ce que les anciens avaient dit dès le départ : que la population était suffisante pour que les communautés baleinières puissent poursuivre leur pêche de subsistance traditionnelle. Avec des histoires comme celle-ci, guère étonnant que de nombreux villageois roulent des yeux lorsqu'ils voient les scientifiques se pointer avec leurs iPads et leurs instruments. On m'a parlé d'un Yupik de la côte qui avait harponné un béluga dans le ventre duquel il avait découvert trois saumons chums. « Mais les bélugas ne mangent pas de chums », avait protesté le biologiste. « Eh bien dans ce cas, ils ont vraiment dû en baver pour lui rentrer dedans par le trou du cul », avait répliqué l'homme.

Todd Brinkman, qui étudie l'impact du changement climatique sur la pêche de subsistance dans la région de Fort Yukon, est persuadé que ces deux paradigmes différents peuvent être potentiellement complémentaires.

« Le savoir local est très holistique et davantage focalisé sur les interactions entre les divers éléments particuliers, tandis que la science sépare le particulier de l'ensemble, qu'elle étudie en long, en large et en travers, explique-t-il. Pour moi, les savoirs traditionnels sont souvent plus fins et plus conscients des mutations qui s'opèrent, ce qui amène à poser les bonnes questions de la bonne manière. Et de l'autre côté, avec tous ses outils, je vois la connaissance occidentale capable de s'attaquer à ces mutations et de comprendre ce qui a pu les provoquer. »

Todd pense que les deux pourraient se retrouver à mi-chemin si l'ADF&G se montrait un peu plus souple dans ses arrêtés concernant la pêche de subsistance. Alors que le décalage des évènements saisonniers devient la norme, appliquer des règles strictes en matière de quotas et de dates semble inadéquat. Jadis, la saison de l'orignal coïncidait avec les premiers froids. À présent, les automnes étant plus chauds, ces animaux se déplacent moins et sont par conséquent plus difficiles à traquer. Comme il y a davantage de feuilles sur les arbres durant la saison de la chasse, il est plus difficile de les voir et, quand vous parvenez à en tuer un, vous avez moins de temps pour le découper, car la viande s'avarie plus vite. Mais si vous abattez un orignal après le 25 septembre, vous commettez un délit.

La première fois que j'ai vraiment pris la mesure de l'antagonisme profond entre ces deux paradigmes, ce fut en 2013. J'étais à Bethel, le centre régional du delta du Yukon-Kuskokwim, pour couvrir le procès de vingt-trois pêcheurs yupiks qui, l'été précédent, avaient passé outre l'interdiction de pêcher le saumon royal. La salle du tribunal était bondée et il n'y avait plus de places assises. Accusés, soutiens, familles avec leurs bébés dans les bras, une poignée de journalistes et de policiers. Sur le mur, derrière le juge Bruce Ward, étaient accrochés la bannière étoilée et un masque yupik traditionnel. Quelqu'un présenta un sac en plastique rempli de bandes de saumon et le fit passer dans les travées. Tout le monde en prit un morceau pour le manger, y compris les deux policiers. La pièce se mit à empester le marché aux poissons. L'État appela son premier témoin.

L'agent Brett Scott Gibbens vint à la barre, où il déclina son identité et jura sur la Bible. Il avait une moustache tombante d'un blond roux, un visage bienveillant, malgré son expression sombre et triste, et à le voir ainsi se tenir bien droit à la barre, avec son uniforme et son gilet de protection, on l'imaginait incapable de dire autre chose que la vérité. Il commença par raconter qu'au mois de juin de l'année précédente, il avait été affecté à la surveillance des cours d'eau autour de Bethel afin de s'assurer que l'interdiction de pêcher le saumon royal était respectée. Le 20 juin, alors qu'il descendait la Kuskokwim River en direction de Napakiak, il avait surpris une flottille composée de douze à seize bateaux qui déployaient ce qui semblait être des filets maillants longs peut-être de cinquante brasses, c'est-à-dire illégaux. Une bonne partie de ces pêcheurs avaient remonté leur matériel et déguerpi tandis qu'il rassemblait les autres et procédait à leur identification. Cependant, ce n'était pas par accident qu'ils s'étaient laissé prendre. Ils avaient annoncé leur intention par un communiqué de presse avant d'accomplir leur action. Leur ligne de défense était d'affirmer que leur droit de pêcher le chinook était protégé, car il était d'ordre religieux. Premier amendement.

En 1979, la Cour suprême de l'Alaska avait été saisie du cas de Carlos Frank, un Athabascan qui avait tué un orignal en dehors de la saison de chasse en vue d'un potlatch funéraire. Il s'était défendu en invoquant la liberté d'exercice de ses croyances religieuses, protégée par la Constitution. La viande d'orignal était essentielle au rituel mortuaire. La cour appliqua un critère à deux volets pour déterminer à partir de quel moment un État était fondé à violer les droits religieux d'un individu. Ce dernier devait satisfaire à trois conditions : avoir une religion, que ses actes soient commandés par ladite religion et que le requérant soit sincère. Si ces conditions étaient remplies, il appartenait alors à l'État de démontrer que son intervention était motivée par un intérêt impérieux. Frank fut acquitté.

Felix Flynn fut le premier des pêcheurs à venir à la barre. Il dit à la salle que son nom yupik se traduisait par « Voyage dans une tempête ».

« Cela pose-t-il un problème s'il s'exprime de temps à autre en yupik ? demanda Jim Davis, son avocat, en passant une main dans ses longs cheveux.

– Nous verrons cela le moment venu », répondit le juge.

Davis est l'un des fondateurs du Northern Justice Project et il a accepté de plaider gratuitement pour cette affaire. « J'allais souvent pêcher avec les anciens, alors je sais combien la question est cruciale, m'avait-il confié. Dire à un Yupik qu'il ne peut pas aller pêcher, c'est comme dire à un catholique qu'il peut seulement célébrer la messe avec l'Eucharistie ou le vin, mais pas les deux. Si c'étaient des Blancs, protestants, catholiques ou amish, on se mettrait en quatre pour eux. Alors pourquoi pas avec les Yupiks ? Là, c'est genre : "Hé, leur culture était chouette, mais je crois que c'est fini maintenant." »

Felix leva la main pour prêter serment. Homme de petite taille à la moustache en fer à cheval et aux joues marquées par les engelures, il entreprit de raconter à la cour les parties de pêche au hareng auxquelles l'emmenait son père quand il était enfant.

« Au début, je ne vois rien d'autre que l'océan, se souvient-il. Puis au bout d'un moment je remarque qu'il y a de l'eau lisse et de l'eau qui n'est pas lisse. Et ça veut dire que les harengs se trouvent là. C'est ce que j'ai appris de mon père. »

Il avait une façon de partir à la dérive avant la fin de ses phrases, de regarder autour de lui comme si un accident l'avait récemment rendu aveugle.

« Je vis en subsistance. Je suis né esquimau et j'ai été élevé comme un Esquimau. C'est dans mon sang. C'est dans le sang de ma famille.

– Et qu'est-ce que cela signifie pour vous de vivre en subsistance ? demanda Davis en se penchant en avant, debout sur l'estrade, les mains écartées.

– Vivre en subsistance, c'est vivre de la terre, répondit Felix. C'est ce qu'on a toujours fait. On chasse le canard et le phoque dans l'océan au printemps. La perdrix. Le saumon. Mon grand-père et mon arrière-grand-père nous ont dit de faire très attention à ce qu'on prenait dans la mer. Je suis catholique. L'Être suprême a créé notre terre et la nourriture qu'Il nous fournit. Dieu les a faits pour tout le monde. Je vivais en subsistance même quand j'étais à l'armée. Toute ma vie. Je fais un camp de pêche chaque année, je pose mon filet et je sèche une trentaine ou une quarantaine de royaux. J'ai posé mon filet l'été dernier, mais il y avait trop de périodes de fermeture. C'était vraiment dur.

– Et qu'avez-vous ressenti, à ne pas pouvoir prendre suffisamment de poissons ? »

Davis avait posé la question avec une pointe de compassion dans la voix, tandis qu'il jetait un regard circulaire à la salle pour s'assurer de notre attention.

« J'ai un petit-fils de deux ans », commença Felix.

Il s'interrompit pour se frotter les yeux. Il se mit à pleurer. Dans la galerie, plusieurs hommes d'un certain âge avaient eux aussi les larmes aux yeux.

« Mon petit-fils m'a demandé : “Quand c'est qu'on va lever le filet ?” Et je ne pouvais pas lui répondre. On n'avait pas installé de filet à ce moment-là, mais lui m'avait vu le poser avant ça. Et ça m'a fait mal intérieurement. C'est vraiment douloureux. »

Michael Cresswell, le policier assis à côté de moi, s'approcha pour me chuchoter à l'oreille :

« C'est un moment capital. C'est le procès du changement climatique. »

Cresswell avait arrêté la moitié des hommes présents dans la salle. Dans une communauté de quelques milliers d'habitants, j'imagine combien cela pouvait être délicat. Ces hommes, il les croiserait jusqu'à la fin de ses jours, dans la rue, au supermarché, à l'école de ses enfants. Je lui demandai s'ils lui en voulaient. Il sourit et répondit non de la tête.

« J'ai vraiment le sentiment que la politique doit évoluer, avec le changement climatique, souffle-t-il. La désobéissance civile, aux États-Unis, c'est une longue et glorieuse tradition. Nous sommes là pour faire respecter la loi, avec l'espoir qu'ils décident d'une autre politique. »

Samuel Jackson, d'Akiak, dit au juge :

« Ça dépend quelles lois ou quelles supposées lois nous avons violées. Tous nos indicateurs traditionnels étaient là. Ça tombait sous le sens qu'il y avait du poisson dans le fleuve. Sauf votre respect, les vrais biologistes, ici, c'est les anciens qui sont derrière moi. »

Par la suite, Ivan Ivan, le chef du village d'Akiak, me résumerait le point essentiel autour duquel s'articulait la défense des pêcheurs. Tout en chiquant son tabac, il me raconta l'histoire du rat musqué, un petit animal qui ressemble à un castor et qui était jadis abondant autour de son village. Une peau rapportait un dollar et il en fallait trente-deux pour confectionner un manteau. Besoin de dix dollars ? Il suffisait de tuer dix rats musqués.

« Avant, on les piégeait à tour de bras », me dit Ivan.

Je voyais où il voulait en venir. J'allais avoir droit à un cours sur le fait que les peuples indigènes savaient comment protéger leurs animaux, que la ressource était inépuisable lorsqu'elle était bien gérée, que si ça avait marché avec le rat musqué ça pourrait aussi marcher avec le poisson.

« Et maintenant il n'y en a plus », conclut-il.

J'étais interloqué.

« Que s'est-il passé ?

– On a arrêté de les chasser. L'aide sociale voulait pousser les gens à ne plus piéger le rat musqué. Alors ça ne paie plus, c'est tout. Ce qui paie, c'est les bons alimentaires. Les gens ont arrêté de chasser le rat musqué, et donc le rat musqué est parti. »

Dans un texte soumis à la cour avant le procès, Jim Davis soutenait ceci : « Si les Yupiks ne pêchent pas le saumon royal, l'esprit de ce dernier sera offensé et il ne reviendra plus dans la rivière. » Un deuxième document développait :

> Au cœur de la perception religieuse de la chasse et de la pêche chez les Yupiks, il y a l'idée qu'animaux et hommes s'engagent dans une « réciprocité collaborative par laquelle les animaux *font don d'eux-mêmes* au chasseur qui les traite de manière respectueuse en tant que personnes non humaines » (selon Ann Fienup-Riordan). Par conséquent, le bon pêcheur yupik n'est pas une personne qui possède un grand savoir-faire, mais quelqu'un qui se conforme aux lois traditionnelles concernant le traitement du saumon et qui montre à celui-ci le respect qui lui est dû.

En d'autres termes, si le saumon retourne à la rivière c'est qu'il veut être pris, dès lors dédaigner ce sacrifice de sa personne revient à offenser son esprit et à bouleverser un équilibre naturel. De ce fait, toute interdiction de pêche est contre-productive.

Le document continuait :

> Un pêcheur yupik qui croit sincèrement dans son rôle religieux de régisseur de la Nature est convaincu qu'il est de son devoir d'accomplir la tâche qui lui est prescrite en maintenant cette « réciprocité collaborative » entre chasseur et gibier. Lui interdire totalement de pêcher le saumon va à l'encontre de

la pratique d'une croyance religieuse réelle. Dans la croyance religieuse des Yupiks, c'est ce cycle d'interaction entre homme et animal qui permet de perpétuer les saisons et, si cet équilibre n'est pas conservé, la nouvelle année ne suivra pas l'ancienne.

Cependant, l'équilibre des saisons est aujourd'hui rompu, et la distinction entre nouvelle et ancienne année, floue. Noah Okoviak, soixante-six ans, vint à la barre. Ses propos furent traduits par un interprète qui éclata en sanglots au milieu de sa déposition.

« Personne ici ne sait le temps qu'il va faire, dit Noah. Personne ici ne sait combien de poissons vont venir. Sauf le Créateur.

– Croyez-vous que le saumon royal ait une âme ? demanda le juge.

– Oui, répondit Noah sans hésiter. Toutes les espèces que nous prenons ont une âme. »

Quand vint le moment de sa sentence, tous les Yupiks de la galerie se mirent debout, les mains jointes devant eux, pour montrer leur respect envers cet ancien. Noah remercia les policiers.

« Ils accomplissent leur travail pour notre Créateur en essayant de favoriser un mode de vie positif, déclara-t-il. Seul Dieu peut savoir comment cette situation va se résoudre. »

Comme pour les autres, le juge Ward jugea Noah sincère dans ses croyances, mais néanmoins coupable.

« La cour estime qu'il est de l'intérêt impérieux de l'État de maintenir une importante population de saumons saine et viable », se justifia-t-il.

Toutefois, avant de passer au défendeur suivant, il ajouta ceci :

« Lorsque cette affaire ira en appel, la transcription froide des débats ne reflétera pas le fait que tout le monde était debout dans la salle d'audience. Et ce compte rendu ne reflétera pas non plus que nombre de personnes dans la salle avaient les larmes aux yeux. »

À moins de deux kilomètres en aval du sonar, sur la colline de Pilot Station, John Tinker est attablé devant une assiette de foie d'orignal accompagné de pancakes aux myrtilles, qu'il dévore à grands coups de fourchette tout en regardant sa femme, absorbée par la retransmission des Jeux olympiques. C'est l'épreuve de natation, avec Michael Phelps. C'est Rio et il va tenter de décrocher sa cinquième médaille d'or, ou sa sixième. Beverly est couchée sur le canapé devant la télévision tandis que leurs filles, de bambine à adolescente, sont éparpillées dans la pièce. Ce sont encore les grandes vacances et ce matin elles ont rendu John dingue. « Cet homme porte sur ses larges épaules tous les espoirs de l'Amérique », annonce le commentateur. Sous-entendu : tous ceux de John aussi. Rio est très loin d'ici.

C'est la fin de la matinée et il est perclus de courbatures. Impossible de se mettre en route, aujourd'hui. C'est qu'il n'est plus tout jeune. Il a la barbe grisonnante, mais ses cheveux ras sont toujours d'un noir de jais. Il porte depuis peu des lunettes qui lui donnent un air de hibou. Ils ne sont rentrés qu'à minuit passé. Une ouverture de dernier moment, annoncée si tardivement que Boreal, la société acheteuse, ne s'est pas bougée assez vite pour envoyer des bateaux, ce qui les a tous contraints à rejoindre l'usine après et à faire la queue pendant des heures pour être payés. Il est revenu dans le noir, sans phares, rebondissant sur les vagues alors qu'il essayait de se repérer à la silhouette des collines sur le ciel. Il a vraiment frôlé quelques grumes de près. Il a encore joué avec le feu sauf qu'à force de jouer avec le feu, on risque de se brûler. Son voisin est rentré à 5 heures du matin et, s'il n'était pas bredouille, c'était tout comme. Ça arrive parfois : c'est la loterie.

La section du Yukon qui s'étire de Pilot Station jusqu'à l'embouchure est la seule sur laquelle la pêche commerciale soit toujours autorisée. Ici, on trouve des argentés, et les chums demeurent d'une qualité convenable. Mais maintenant qu'ils doivent à tout prix éviter de toucher aux chinooks, les lieux et périodes de pêche autorisés sont de plus en plus restreints : souvent les ouvertures n'arrivent qu'à la toute fin de la saison, quand tous les royaux sont passés. John a entendu les récriminations des Athabascans qui vivent en amont : ils disent que les Esquimaux attrapent tout leur poisson, que la pêche commerciale a anéanti les chinooks, mais ce n'est pas vrai. En aval, la situation est tout aussi mauvaise. Et là-haut ils ont tous un boulot. Ici il n'y a rien. Il faut bien se débrouiller pour se faire un peu d'argent afin de payer les bateaux, le gasoil, les filets – dont le gabarit de maillage semble changer d'une année sur l'autre. La pêche commerciale et celle de subsistance sont les deux faces d'une même pièce. L'une permet l'autre, et utiliser la pêche commerciale pour gagner l'argent dont vous avez besoin pour pouvoir ensuite prendre votre propre poisson n'est guère différent de ce qui se faisait voilà mille ans, quand vous vous serviez de tout ce qui vous tombait sous la main pour fabriquer votre filet. Au bout du compte, ce n'est que de la pêche.

John habite une baraque de plain-pied, un rectangle en préfabriqué, similaire à toutes les autres de Pilot. Dans un coin il y a un gros poêle qu'ils alimentent avec du bois flotté récupéré sur le fleuve, des arbres qui proviennent de régions distantes de plusieurs centaines de kilomètres – les saules grêles qui poussent autour du village ne dégagent aucune chaleur. Les murs de la cuisine sont tapissés par le fruit du parcours de huit enfants à l'école : certificats du meilleur élève, de l'écolier le plus assidu, peintures de parties de pêche, d'engins à neige, de matchs de basket. John et Beverly qui se tiennent la main sous un arc-en-ciel portant l'inscription *Papa et maman je vous aime*. L'autre jour, Sonny a rapporté à la maison le livre qu'ils lisent en classe, *Spot*. Sonny n'arrive pas à comprendre qu'on puisse avoir envie d'un chien aussi nul et encore moins qu'on écrive un bouquin sur lui. Spot est incapable de tirer un traîneau ou de repousser un ours. Il n'a jamais travaillé un seul jour de sa vie.

John a un fils et sept filles. Ses deux aînées ont quitté Pilot Station et elles pondent des gamins. L'une de leurs sœurs s'est installée à Anchorage, mais les autres sont encore ici. Il déteste aller lui rendre visite. On ne peut pas respirer, avec toutes ces vapeurs de diesel, de friture, de parfum et de transpiration. On ne peut pas pisser où on veut. Mais la ville paraît exercer un certain attrait sur les gens. Le plus grand village autochtone d'Alaska, voilà ce qu'est Anchorage. Plein de Yupiks comme eux, plein d'Athabascans, de Tlingits, d'Aléoutes, d'Inupiaqs. Sa propre sœur, Mary Jackson, est partie, elle aussi, pour tenir le magasin AC de Fort Yukon. Il sait combien elle a le mal du pays. Lui a essayé de déménager une fois, avec Beverly. Il est allé à Sitka, au séminaire, puis à Kodiak, à l'école de commerce. Il a tenu un an. Il est rentré, ainsi que tous l'avaient prédit. Il a échoué. Comme tout indigène d'Alaska originaire d'un endroit où l'alcool est interdit et qui va s'établir dans une ville qui possède un magasin de spiritueux, pense-t-il. Jeune et bête.

Nous les Yupiks, a-t-il toujours dit, si vous nous lâchez dans une ville, on est sûrs de foirer. Même si on a eu envie de se tirer, de chercher à faire quelque chose de notre vie, quand on débarque là-bas on se casse la gueule. On devient alcoolos ou camés. Il a vu le même scénario se reproduire maintes et maintes fois. C'est un choix : si vous échangez les herbes sauvages contre du béton, vous vous blessez quand vous tombez. À Pilot Station, il y a quatre coins, on y a des repères. On y a tout ce dont on peut avoir besoin. L'année dernière, l'école a emmené les élèves « ailleurs », en Californie. L'une de ses filles a participé au voyage. Elle a vu un cheval : ça ressemblait à un orignal. En revenant, elle leur a expliqué que là-bas tout ce qui est sympa, c'est payant.

Il est censé vouloir que ses gamins aillent à l'université, il le sait bien. Mais s'il faut vivre quelque part, Pilot Station n'est pas si mal que ça. De nos jours, on dirait que pour les gens il n'y a pas de quoi être fier de pêcher ou de pratiquer le piégeage ou d'élever une famille où personne ne boit et dont chaque membre veille sur l'autre. Maintenant, vous pouvez suivre des études autochtones à l'université de Fairbanks. Vous pouvez emménager là-bas en vue d'y étudier ce que vous venez d'abandonner pour, à la fin, vous voir accorder un diplôme par un Blanc. Il veut que ses enfants puissent grandir en apprenant à pêcher, à parler yupik, loin des villes et de leur cortège de violences et d'addictions diverses. Ses parents ne lui ont jamais parlé en yupik. Ils affirmaient que l'avenir, c'était l'anglais. Il connaît donc seulement quelques mots de sa langue natale, c'est tout. Aujourd'hui, son enseignement est obligatoire à l'école. En fait, tout ce dont il a besoin, c'est que l'une de ses filles fasse une formation d'ingénieur en mécanique auto pour l'aider à réparer son pick-up.

Tout à coup, la CB se met à couiner avant de s'animer brutalement. Elle est posée dans le coin, toujours allumée, enfouie sous un amas d'assiettes sales et de cartouches de fusil de chasse, s'éveillant dans un marmonnement dès le lever pour ensuite papoter toute seule jusqu'au coucher, véritable subconscient de la communauté.

« Bonjour Pilot Station, bonjour ! »

C'est Lindsay, de la station du sonar.

« La pêche commerciale sera autorisée le vendredi 26 août dans le district 2 entre 13 heures et 21 heures. Cette période de huit heures sera ouverte à la pêche commerciale, avec des filets maillants d'un gabarit inférieur ou égal à 15 centimètres. »

Beverly détache les yeux du téléviseur. John se passe la main sur le visage.

« Et merde », grommelle-t-il.

Le silence s'installe, meublé par le bourdonnement des parasites.

« C'était une annonce de l'Alaska Department of Fish and Game, en concertation avec l'US Fish and Wildlife Service.

– Merci Lindsay, dit une autre voix dans le poste.

– Superstar », lâche une autre.

Michael Phelps a gagné une nouvelle médaille d'or.

« Merde », répète John.

Il plie le dernier pancake et l'enfourne tout entier, puis avale le reste de son café d'un coup.

« Sonny ! T'es où ? » crie-t-il.

Sonny, huit ans, son unique fils dans cette maisonnée de femmes, sort de la chambre d'un pas chancelant, en équilibre sur une paire d'escarpins de sa mère – les argent pailletés. John l'examine de la tête aux pieds.

« Qu'est-ce que c'est que ce déguisement, fiston ? demande-t-il.

– Sonny a des socquettes de fille, intervient l'une des gamines. Et il aime les pantalons de fille et les jupes de fille. »

Sonny confirme d'un hochement de tête la véracité de ces affirmations.

« Va donc m'enlever ces conneries, grommelle John. Tu m'accompagnes à la pêche. »

Il envoie un texto à son homme de pont puis remplit son thermos de café et dit au revoir à Beverly en l'embrassant. Il sort dans le *qanisaq*, le vestibule de l'Arctique, enfile sa Helly Hansen, braille à Sonny de rappliquer et sort pour démarrer le pick-up.

Il allume une cigarette et entrouvre sa vitre. Il ne se souvient plus combien de fois il a essayé d'arrêter. Le temps est toujours gris, froid et humide, la lumière enfermée dans un poing. Pick-up et quads vont et viennent dans le vrombissement de leurs moteurs. Tout le monde se prépare, le village est sorti de sa léthargie. Il voit Terry qui arrive en face de lui et s'arrête à sa hauteur.

« Hé, Boyer ! lance celui-ci.

– T'as entendu, pour l'ouverture ? demande John. De 1 heure à 9 heures.

– Ouais, j'ai entendu. Je suis trop crevé pour y retourner, pas aujourd'hui. Je ne suis plus tout jeune.

– Y a plein de poissons ! proteste John. Vraiment plein de poissons !

– Pas comme avant », rappelle Terry.

Il jette un regard à Sonny, qui est assis sur le siège passager, les jambes tendues devant lui.

« Ton papa te paie ? » lui demande-t-il.

Sonny fait oui de la tête.

« J'espère bien ! s'exclame Terry. Combien tu gagnes ?

– Quinze dollars.

– C'est beaucoup d'argent.

– Je vais économiser jusqu'à ce que j'aie vingt mille dollars et alors j'achèterai à papa un Yamaha de trois cents chevaux. »

Terry hausse les sourcils.

« Ça va pas durer, dit-il. Fais gaffe. Il y a une tempête qui se prépare. »

Après la rencontre, tandis qu'ils prennent le chemin des quais, John glisse à Sonny :

« C'est pas un vrai pêcheur. Les vrais pêcheurs vont pêcher. »

En route, ils s'arrêtent à l'épicerie pour acheter des provisions – des bonbons pour Sonny, des cigarettes –, puis repartent vers l'embarcadère. Un bossu mort flotte dans les hauts-fonds, ballotté comme un sac vide. Sonny le tâte du bout du pied. Walter, l'homme de pont de John, est déjà là, en train de consulter l'écran de son smartphone. *Ton bateau est moche et tes appâts puent*, proclame son sweat à capuche. Le bateau est souillé d'ordures et de sang, emballages de Pop-Tarts et de Capri Suns, la caisse encore pleine de sang. Il déteste le laisser dans un tel état, car au bout d'un moment c'est une véritable infection, mais ils étaient crevés lorsqu'ils sont rentrés. Au moins la pêche avait-elle été bonne. Il a mis sur Facebook la photo des six bacs qu'ils avaient rapportés, remplis de plus de quatre cents poissons qui débordaient sur le pont. Mary, sa sœur qui habite Fort Yukon, l'a aussitôt likée. Elle est si loin de chez elle, la pauvre fille.

Une tonne trois de poisson, hier, principalement du coho et un peu de chum : deux mille quatre cents dollars. Pas mal, pour une journée de travail, encore qu'une fois déduits le salaire de Walter et le prix du gasoil, ce n'est pas énorme, avec dix bouches à nourrir. Ce n'est plus comme avant. À l'époque où ils avaient le droit de pêcher le royal, ça payait vraiment bien. Une fois, il avait gagné quatorze mille dollars en une seule ouverture. Plus de pognon que de raison, plaisantaient-ils entre eux. Mais ça, c'était il y a des années.

Balayée par l'air, la mer forme des moutons. Le vent est toujours assez fort, ici, qui dégringole des dernières falaises par-dessus lesquelles il a dû se hisser, ultime étendue de terre plus haute qu'un myrtillier avant la Russie. En temps normal, il ne serait pas sorti un jour pareil, mais il faut profiter des ouvertures quand il y en a.

« Mets ta brassière, Sonny », lui ordonne-t-il.

Puis il enfile son propre gilet de sauvetage et le boucle. Fin et élimé, John l'a davantage utilisé comme coussin pour s'agenouiller qu'il ne l'a porté. Il décrit un arc de cercle pour gagner le milieu des flots et oriente le canot à contre-courant. Il confie le volant à Sonny, qui s'en empare avec une expression de sérieux qui sied à la gravité de la tâche, puis il aide Walter à soulever le conteneur rempli de sang pour le poser sur le plat-bord avant de le vider dans l'eau. Les goélands viennent déjà se masser. Il met les ordures dans un sac, puis nettoie le pont et les flotteurs à la brosse pour en enlever le sang. Ensuite, John reprend le volant à Sonny en poussant un cri de joie cependant qu'il met les gaz.

« Accrochez-vous, les gars ! » lance-t-il.

La proue tressaute et se cabre, puis le bateau file vers l'amont en se fracassant sur les vagues. Une bande d'oies rieuses jaillit des hauts-fonds. Impossible de s'entendre par-dessus le vacarme du moteur. Sonny se recroqueville dans son gilet de sauvetage. Installé face à la poupe, Walter fume une cigarette en regardant le sillage s'ouvrir en éventail et les autres canots se détacher des quais, telles des chauves-souris qui se décrochent de leur perchoir, pour rejoindre des sites de pêche choisis dans un mélange de logique et de divination.

Le fleuve se contracte en ondulant comme un serpent. Au loin, ils aperçoivent les bourrasques de pluie qui approchent. Des nuages, partout, qui virent du blanc au noir, entrecoupés par un brouillard bas. Tout un univers de climats, un ciel arctique. C'est bon de pouvoir de nouveau pêcher, d'avoir l'autorisation de l'ADF&G. Il n'y a rien de pire que rester assis à la maison avec tous ces poissons qui passent à côté de vous sans que vous puissiez y toucher.

À Pilot Station, il y en a qui ont approuvé l'action des pêcheurs de la Kuskokwim River et tout le battage autour du procès. Les Yupiks n'aiment pas qu'on leur dise ce qu'ils doivent faire. Mais il y en a d'autres, comme son beau-père, que cette histoire a mis hors d'eux. Si on a instauré un processus de gestion de la ressource, ce n'est pas pour rien, fulminent-ils. Ils ne peuvent pas se contenter de ne penser qu'à court terme et à toutes ces conneries traditionnelles. « Il y a des gens qui ne veulent pas suivre les règles, c'est tout ! » a déclaré son beau-père. Il y en a désormais, y compris des politiciens, qui tentent de justifier tous les problèmes sociaux des Yupiks par la raréfaction du saumon royal. John a des enfants, il faut qu'il pense à eux. Et s'il veut que Sonny devienne pêcheur plus tard, eh bien peut-être vaut-il mieux suivre pendant quelque temps les recommandations des scientifiques. Même si ceux-ci sont tous des Blancs.

Ils atteignent la pointe nord de Spangle Island une heure plus tard. Il y a déjà quelques embarcations sur place, rets immergés, mais pas autant qu'il l'aurait cru. Walter lance la bouée orange dans l'eau et laisse filer les flotteurs au-dessus de la proue, le filet suivant le mouvement, tandis que John fait machine arrière en une large courbe avant de se mettre à l'arrêt, le moteur au ralenti. Autrefois, le filet était long d'une trentaine de mètres, mais il doit sans doute mesurer dans les vingt-cinq maintenant, avec toutes les réparations qu'il a subies. Un maillage de 5 pouces 7 huitièmes – 14 centimètres 92 –, parfait pour les argentés femelles. Un huitième de pouce fait parfois toute la différence.

Ils se préparent à l'attente. La pluie qui tombe perle sur leurs cirés. Il sent le changement de saison, le basculement dans l'automne. Il prend le thermos, rempli de café sucré et allongé de lait, se sert une tasse, puis allume une cigarette et reste assis à balayer des yeux le paysage. Il sort son smartphone. Le fond d'écran est une photo de Sonny qui tient un tétras du Canada par la peau du cou. Il le montre à Walter.

« Il l'a tué avec une pierre », explique John.

Il boit son café à petites gorgées. Alors qu'il contemple la rive opposée, le fleuve explose soudain en rapides et en turbulences, comme si un déluge venait de s'abattre sur lui. Un bloc de muscle qui brille d'un éclat argenté, tendu, battant comme un drapeau dans un vent violent, ricochant sur la surface. Ce n'est que lorsqu'il est retenu ainsi, prisonnier du filet maillant, tempête enfermée dans une bouteille, que la puissance du poisson se manifeste. C'est un spectacle auquel il a souvent assisté en quarante ans, mais qui l'émeut toujours. Arraché à une trajectoire aussi magnétique qu'une orbite, il se débat avec toute la force que lui confère son destin biologique irréalisé, cet impératif qui l'a poussé à entreprendre un voyage de cinq ans, qui l'a entraîné loin de cet endroit pour finalement l'y ramener, avec tous les chalutiers et les roues de pêche, les ours et les embâcles, les otaries et les maladies auxquels il a échappé jusqu'ici. Accepte-t-il de bon gré de s'offrir au pêcheur ? Ma foi, peut-être, mais cela ne diminue pas pour autant la grandeur de son sacrifice. Après tout, songe-t-il, même Jésus a lutté sur la Croix.

John tape du pied sur le plancher du canot. Une vibration qui se propage effarouche les saumons, lesquels ont alors tendance à remonter pour aller s'empêtrer dans les mailles des rets. Ils aperçoivent une nouvelle prise, puis une autre encore. Il sourit, il a vu juste. Il savait qu'ils seraient ici. Il le savait, c'est tout. *Neqpik* est le nom qu'ils donnent au saumon. Traduit littéralement, le terme signifie « véritable nourriture ». L'un des rares mots qu'il connaisse.

« Si on ne remonte pas rapidement ce filet, on n'arrivera pas à le tirer », avertit Walter.

Ils s'attellent à la tâche, tous les trois. Son fils immédiatement derrière lui, qui grogne comme les hommes. Le résultat en vaut la peine. Tout ce dur labeur, et le froid, et la longue attente. Ils hissent le filet à bord, une main après l'autre, et le nylon mord dans leurs gants. Le corps chaud de Sonny pressé contre les jambes de John. Les saumons se contorsionnent en tous sens, miroitant dans cette lumière terne. Huit, neuf, onze, il les compte. Walter les libère du maillage et les jette dans la caisse sous le regard fasciné de Sonny, planté à côté. Si ça continue à ce rythme, ce sera une bonne journée. Ils sont revenus, comme il se devait, comme il savait qu'ils le feraient, afin de semer les graines pour la prochaine génération.

Septembre est là et le temps a changé. À notre réveil ce matin, le ciel était sombre et, à l'aube, la couleur des feuilles des saules a mué en un jaune moucheté de taches brunes. Les grues ont viré au blanc. Un canot solitaire flotte dans la brume à une distance indéterminée, évoquant une vieille peinture chinoise, avec un homme seul penché sur son filet. Les outardes prennent le chemin du sud. Toute la journée, par milliers dans le firmament, toutes réglées sur le même point cardinal, se déployant en figures géométriques simples, lignes, arcs, chevrons, une canopée d'oies. Cela me rend nerveux d'être encore sur le fleuve alors que les bernaches ont entamé leur migration. Lorsque les conditions climatiques se dégraderont pour de bon et que les étangs où elles se reproduisent seront recouverts de plusieurs dizaines de centimètres de glace, elles seront à un demi-hémisphère d'ici, à danser sur les flots sous le soleil en se nourrissant des céréales méridionales. Nous les regardons se succéder par vagues au-dessus de nos têtes jusqu'à ce que leur cacophonie finisse par devenir faible, lointaine, cependant qu'elles s'évanouissent vers le sud-est, et l'été est dorénavant une chose tangible que je vois disparaître avec elles.

Nous sommes si près de la mer, à présent. Nous profitons de la pause déjeuner pour nous promener sur la toundra et cueillir des myrtilles. Les plumes dont les outardes se sont dépouillées lors de la mue s'accrochent aux herbes en vibrant au vent. Il y a des champignons ratatinés, plus comestibles depuis longtemps. Maintenant que nous sommes au cœur du delta, c'est un paysage nouveau pour nous. Sous nos pieds un fouillis de pousses miniatures, de délicats lichens et carex, de mousses et de fleurs. Nous remarquons des bonsaïs trapus hauts de cinq centimètres et vieux peut-être de cinquante ans, dont la croissance a été retardée par le permafrost qui emprisonne leurs minuscules racines. Cette terre a des allures de prairie alpestre, ondulant sur le plateau jusqu'aux collines bleues qui s'élèvent au loin. Vous pourriez sans risque courir plusieurs minutes les yeux clos. L'horizon attire votre regard, agrippe vos pieds. Je me demande quelle sensation on peut éprouver à marcher dans un tel environnement. Pas de barrières, pas de routes, sur plusieurs centaines de kilomètres. Une région sauvage, vraiment sauvage. Le mot se déroule comme un mantra, quel que soit le sens qu'on lui donne. À quel moment finit-on par rencontrer quelqu'un ? Le son le plus puissant est celui de mon corps, de ma digestion. Et aussi celui que j'entends résonner dans mes oreilles, peut-être la pulsation de mon sang ou le silence qui est le bruit de fond de l'univers. Dans le lointain, d'autres rafales de bernaches.

Nous continuons notre chemin. Il y a trois mois, les saumons royaux devaient commencer leur remonte ici. La météo file au grand galop vers l'automne. Nous avançons parmi les vagues qui déferlent et l'eau s'engouffre dans le canoë. À la poupe, j'écope. Il pleut, encore et encore. Difficile de faire la différence entre le fleuve et le ciel. Nous avons désormais du mal à nous remémorer une période où nous ne nous levions pas chaque matin pour pagayer. Mais d'ici deux à trois jours, nous parviendrons au terme de notre voyage. Alors que le Yukon se déploie en un entrelacs, nous empruntons de longs bras morts pour nous éviter le pire des intempéries. Nous campons sur des berges boueuses couvertes d'herbes jaunies, presque mortes. Le soir, impossible d'allumer un feu tellement le bois est humide et, en guise de dîner, nous mangeons des crackers tartinés de beurre de cacahuète et de confiture. Le matin, à demi frigorifiés, nous enfilons des gants et des chaussures humides pour reprendre notre navigation.

Le premier signe annonciateur d'Emmonak, dernier village avant l'océan, est la vision de quatre éoliennes blanches qui dressent leurs silhouettes complexes au-dessus de l'horizon. C'est également le premier équipement d'infrastructure qui croise notre chemin depuis notre passage sous le pont deux mois auparavant. J'avais oublié que l'humanité était capable d'une telle domination sur le paysage. Les pales tournent indolemment mais, de par leur forme, leur taille et leur couleur, les aérogénérateurs ne sont pas en cohérence avec le reste. Quelqu'un m'a dit une fois : « Si vous voulez cacher un truc là-bas, ne le mettez pas dans quelque chose de blanc. À part le crâne des pygargues, il n'y a rien de blanc là-bas. »

Toute la journée nous avons vu des pêcheurs qui posaient des filets dérivants dans les canaux. Ils nous dépassent à toute allure, avec leurs cirés et leurs lunettes de soleil, la main tendue bien haut pour nous saluer, et nous nous tournons face aux vagues que génère leur sillage avant qu'elles ne viennent clapoter contre le flanc du canoë. Il y a une circulation beaucoup plus importante ici, supérieure à tout ce que nous avons pu connaître depuis le départ. À l'exception d'une petite fabrique près de Pilot Station, Emmonak abrite l'unique pêcherie commerciale de saumon et la seule entreprise d'importance du fleuve. Le site étant suffisamment proche de l'océan, on y trouve encore assez de chum et d'argenté pour justifier l'existence d'une industrie. On y pêchait aussi le chinook, bien sûr, mais c'était il y a bien longtemps. Les navettes – de grands bateaux qui récupèrent les prises des pêcheurs pour les transporter sur la glace jusqu'à l'usine – naviguent parmi les canots et lorsqu'elles s'en retournent avec leur cargaison, nous leur emboîtons le pas. Elles s'écartent du cours principal du fleuve pour s'engager dans le bras de Kwiguk Arm afin de rejoindre l'unité de traitement. Au début du périple, Kwiguk Arm nous serait apparu comme une grosse rivière mais après avoir quitté le gigantisme du Yukon, on dirait plutôt un ruisseau, guère plus large que la Tamise. Des machines rouillées bordent la rive nord, des containers rouillés sont entassés le long des quais, un antique chaland rouillé est amarré à deux antiques bulldozers. Là où le permafrost a fondu, les constructions ont glissé, semblables à des épaves flottantes après une tempête. Devant nous apparaissent des entrepôts, des ateliers et des grues. Des volées de goélands encombrent le ciel. Voilà si longtemps que je n'ai rien vu à cette échelle que j'ai l'impression d'arriver à Seattle.

Que doivent-ils penser de notre canoë ? C'est comme emprunter une autoroute à bord d'une carriole tirée par un cheval. Nous tournons brusquement pour couper le sillage déferlant des navettes sur lequel nous sommes ballottés et n'avons d'autre solution qu'écarter nos pagaies au maximum pour garder une certaine stabilité. Dans les moments d'accalmie, nous tentons de nous approcher petit à petit du port. La situation a soudain quelque chose de terrifiant. Chavirer à cinq minutes du but serait vraiment un comble et, franchement, cernés par ces énormes barges et tous ces gens qui essaient de gagner leur vie, je me dis que c'est ce que nous mériterions. Enfin, nous glissant entre deux canots, nous nous faufilons dans le port et nous amarrons à un ponton. Nous restons assis quelques instants pour nous calmer. Nous avons réussi.

Je descends pour me dégourdir les jambes. Des gamins traînent autour des amarres, le visage sale et dévoré par les moucherons, l'un d'eux avec un débardeur barré du mot BEAST, et, pendant que nous déchargeons notre montagne d'affaires, ils s'agglutinent autour de nous, la main tendue pour quêter bonbons et argent.

« Allez, donnez-nous un dollar.

– Pourquoi tu veux de l'argent ? je lui demande.

– Pour ne pas être toujours fauché », répond-il, ainsi qu'il a dû l'entendre de la bouche de son père, avant de se racler la gorge et de cracher.

L'usine de conditionnement d'Emmonak est dirigée par une société appelée Kwik'pak, le mot yupik qui désigne le Yukon, dont les bâtiments se trouvent tout près de l'endroit où nous avons accosté. Je pousse la porte du bureau pour demander ce que nous pouvons faire du canoë et on nous propose de profiter du baraquement dans lequel est hébergé le personnel, si cela nous intéresse. Comme nous sommes trempés jusqu'aux os, nous acceptons sans hésitation. Nous disposons d'une chambre rien que pour nous, avec deux lits simples séparés par un bureau, au-dessus desquels sont fixées des lampes pour lire. Nous cachons le canoë à l'extérieur, sous la fenêtre.

Kwik'pak offre un luxe auquel nous n'étions plus habitués. Il y a des douches chaudes, des céréales à volonté, un lave-linge. Au dîner, du rosbif et de la purée, du raifort et des haricots verts. Le repas terminé, nous restons à la cantine à boire café sur café. Au fur et à mesure que nous séchons et nous réchauffons, je prends conscience avec plus d'acuité de l'état d'épuisement de tous les autres. Ces gens ont l'air brisés, des morts-vivants, les yeux cernés de poches profondes. Nous sommes un vague objet de curiosité, rien de plus. L'homme assis face à moi repousse son assiette et se tapote le ventre avant de bâiller.

« La journée a été longue ? je demande.

– Si vous demandez un congé, on vous envoie paître en vous traitant d'enfoiré. »

Ils mangent tête baissée, en silence, les yeux dans leur assiette, et, une fois qu'ils ont fini, ils se lèvent et quittent la salle.

Après le dîner, nous allons nous promener. Dehors, chaussés de bottes en caoutchouc, nous cheminons dans la boue et le sang qui semblent constituer les fondations mêmes de la fabrique, tandis que dans l'air flottent des miasmes de crasse, de sang et d'entrailles de poissons. Des gamins pataugent dans la fange, capuche rabattue sur le crâne, biceps à l'air, lessivés par le manque de sommeil. Un lynx nous dépasse en ronronnant, laissant des ornières dans le bourbier. En cet instant, je n'ai pas le courage de parler de poisson à quiconque. Nous allons nous coucher et restons allongés à écouter l'usine dans la nuit.

Nous consacrons quelques jours à sillonner la ville. Nous n'avons pas d'impératifs qui nous appellent ailleurs. C'est étrange : cet endroit – que nous avons mis tant de temps à atteindre, que j'ai couvé des yeux sur les cartes, chez moi à Londres, pendant tant de mois, puis pendant tant d'autres mois encore, assis à la poupe du canoë – est simplement un endroit où d'autres gens vivent et vaquent à leurs occupations. Nous allons au Family Restaurant pour manger des sandwichs et jouer au billard américain. Un jour, nous nous rendons à la salle omnisport, où il devait y avoir une démonstration de danses traditionnelles et de violoneux, mais tout le monde est parti à la pêche. Boueux et étendu, Emmonak ressemble beaucoup aux autres villages de cette partie du fleuve, mais sa proximité avec la mer lui donne une atmosphère encore plus précaire et désolée. Désormais, il n'y a plus de cabanes en rondins – il n'y a plus de bois – et tout est construit avec du contreplaqué et de la tôle ondulée. Les édifices s'affaissent à divers stades de délabrement, alors qu'au-dessus de la ville tournent les éoliennes, vision de quelque monde futur.

Dans les années 70, toutes les plus grandes boîtes qui opéraient à Emmonak étaient japonaises. La plus grosse entreprise agroalimentaire du Japon y avait des bureaux. Comme la limite des deux cents milles nautiques venait d'entrer en vigueur, les Nippons n'avaient plus le droit de pêcher au large de l'Alaska. Afin de pouvoir sécuriser leurs sources d'approvisionnement, ils achetèrent des compagnies américaines de conditionnement de saumon. Seul le chum les intéressait et, par conséquent, tout le royal prenait la route de New York – en fûts, salé et séché –, où il était vendu aux fumoirs juifs qui en faisaient du saumon fumé. Quand l'aquaculture s'est imposée au milieu des années 80, les sociétés de fumage new-yorkaises sont passées au saumon d'élevage et les Japonais se sont retrouvés avec sur les bras un stock de chinooks dont ils ne savaient comment se débarrasser. C'était bien avant le boom du poisson frais et, de surcroît, il n'y avait pas de systèmes de réfrigération à Emmonak. Ils décidèrent alors de fabriquer des flocons de saumon royal à saupoudrer sur le riz, qu'ils écoulaient chez eux à un prix frôlant celui de la poussière d'or. Les affaires étaient florissantes. Puis les montaisons se sont brutalement effondrées.

Aujourd'hui, seule Kwik'pak, entreprise gérée par les Autochtones, fait du commerce en dehors du marché local. Les dirigeants de la firme sont convaincus que les populations de saumons sont en voie de rétablissement, que les royaux sont en meilleure santé, plus gros, plus forts, et que les beaux jours seront bientôt de retour. C'est la seule compagnie de produits de la mer au monde à être certifiée commerce équitable. L'un de ses principes fondamentaux est de réinvestir localement dans le but d'améliorer la situation économique des communautés. Il n'y a pas grand-chose d'autre, ici. L'hiver venu et la saison de la pêche finie, il y a quarante emplois pour 800 habitants.

Et Emmonak est une localité prospère. Contrairement aux villages de l'amont, où commerces et équipements collectifs ferment, ici un nouveau magasin AC vient de voir le jour, de même qu'un nouveau bureau de poste et une école plus grande. Presque la moitié des résidents parlent le yupik comme première langue. Lorsque les explorateurs russes sont arrivés à l'embouchure du Yukon, le dédale de hauts-fonds qui s'offrait à leurs yeux leur a paru inextricable et, pour ne pas courir le risque de s'échouer, ils ont remonté la côte vers le nord, puis porté leurs vaisseaux jusqu'au fleuve par voie de terre. Ce qui signifie que ce territoire est resté plus longtemps que les autres préservé de l'influence des étrangers blancs. Mais aussi que les changements qui s'y sont produits ont été encore plus rapides que dans le reste de l'Alaska. Cette histoire particulière se traduit par des spécificités démographiques. Ainsi ce comté est-il le plus jeune de tous les États-Unis : 47 % de ses habitants ont moins de dix-huit ans. C'est par ailleurs le quatrième le plus pauvre de tout le pays, avec le taux de chômage le plus élevé de *tous* les comtés américains : plus d'un quart de la population vit au-dessous du seuil de pauvreté. Des chiffres qui contrastent avec ceux de North Slope, situé cinq cents kilomètres plus au nord : une région largement peuplée d'Inuits, selon les chiffres du recensement, et qui est le vingtième comté le plus riche de toute l'Amérique.

Cette disparité découle en partie du vote de l'Alaska Native Claims Settlement Act (ANCSA). Suite à la découverte en 1968 de pétrole à Prudhoe Bay, il convenait d'abord de régler la question de la propriété des terres avant de lancer la construction du pipeline et d'accorder des concessions pétrolières. Le gouverneur Walter Hickel estimait qu'« on ne peut revendiquer la propriété d'un territoire que par sa conquête ou son achat. Ce n'est pas parce que votre grand-père a chassé l'orignal sur des terres qu'elles vous appartiennent ». Un point de vue que ne partageait pas Stewart Udall, le ministre de l'Intérieur, tout comme – sans surprise – les indigènes d'Alaska. Udall décida de suspendre toutes les opérations foncières jusqu'à ce que le litige soit tranché. En 1971, l'ANCSA fut ratifié, accordant aux Autochtones un milliard de dollars et près de 162 000 kilomètres carrés de terres, soit un dixième de l'Alaska, divisés en douze régions en fonction des frontières culturelles et tribales. Dans chacune de ces circonscriptions, une compagnie autochtone fut chargée de gérer la richesse locale (une treizième fut créée pour les natifs non résidents). Du jour au lendemain, les indigènes devinrent des actionnaires, avec la perspective de toucher des dividendes annuels. Une bonne partie des territoires ainsi hérités offrait une profusion de gisements miniers, pétrolifères et gaziers, de bois d'œuvre et de poisson (mais une portion tout aussi importante en était dépourvue, ce qui explique les énormes différences de niveau de vie que l'on constate aujourd'hui encore entre les régions). Pour reprendre les mots de l'essayiste John McPhee, l'ANCSA fut « généralement décrit comme le texte législatif le plus généreux et éclairé sur les questions qui concernaient les peuples autochtones ».

Comme lieu d'étude des effets du capitalisme en microcosme, il n'y a pas mieux que l'Alaska et ses compagnies autochtones. Les débats entre partisans de l'économie de marché et anticapitalistes sont manifestes dans les villages indigènes : les terres doivent-elles être possédées par des sociétés ou par les gens qui vivent dessus ? Les bénéfices matériels apportés à l'existence de la population justifient-ils la disproportion grandissante entre les niveaux de vie ? Un système qui maximise l'exploitation des ressources pour le profit a-t-il un sens quand cette maximisation appauvrit en fin de compte le sol dont elles sont extraites ? Une croissance constante peut-elle être maintenue face aux limites naturelles ? À Point Hope, dans le district de North Slope, il est évident que l'équipement sismique utilisé pour l'extraction du pétrole a un impact sur la communication des mammifères marins dont le village dépend pour se nourrir, ou qu'une marée noire aurait des conséquences désastreuses sur son environnement encore vierge. Mais, pour une localité de moins de 700 âmes, Point Hope possède une caserne de pompiers, un centre de santé, une usine de traitement des eaux usées, une centrale électrique et un lycée. Il y a un MacBook sur le bureau de chaque écolier. On compte plusieurs millionnaires. Tout cela est le fruit de l'argent rapporté par le pétrole, grâce aux contrats signés par l'Arctic Slope Regional Corporation.

Un soir, après le dîner, je traverse le bourbier pour rendre visite à Jim Friedman. Je le trouve dans son bureau, une cabane adossée au côté d'un Algeco de plus grandes dimensions. Il est affaissé dans un fauteuil pivotant, entouré d'une nuée d'adolescentes qui engloutissent des paquets de biscuits Oreo. Griffonné au marqueur sur le battant de la porte du bureau : *Ne te laisse pas abattre par un poisson mort*. Je me faufile dans un coin.

« Du thé ? » me propose Jim.

Il ramasse un fatras de papiers et d'emballages pour le poser sur le côté. Sous ce monticule se cache une bouilloire. Il la remplit avec l'eau d'une carafe, puis y plonge deux sachets d'Earl Grey ainsi que deux autres de feuilles de framboisier et la met en marche.

« Je n'avais jamais vu quelqu'un faire le thé dans la bouilloire, dis-je.

– Dans quoi vous le faites ? » réplique-t-il.

Jim est d'un âge indéterminé, peut-être une bonne cinquantaine d'années. Comme chaque fois que je le verrai par la suite, il porte une salopette et un bonnet en laine de bœuf musqué au bord intérieur noirci par la transpiration. C'est un poste à la base aérienne militaire de Galena qui l'a amené en Alaska.

« Dans l'avion pour venir ici, un gus m'a dit : “Ne reste pas plus d'un hiver, sinon tu prendras le virus.” Ben il avait raison », admet Jim.

Il me tend ma tasse de thé.

« Ça fait trente ans que je suis dans les œufs. “L'Homme aux œufs”, c'est comme ça qu'on m'appelle. Un jour où j'étais assis dans mon bureau, voilà que cette chanson passe à la radio : *I am the walrus, I am the egg man* – “Je suis le morse, je suis l’homme aux œufs”. Après ça, j’ai passé une semaine avec le sourire aux lèvres. John Lennon l’avait écrite à propos de son pote Eric Burdon. Un vrai pervers, celui-là. Il cassait des œufs de poule sur les gonzesses avec lesquelles il couchait. Et John Lennon était en train de lire ce bouquin du gars qui a écrit *Alice au pays des merveilles* : je suis le morse, je suis le charpentier. Et ils ont inventé ça tous les deux alors qu’ils étaient sous LSD. Véridique. »

Il affiche un grand sourire.

« Coo coo ka choo », fredonne-t-il.

L’Homme aux œufs sent les œufs, profondément. Non seulement ses vêtements, mais toute sa personne. Un soir où je le croise aux douches, il est planté là, rouge et fumant, en train de se frotter avec une serviette râpée, et l’odeur n’est en rien atténuée. Difficile de savoir si cela est dû à son lieu de travail ou à son régime alimentaire. Jim mange des œufs de poisson trois fois par jour. Jim ne jure que par les œufs de poisson. Il prétend être capable de se souvenir des numéros de téléphone par cœur et de n’avoir besoin ni de stylo ni de papier.

« Vous vous rappelez quand Gary Kasparov a perdu contre Big Blue aux échecs ? lance-t-il. Il est parti et il a mangé des œufs de poisson. Il a soulevé des haltères et mangé des œufs de poisson. Et ensuite il est revenu et il a battu Big Blue. C’était son secret. Les œufs de poisson. Les Russes le savent. Tenez, prenez un biscuit. »

Je suis Jim dans le bâtiment voisin, l’unité de conditionnement des œufs. Il y fait froid comme dans un réfrigérateur. Il parcourt les lieux, les mains dans les poches de sa salopette et un sourire radieux sur les lèvres, comme si le monde fonctionnait selon un mécanisme de son invention. Avant l’âge de dix-huit ans, les jeunes peuvent commencer ici parce qu’il n’y a pas à se servir de couteaux. Par la suite, ils seront promus à l’usine de traitement du poisson et, de là, peut-être à un emploi sur les bateaux. Ils sortent d'une journée entière à l'école. Les œufs passent de poste en poste au son de Coolio, d'Eminem, de Notorious B.I.G.

« J'essaie de les amener à écouter de la vraie musique, crie Jim. Les Who, Bob Dylan. Mais ils n'aiment que le rap. »

Les rogues remplies d'œufs sont amenées par la barge de traitement, des centaines par seau. Les employés ouvrent les poches et les filtrent à travers un crible pour séparer chaque œuf de sa membrane. Ensuite, ceux-ci sont transférés dans une saumure possédant la même salinité que celle de l'océan distant d'une quinzaine de kilomètres, cela à l'intérieur d'une machine qui ressemble à un lave-linge à chargement par le haut dans laquelle ils tournent au milieu d'une mousse saline, après quoi on les récupère pour les laisser égoutter. Les filles papotent par petits groupes. Elles jouent à s'arroser mutuellement avec le jet. Les garçons s'amusent à cravater les filles parce qu'ils les aiment.

« La fraîcheur, entonne Jim. Voilà le secret du caviar. Soit je fais du bon caviar, soit je n'en fais pas, c'est tout. »

Je lui demande quelle espèce de saumon donne les meilleurs œufs.

« Les Russes aiment le coho, les Japonais le chum. C'est comme le vin. Ils sont tous bons, c'est juste qu'ils ont des goûts différents. »

C'est donc ainsi qu'est fait le caviar rouge : par des adolescents yupiks le soir après l'école, dans un Algeco barbouillé de sang au milieu d'un marécage boueux, avec les haut-parleurs qui crachent du Puff Daddy. De nombreux plateaux d'œufs attendent d'être placés en chambre froide et il m'invite à piocher dedans. Ils dégouttent de ses doigts telles des perles. Il y a quelque chose de merveilleusement décadent dans le plaisir de manger un mets de luxe par poignées. Cette saison, l'usine a jusqu'à présent produit quarante tonnes de caviar. Jim vise les cinquante. Si je le voulais, je pourrais rester assis ici toute la nuit et m'empiffrer à m'en rendre malade. Je pense que Jim l'accepterait. Et peut-être même qu'il m'y encouragerait. Ce serait une expérience inoubliable.

L'une des filles s'approche de nous.

« Est-ce que je peux travailler toute la nuit ? demande-t-elle.

– Quel âge as-tu ? dit Jim.

– Dix-sept ans.

– Dans ce cas, non.

– Pourquoi ?

– Il faut avoir dix-huit ans, explique-t-il. Fais-toi faire une fausse carte d'identité. Maquille-toi et mets une perruque.

– Je pourrais avoir des cheveux blonds et des yeux bleus », réplique-t-elle en gloussant avant de rejoindre son poste.

Lorsque nous revenons dans le local de Jim, nous découvrons une fille qui brame, effondrée sur son bureau, pleurant la perte de son petit copain, et nous allons dehors pour continuer à bavarder. Jim sort un paquet de cigarettes, puis en prend une dont il déchire le filtre avant de l'allumer.

« Alors, vous qui connaissez bien le fleuve, qui a raison pour la gestion du royal ? je lui demande.

– La querelle entre les Indiens et les Esquimaux au sujet du poisson, c'est comme celle entre Arafat et Israël.

– Mais qui a raison, à votre avis ? »

Il réfléchit un instant avant de répondre.

« Ils ont tous raison. Et il n'y aurait aucun problème dans la gestion si le gouvernement ne s'en mêlait pas. »

C'est bien sûr la réaction prévisible de la part d'une entreprise privée. Dérégulation, pas d'intervention de l'État. Cela dit, si les Premières Nations canadiennes ont décidé de prendre en main elles-mêmes la protection du poisson, c'est qu'elles ne comptaient sur personne d'autre pour s'en charger à leur place. Ce qui guide l'approche globale de Jim, c'est qu'il a confiance en ces jeunes, et c'est pour cela que ceux-ci l'aiment. Ils viennent d'un endroit où personne – ni le gouvernement, ni leurs professeurs, ni leurs parents – n'a jamais cru en leurs capacités.

« J'étais un galopin, avoue Jim. Comme tout le monde. C'est pour ça que je comprends ce qu'ils ressentent. Il faut les traiter de manière respectueuse. Comment avoir de l'espoir quand on vit dans de telles conditions ? La moitié de ces gamins n'ont même pas de chasse d'eau chez eux. Ici, on trouve les pires conditions de vie et le meilleur saumon au monde. Pour moi, s'il y a peu de poisson mais que j'ai appris une leçon à un môme, ça en vaut la peine. Le poisson reviendra. Une vie, ça ne revient pas. »

Lorsque je quitte Jim, il fait nuit, mais la production ne se relâche pas. Des halogènes illuminent les chariots élévateurs qui vont et viennent à vive allure. La barge de traitement fume dans l'éclat des projecteurs. Les hommes fument leur cigarette par petits groupes. La saison n'est qu'une immense journée qui s'étire de juin à début septembre. Ils viennent juste de franchir la barre du million de poissons, un record, alors qu'il reste plusieurs jours d'été dont on peut encore tirer quelque chose.

Le nom de la navette est *Nunataq*, inscrit sur son flanc en grandes lettres vernissées à l'écriture négligée. Elle est amarrée à côté des autres bateaux de la flotte – le *Qipngayagaq*, l'*Akuleraq*, le *Quipngayak*, du nom de petites localités du coin – et peinte aux couleurs primaires d'un village de pêcheurs caribéen : coque et grue bleues, portes jaunes, cloisons rouges, la table rouge et le châssis des fenêtres jaune, partout le même lustre brillant, au point que l'intérieur de la timonerie paraît rayonner d'espoir. Au-dessus du tableau de bord est punaisée la photo d'une très vieille femme au visage semblable à un livre mille fois feuilleté, la tête enveloppée dans un foulard et le corps dans une parka fourrée, des yeux telles des mûres, et elle lève devant l'objectif un seau plein de baies de ronces remarquables.

Lindsey, le capitaine, est debout devant le tableau de bord à siroter son Red Bull qu'il repose dans un porte-gobelet en fil de fer fixé au mur, fabriqué pour meubler une interminable après-midi à bord. Par la vitre, il voit Tyrone qui tourne en rond sur le pont, à déplacer les cordages. La journée est grise et le ciel proche. Une nuée de goélands grouille autour de la poupe, le long de la barge de traitement, plongeant par volées pour récupérer rebuts, viscères et têtes. Pour tromper l'attente, Lindsey consulte sa page Facebook. Le moteur bourdonne et ses tuyaux, qui courent le long de la cloison du fond, réchauffent la cabine. John entre, un sac Nike en bandoulière dans le dos, et Lindsey le salue de la tête, lui glissant quelques mots au passage avant de revenir à l'écran de son smartphone. John pose son sac sur la table, puis en sort quatre canettes de Red Bull, une cartouche de Marlboro et un paquet de guimauves qu'il aligne côte à côte comme s'il les proposait à la vente. Il ouvre la cartouche, retire la cellophane d'un paquet et entreprend de transférer les cigarettes une par une dans une mince boîte en métal qu'il avait dans la poche de son jean.

Tyrone frappe sur la vitre et lève le pouce à l'intention de Lindsey, qui lui répond d'un hochement de tête. Tyrone hisse le cordage et le jette sur le pont avant de sauter dessus à son tour, sa longue carcasse maigre atterrissant en position semi-accroupie, une cigarette toujours fermement coincée entre ses lèvres comme un hameçon, la fumée s'élevant à la façon du souffle qui s'échappe de la bouche dans la fraîcheur matinale. Lindsey rejoint le canal central, que les canots remontent et descendent à grande vitesse. Tyrone se relève et enroule le cordage avant de s'appliquer à remonter les défenses et à arrimer les caisses. Il vient se planter à la porte de la timonerie, les avant-bras appuyés de part et d'autre du chambranle, de sorte qu'il remplit l'encadrement, capuche ramenée sur le crâne, cigarette pendillant de sa bouche. Il a des cernes sous les yeux, une moustache fine et une barbe clairsemée, les cheveux si rares qu'on pourrait les compter. Le sommet d'une casquette à large visière pointe hors de la capuche de son sweat camouflage. Tous sont éreintés. La veille, ils ont rapporté vingt-six conteneurs de saumon. Davantage, en réalité, puisque à la fin de la journée, ceux-ci étaient tellement pleins qu'ils avaient débordé dans la cale : vingt tonnes de poissons. Lindsey en est à sa onzième année sur les bateaux – sept en tant qu'homme de pont, quatre en tant que capitaine – et c'est la plus grosse journée qu'il ait jamais connue. Le déchargement avait duré jusqu'à plus de 3 heures du matin. Quelques heures de sommeil et les voilà repartis. Même si ce sont les derniers jours de la saison, Kwik'pak ne leur lâche pas la bride.

« La cale pue méchamment, vieux, dit Tyrone.

– Alors va la nettoyer », réplique Lindsey sans quitter des yeux le sondeur.

Cette portion du canal est très changeante et il a connu de nombreux capitaines bien plus expérimentés que lui qui s'y sont échoués.

« Et merde… », grommelle Tyrone.

Le bateau quitte Kwiguk Arm pour s'engager sur le cours principal du fleuve. Lindsey programme le cap sur le GPS et maintient le volant en place à l'aide d'une longueur de ficelle qu'il attache au tableau de bord. Nunam Iqua se trouve à deux heures de navigation d'ici. Lindsey peut se détendre, car les hauts-fonds sont moins un souci à partir de maintenant. Il allume une cigarette, boit une autre petite gorgée de Red Bull et contemple le paysage qui défile. Les rives basses et plates, quelques camps de pêche de-ci de-là. Un canot les dépasse comme une flèche. Sur le pont, Tyrone salue l'équipage en lui adressant un V de côté, comme les ciseaux de pierre-papier-ciseaux, et, plantés telles des sentinelles dans leur tenue de pluie, les deux hommes lui retournent le même geste, maintenu pendant de longues secondes jusqu'à ce qu'ils parviennent à hauteur de la navette avant de filer plus loin, le sillage de leur embarcation battant contre la coque.

Lindsey songe que sa onzième saison s'achève et qu'il lui faudra bientôt chercher du travail pour l'hiver. Il pourrait peut-être postuler à l'école, cette année, comme concierge ou quelque chose de ce genre. L'été, à Emmonak, il y a du boulot pour qui en veut, tellement d'ailleurs que les gens viennent même de Mountain Village, de Marshall, de St Michael, voire de Hooper Bay. L'hiver, en revanche, il faut se battre pour obtenir le droit de simplement récurer les toilettes de quelqu'un. Les familles se partagent entre deux emplois. Il se souvient du temps où il gagnait suffisamment d'argent avec la pêche pour pouvoir rester tout l'hiver assis sur son cul à picoler. C'était après l'armée, avant qu'il ait des enfants. À cette époque, il n'avait même pas assez de temps pour pêcher pour lui.

« Qu'est-ce que tu vas faire quand la saison sera finie ? » demande-t-il à John, qui est encore occupé à ranger ses cigarettes.

John lève la tête et, haussant le ton pour couvrir le bruit du moteur, répond :

« Mon fils va venir de Mountain. Sa mère est à la fac. Peut-être que je vais profiter de l'hiver pour l'emmener en voyage. En Californie ou je ne sais où. Ce serait bien si je pouvais lui apprendre quelques trucs. »

John baisse de nouveau les yeux sur son étui à cigarettes, réfléchit un instant et le referme avec un bruit sec. Il a vingt-deux ans. Son fils un an et demi.

« La famille de mon ex, c'est des gens bien, continue-t-il en suivant le fil de ses pensées. Ils vivent vraiment en subsistance. Ça me plaît. Ils mangent pas beaucoup d'aliments industriels. Ils vont de temps en temps au supermarché pour acheter un truc, tu vois, mais juste le minimum, et comme ça ils continuent à chasser pour se nourrir. »

Tyrone entre et s'affale sur la chaise en face de John. Ils sont cousins : Lindsey a épousé la sœur de John. Ils font partie de la même famille. Comme tout le monde.

« Bon Dieu ! lâche Tyrone. Je me suis appuyé sur une de ces caisses et maintenant mon jean pue la mort ! »

Lindsey regrette l'armée. Il y a passé quatre ans. Il a voyagé. Il a été affecté en Irak pendant six mois. Qui aurait jamais cru qu'un gamin d'Emmonak aille un jour dans le désert ? Avec les convois et les patrouilles. Il a vu des trucs foutrement barrés. Certains mecs, ça les a secoués. Ils souffrent de stress post-traumatique. Pas lui. Son père a combattu au Vietnam et ça c'était une vraie guerre de merde. Il ne s'en est toujours pas remis. Il ne pouvait pas supporter l'idée que son propre fils soit sur le terrain, c'était mauvais pour son cœur. Et quand est venu le moment de se réengager, son père l'a tellement tanné qu'il a laissé tomber. Il le regrette. Son père l'a encouragé à se soigner à cause du stress post-traumatique, mais il a refusé, en lui répétant qu'il n'en avait pas besoin. Il a appris à se soigner lui-même. Il a appris comment faire pour ne pas y penser. Il faut s'occuper, mon gars. Il faut toujours avoir une activité. Parfois, quand il sent que ça va le prendre, il se dit : « Putain, bouge-toi le cul, mec. » Ça marche. Il a fait plein de choses. Peut-être que ces hivers de picole ne lui manquent plus.

Deux heures plus tard, nous jetons l'ancre au large d'une île située à quelques milles nautiques de Nunam Iqua. Le terme signifie « La fin de la toundra », ce qui est effectivement le cas. Le village est situé à l'endroit où le fleuve rencontre la mer, sur une petite langue de terre attaquée par l'érosion. Pas de routes, seulement des passages en bois. 200 habitants. Lindsey a entendu des gens dire qu'en 1969, quand Neil Armstrong a atterri sur la Lune, la scène a été filmée à Nunam Iqua pendant l'hiver. Que la bannière étoilée est toujours fixée sur un mât quelque part dans le coin. Cela lui paraît crédible. Il coupe le moteur et le bateau s'immobilise dans un soupir. Il regarde par la vitre pour essayer de distinguer la rive opposée. Ici, le fleuve est large de onze kilomètres d'une berge à l'autre.

Ils écoutent le clapotis de l'eau. Quelques outardes se hâtent de traverser le ciel. Lindsey descend dans la chambre des machines pour changer un filtre à air. Le vent souffle autour du bateau. Tyrone prend deux bouteilles d'eau dans une caisse de quarante-huit et les vide l'une après l'autre dans le percolateur, qu'il allume sans mettre le café. Lorsque l'eau passe, il la verse sur un bol en plastique de nouilles instantanées, auxquelles il ajoute le sachet d'assaisonnement de sauce parfumée avant de refermer l'opercule pour conserver la vapeur à l'intérieur. Au bout de quelques minutes, il le rouvre et picore dedans à coups de fourchette.

« Spécialité autochtone », plaisante Tyrone en souriant pour lui.

Il engloutit la nourriture à grand bruit, puis pose la fourchette en plastique et reste assis à contempler sa main, comme si c'était un objet qu'il tenait.

« Regarde-moi cette *main*, mec, dit-il. Elle craque de partout.

– Pourquoi tu vas pas au centre de santé ? demande John.

– Si elle est cassée, on me laissera pas bosser. Tu te rappelles quand je me suis bousillé l'épaule ? C'était la fois où Rick avait pris ma place sur le bateau de l'oncle. Mec, elle était vraiment *niquée*, cette épaule. Elle sortait carrément. J'ai attrapé cette caisse de poisson et j'ai tourné la tête de l'autre côté, puis je me suis mis à marcher. C'était bien cool, mais débile en même temps.

– Trois heures de sommeil, marmonne John.

– Moi j'ai pas dormi, mon pote, rétorque Tyrone. Je baisais ma voisine. Je me les suis tapées toutes les deux, maintenant. Les deux sœurs.

– Je croyais que Josie était avec Billy.

– C'est à cause de moi qu'ils se sont séparés, fanfaronne Tyrone avec un large sourire.

– T'es un fouteur de merde ! » crie Lindsey, dont la voix se répercute sur les parois de la salle des machines.

Un canot vient se ranger contre la navette avant de s'amarrer à la coque. Vêtu d'un ciré orange de la tête aux pieds, un vieil homme leur adresse un signe du bras. À l'arrière de son embarcation gît un phoque mort, étalé à côté d'un harpon. Tyrone va prendre place sur le siège de la grue fixée à l'avant du pont, une cigarette fichée dans la bouche. Il actionne le bras qui décrit un cercle au-dessus du canot, puis abaisse le seau, dans lequel le pêcheur jette les trois poissons qui étaient dans sa caisse. Tyrone remonte ensuite le bras jusqu'à ce que le seau se balance librement.

« Quatorze livres ! » braille-t-il.

Il mime le chiffre à travers la vitre pour Lindsey : un seul doigt levé, puis quatre. L'homme grimpe les quelques barreaux qui mènent à la cabine et pousse la porte, diffusant le froid.

« Salut, Al P, lance John en levant le nez de son téléphone.

– Putain..., grommelle Al. Quelle journée !

– Comment ça se passe, là-bas ?

– Je prends plus de bois que de poisson ! se plaint Al. J'ai jamais fait une saison aussi mauvaise. Mon associé vient de partir à l'université. L'institut de mécanique automobile d'Anchorage. Alors j'ai plus personne pour m'aider. Et avec ce vent, j'ai besoin d'aide. Le courant est vraiment fort.

– C'est un vent du nord, commente Lindsey. Pas bon pour le poisson. J'en ai vu deux ou trois qui pliaient déjà bagage.

– Je voulais profiter de la grosse marée de ce soir pour pêcher, explique Al. Mais ils veulent pas qu'on pêche à ce moment-là.

– Quatorze billets pour les cohos », annonce Lindsey.

Il lui tend la paperasse. Les prix sont inscrits à la craie sur un tableau. Un dollar la livre de coho, soixante-quinze *cents* pour le chum.

« C'est combien, le litre de Yamalube ?

– Onze billets.

– Merde... », fait Al.

Il enlève ses lunettes et se frotte les yeux, les joues marquées par un entrelacs de cicatrices et d'engelures.

« Alors donne-m'en un », conclut-il.

Il reste planté un instant à cligner des yeux, l'air vulnérable, puis remet ses lunettes et empoche ses trois dollars.

« Ma foi, je crois que je vais y aller, dans ce cas. »

Il balaie la timonerie du regard.

« Il fait chaud, ici, dit-il. Vous auriez pas une clope, par hasard ? »

John sort son étui et lui en tend une.

« Bon, *quyana* les gars. »

Al profite de ce que Lindsey a le dos tourné pour glisser deux 7-Up dans sa poche avant de s'esquiver à la hâte. Ils le regardent repartir et referment la porte sur le froid de l'extérieur.

La période d'ouverture s'achève à 18 heures et, par deux ou trois, les canots commencent à arriver peu après. Pour nombre d'entre eux, c'est la fin de la saison. Ils auront quelques jours de battement avant le début de la chasse à l'orignal pour réparer les bateaux. Il y a des hommes tout seuls, des équipes de deux, des familles avec leurs chiens, des adolescents piteux et transis de froid qui tapotent sur leurs smartphones. Tyrone pèse les prises. Certains ont fait une bonne journée, d'autres une mauvaise, et ils auront dépensé plus en gasoil qu'ils n'auront gagné. Des gens qui pêchent à quelques mètres d'écart peuvent connaître des fortunes très diverses. La possibilité toujours présente d'un coup de chance inattendu offre au pêcheur une perspective différente de celle du paysan.

Il est plus de 19 heures et, alors qu'ils attendent les derniers pêcheurs, ils apprennent par la radio que deux canots se sont échoués en remontant la Black River.

« Ah, merde ! râle Tyrone. Va falloir attendre. »

Lindsey coupe le moteur et regarde l'eau. Il prend son téléphone et va sur le pont pour annoncer la mauvaise nouvelle à sa femme. Tyrone enlève son sweat et son T-shirt, puis s'allonge, torse nu, sur la couchette du fond.

« Si t'as encore des trucs auxquels tu dois penser, c'est le bon endroit pour le faire, lâche Tyrone.

– Si on pouvait être payés à l'heure », souffle John.

Lindsey revient. Le tic-tac de l'horloge emplit la cabine.

« On aurait dû apporter ton pistolet de tatouage », dit John.

Tous ont les yeux rivés sur l'écran de leur portable, dont la lueur éblouissante leur illumine le visage tandis que le jour décline. Les deux derniers bateaux ne se présentent qu'après 22 heures, après s'être encore échoués deux fois dans le labyrinthe de hauts-fonds.

Il fait plus sombre maintenant, tandis que, dans la lumière faiblissante, le ciel se fond en une palette de roses et de bleus. Tyrone est debout sur le pont arrière, à contempler le sillage qui se déploie tout en fumant une cigarette. Des canots les dépassent à vive allure et il les considère avec envie : si seulement il pouvait être à bord de l'un d'eux avec ses potes, de retour chez lui en une demi-heure, au lieu des deux heures de trajet qui les attendent, suivies du déchargement, du nettoyage au jet et de la maintenance. Un jeune goéland les accompagne, volant à la même allure au-dessus de la trace bouillonnante de la navette. Le paysage est si monotone que l'œil s'attache à n'importe quel élément saillant. Une grappe de canots est rassemblée dans le canal central et il plisse les yeux pour essayer de voir ce qu'ils fabriquent mais, entre la distance et le crépuscule, impossible à dire. Peut-être ont-ils attrapé un phoque ou un béluga. L'oiseau décroche, prend de la hauteur et file vers l'ouest. Tyrone frissonne à l'approche de la nuit et il jette d'une chiquenaude sa cigarette dans le fleuve, où elle plonge dans une pluie d'étincelles, puis rentre dans la timonerie.

À présent l'obscurité est totale et, la journée finie, ils se tiennent là dans un silence fraternel. Un battement sourd de dance music dans les haut-parleurs. Lindsey baisse l'intensité de l'écran du GPS et navigue à vue en se fiant à la ligne de la rive sur le ciel. La cabine à la dérive, tache de chaleur dans la nuit, les cigarettes telles des cerises rouges, la pulsation de la musique par-dessus le grondement du moteur. Ils seront rentrés dans deux heures, chez eux dans quatre, de retour au travail dans huit.

Lorsqu'ils seront à quai, Tyrone transbordera avec la grue les caisses du pont de la navette à celui de la barge de traitement qui reste amarrée en permanence. Ensuite, deux hommes apparaîtront pour emporter la cargaison dans les chambres froides à l'aide de chariots élévateurs. La température est glaciale, le bruit des machines assourdissant, l'embrayage se répercutant dans toute la coque. Après ça, les saumons sont placés sur la chaîne de tri. Pour l'aligner en vue de l'étêtage, on enfonce une pointe dans les ouïes de chaque poisson, auquel on incise ensuite manuellement le ventre afin d'en retirer le sac d'œufs que l'on pose sur un côté avant de vider l'intérieur à l'aide d'un aspirateur. Une première classification est effectuée, qui permet d'écarter les animaux les plus petits ou ceux dont la chair a été endommagée par des morsures de phoque ou des blessures laissées par les combats. Puis ceux qui ont franchi cette étape sont envoyés à l'usine.

Vêtus d'un tablier bleu qui leur descend jusqu'aux bottes, les manches baissées jusqu'aux gants et la tête coiffée d'une résille, des garçons et des filles se tiennent face à face de chaque côté des tapis roulants. Décapités et éviscérés, les saumons se déversent dans l'usine par des glissières en acier inoxydable sur des torrents de glace, étincelant sous les lumières des néons comme un ruisseau sous le soleil. Les poissons suivent toute la chaîne. Les nageoires sont coupées et elles jonchent le sol aux pieds des employés, pitoyables maintenant qu'elles sont privées du corps auquel elles appartenaient. Les poissons ainsi dépouillés passent ensuite entre les mains de l'homme à la fileteuse et sortent de la machine en deux moitiés. Ils poursuivent leur périple jusqu'à une équipe armée de couteaux pour parer les filets en retirant les parties superflues ou guère présentables. Après quoi ils glissent jusqu'à la désarêteuse, qui épile chaque morceau de chair pour en retirer les plus petites arêtes, avant de parvenir au contrôle de qualité final. Ensuite, ils seront emballés et envoyés aux surgélateurs.

Les poissons quittent Emmonak dans les congélateurs logés au fond de la coque des chalands qui assurent l'essentiel de l'approvisionnement de la ville. Ils prennent la direction de Dutch Harbor, au sud, où ils sont reconditionnés en conteneurs, puis acheminés à Seattle. Là, ils sont embarqués sur de grands porte-conteneurs et expédiés aux quatre coins du globe. Certains entament un voyage le long de la côte Pacifique puis franchissent le canal de Panama avant de traverser l'Atlantique et de gagner un port anglais un mois plus tard, Felixstowe, peut-être, ou encore Immingham. Ils sont conservés dans un entrepôt central à Grimsby, d'où des camions les emportent via l'autoroute M1 jusqu'au siège de la compagnie New England Seafood à Chessington, dans le Surrey. Les saumons ont peut-être fait 20 000 kilomètres, soit un peu plus que la distance qu'ils auraient pu parcourir durant leur vie. Plusieurs mois plus tard, après mon retour en Angleterre, je me rends sur place pendant l'hiver.

L'odeur est la même, mais c'est bien tout. Au fin fond d'une zone industrielle du sud-ouest de Londres, non loin de l'aéroport d'Heathrow et d'une sortie de l'autoroute M25, après les locaux des sociétés Screwfix, Ash et Lacy Building Systems, après l'usine de recyclage, on découvre l'image d'un thon en travers d'un globe terrestre sépia. Derrière la barrière se dressent les hangars cubiques anonymes de New England Seafood. Dans la cour de devant, des semi-remorques attendent, moteur au ralenti. Un membre de la sécurité s'approche, me laisse entrer par le tourniquet, puis me pose diverses questions : ai-je la dysenterie ? suis-je allé dans un abattoir au cours des dernières vingt-quatre heures ? ai-je des fruits à coque sur moi ? Des avions volent au-dessus de nos têtes, un à chaque minute. On me remet un cordon avec un badge sur lequel sont inscrits mon nom et le but de ma visite avant de me conduire à l'accueil.

Max, la trentaine, porte une chemise et un pull décontractés, les cheveux ramenés en arrière et retenus par ses lunettes de soleil, et il a autour du poignet un bracelet en caoutchouc, connecté à Internet et censé avoir quelque utilité pour sa santé. D'ailleurs il respire la santé. Il n'aime pas Londres. Il passe dès que possible ses week-ends à la campagne, à chasser, peut-être, ou à pêcher. New England Seafood a été fondée par son oncle dans le plus pur esprit alaskien (l'amour de la pêche, un voyage en Nouvelle-Écosse, une expérience dans la pelleterie, le lancement d'une société d'importation de homards vivants, entreposés dans des baignoires derrière un traiteur chinois). Les produits phares de l'entreprise sont le thon, le bar, la brème et le saumon. C'est Max qui s'occupe de ce dernier.

New England Seafood contrôle 90 % du marché du saumon sauvage en Grande-Bretagne. Leurs produits proviennent de huit sites de pêche différents, dont six en Alaska. Nous pénétrons dans l'unité de traitement. On me donne des bottes en caoutchouc, une polaire et une blouse blanche. Je dois enlever ma montre et mettre une cagoule jetable ainsi qu'un filet à cheveux. Nous avançons dans un engin qui nettoie nos bottes, puis nous nous lavons les mains avant de les stériliser. On me dépouille de mon stylo, au cas où je l'abandonnerais dans un poisson. La salle est déserte, les machines au repos. Les quelque cinq cents ouvriers, originaires essentiellement d'Europe de l'Est, sont en pause. Dans la pièce du fond, un homme est en train de vider une boîte de filets sur un chariot en vue de leur décongélation. La boîte provient de chez Kwik'pak.

« C'était comme remonter le temps, dit Max de son premier voyage à Emmonak en 2013. J'ai adoré et détesté à la fois. Mais je crois que j'ai surtout adoré. »

New England Seafood se rend régulièrement chez chacun de ses fournisseurs afin de veiller au respect des normes de qualité exigées par les supermarchés britanniques. Ce sont ceux du Yukon qui restent les plus rétifs.

« Nous avons essayé de leur faire comprendre qu'un poisson qui tombe par terre est impropre à la consommation humaine », explique Max, incrédule à l'idée que l'on puisse penser autrement.

Vous devriez voir les fumoirs, me dis-je intérieurement. Pourtant, j'ai rencontré des Athabascans pour lesquels tout ce qui n'est pas du saumon royal est juste bon pour les chiens de traîneau, alors je suppose que nous avons tous nos propres critères. Chez Kwik'pak, Max n'a vu ni cadres ni techniciens. Un pêcheur négligent dans la manipulation du poisson, un couteau qui n'est pas à sa place, une machine insuffisamment tranchante, une surgélation trop précoce ou trop tardive : tout est susceptible d'impacter la qualité d'un filet. Un produit mal étiqueté peut coûter des millions.

« Leur éthique professionnelle était effarante », se souvient-il.

Mais il y a une amélioration, maintenant, tant au niveau quantitatif que qualitatif. La première année, ils ont expédié huit conteneurs, cette année le double.

« Mais ce n'est pas encore tout à fait ça », précise Max.

Je prends un paquet de deux filets congelés, frappé du logo Kwik'pak : un Yupik en parka qui tient un saumon. J'ai rarement eu un exemple aussi tangible de la nature et de la portée de la mondialisation. « Saumon keta », annonce l'étiquette, qui est le nom sous lequel est commercialisé le chum ici. *Oncorhynchus keta*. Sont également indiqués la date de surgélation (le 25 juin, environ deux mois avant mon arrivée à Emmonak), la méthode de pêche utilisée, le numéro du site de pêche et un numéro de traçabilité. Chaque poisson sera décongelé, déballé et vérifié une nouvelle fois pour s'assurer de sa qualité. Bleus, imperfections, taches de sang, chair déchirée, partie molle, membrane du ventre, peau exposée.

« C'est comme une carotte qui n'a pas la bonne forme, poursuit Max. Ça ne passe pas. »

Ils seront parés, si nécessaire, et débités en pavés, puis une machine les pèsera pour obtenir deux morceaux d'un poids total de deux cent vingt grammes. Les parures seront conditionnées en paquets. Une autre machine les emballera sous vide, tandis qu'une autre encore appliquera l'étiquette demandée. New England Seafood fournit toutes les principales enseignes de la grande distribution : même poisson, même paquet, étiquettes différentes communiquant des valeurs différentes à des prix très différents. Des camions les emporteront le soir même. Ils resteront six jours en rayon. Puis ils iront à la poubelle.

Je décide d'en acheter. Je pousse la porte du Tesco de Seven Sisters Road. Désormais, impossible de savoir d'où provient le produit – les supermarchés supposent que cela n'intéresse guère le consommateur de savoir si ce saumon avait l'intention de remonter le Yukon ou la Kobuk. Dans la plupart des cas, le nom « Alaska » ne figure même pas sur l'emballage, les magasins préférant les mentions « sauvage » ou « sauvage du Pacifique ». Le saumon sauvage du Pacifique pourrait aussi être russe ou canadien, mais l'appellation « saumon sauvage russe » ne charrie pas la même mystique.

Je le trouve au rayon frais, présenté avec d'autres, à côté de saumons d'élevage qui ont passé leur existence dans des cages et de poissons sauvages qui ont vécu d'autres vies dans d'autres mers. Il m'en coûte trois livres cinquante pour 220 grammes, ce qui signifie que, s'il s'agit de chum, son prix a été multiplié par onze, étant donné que, pour la même espèce, j'ai vu à bord de la navette des pêcheurs payés soixante-quinze *cents* la livre. Cela ne semble pas excessif, si l'on considère le périple qu'il a effectué, le nombre de personnes ayant concouru à l'amener du Yukon jusqu'à mon panier. Il lui reste un dernier trajet à parcourir ; je remonte sur mon vélo pour rentrer chez moi. Il est 16 heures et il commence déjà à faire nuit. Je le poêle avec un peu de riz. Un trait de sauce soja, une pincée de sel. Maintenant que j'ai quitté le bush, il y a maintes manières de le cuisiner – je connais une femme à Whitehorse qui aime pocher le saumon dans son lave-vaisselle réglé sur le programme antibactérien –, mais je veux un mode de préparation simple.

C'est dorénavant ce que je goûterai de plus approchant d'un poisson tout juste sorti de la rivière et il est effectivement très bon. Ce saumon a peut-être été un peu plus manipulé, étripé un peu moins rapidement, mais il n'est pas fondamentalement éloigné de celui qu'un Alaskien pourrait sortir de son congélateur en dehors de la saison. La quantité est bien sûr une surprise. J'ai été habitué à me gaver, à manger par poignées, à dévorer des kilos de chair qui n'avait aucune valeur économique. Cette portion n'est pas une poignée. Mais elle est feuilletée et grasse, et il me semble sentir la différence avec un poisson d'élevage, même s'il est difficile d'en être absolument certain. Et ce n'est pas du royal, bien évidemment. Je le déguste en balayant ma cuisine du regard tandis que j'écoute les informations. On ne peut sous-estimer le poids du contexte, quand on juge de la saveur d'un saumon qui ruisselle encore de l'eau du Yukon, cuit sur la braise et servi sur une assiette en carton qui plie sous son poids.

Il nous reste encore une quinzaine de kilomètres à effectuer en canoë. Nous les parcourons lentement. Nous ne sommes pas pressés d'arriver. Kwiguk Arm est l'une des plus étroites voies d'accès à la mer, que le Yukon atteint de multiples façons, dans l'entrelacs de bras qui se déploient à travers le delta. Goélands et corbeaux virevoltent dans la grisaille d'une journée venteuse, mais au moins la pluie nous accorde-t-elle un répit. Deux jeunes aigles royaux sont perchés sur une pile de bois flotté, couvrant leurs proies de leurs ailes, leur plumage juvénile marbré et en bataille. Une gerbe de canards s'envole. Tandis que nous nous laissons dériver, nous écoutons le sifflement de leurs ailes, semblable à celui d'un mécanisme insuffisamment lubrifié. Au-dessus des nuages, un avion à réaction.

Nous amarrons sur la rive la plus proche de l'une des nombreuses îles qui parsèment l'embouchure. Tout le paysage alentour est plat, immensément plat. Sur la plage, à l'abri des bourrasques, l'air est calme et presque chaud, une chaleur intense et fragile, mais une fois que nous avons grimpé la berge pour rejoindre le sommet aplati de l'île, le vent nous saisit. Nous nous plions en deux pour l'affronter. Nous sommes peut-être les premiers obstacles qu'il rencontre depuis la Russie. Des herbes léonines se détournent de l'océan en courbant la tête et, à l'exception d'un boqueteau d'aulnes rabougris sur une plaque de gazon, il n'y a absolument rien. Nous fendons cette végétation qui nous monte au genou et tout est bruni par les couleurs de l'automne. La bise m'arrache des larmes. Le crépitement d'un chant d'oiseau haut perché. Le simple fait d'être là, que cette situation soit réelle, provoque en moi une bouffée d'euphorie.

Au centre de l'île se dresse une sorte de balise pour avertir les bateaux de passage de la présence de terre et il m'est impossible d'estimer sa hauteur, car j'ai perdu depuis longtemps tout sens de la perspective. Il paraît impensable qu'un navire puisse croiser ici, que cet endroit puisse figurer sur un autre itinéraire que le nôtre. S'il existait un bout du monde d'où basculer, ce serait ici, où la carte tombe en lambeaux. C'est comme si, soudain à court d'idées, le monde se contentait de se dissiper en une nuée d'îles et de bancs de vase qui se confondent avec l'eau, en une poignée de marécages herbeux et de masses boueuses, puis plus rien d'autre que l'océan. La lumière est violente, claire et sauvage, les couleurs exacerbées comme avant un orage. L'étendue d'herbe se gonfle et s'abaisse en écho à l'océan.

Ces îles sont les sommets d'autres montagnes. Tout ici est si nu, si brut, que l'ossature des processus géologiques semble plus compréhensible, ramenée à l'essentiel ; tout est si lent et si vaste qu'on peut l'observer à la même vitesse que celle de l'univers. Et à présent l'horizon est constitué d'eau et non de terre, le premier horizon que nous voyons depuis le début de notre expédition à ne pas être bordé par des berges. C'est l'océan Pacifique, la mer de Béring, et nous avons pagayé trois mille deux cents kilomètres pour parvenir ici.

Nous pressons le pas. Nous sentons l'attraction de la mer comme les marées celle de la Lune. Et à mesure que le panorama s'ouvre et que la terre s'évanouit, l'océan s'étend, infini, devant nous. Un vol de guillemots file en une longue ligne qui rase celle de l'eau. Ni falaises ni hauteurs, aucune île au loin, nul pétrolier qui passe, rien que la fin. La planitude absolue du paysage suggère qu'à la grâce de Dieu nous aurions une bonne chance d'atteindre la Russie à la force de la pagaie.

Nous jetons nos vêtements et plongeons. C'est compulsif, comme une façon de marquer le terme de l'aventure. D'ici un ou deux mois, l'océan sera enseveli sous la glace, mais en ce 6 septembre, il n'est pas particulièrement froid, guère plus que le fleuve. L'eau est encore un peu douce dans la bouche. Il s'en écoule une telle quantité dans cet estuaire, environ 5 600 mètres cubes par seconde, qu'elle le demeurera sur de nombreux kilomètres encore. Et elle est toujours limoneuse alors que la mer est d'un gris pâle et laiteux, sous lequel glisse la masse indistincte de nos corps blafards. Un trait bleu est visible au loin, là où le sel et la marée s'imposent.

Nous ressortons, nous séchons et restons assis à contempler l'immensité. En ce moment même, les smolts doivent débouler de l'embouchure des fleuves pour rejoindre leurs aires de nutrition, se détachant de la terre pour se précipiter dans un autre monde, salin et complètement illimité. Mais nous devons nous arrêter ici. Nous ne pouvons les suivre au-delà.

Une mouette décolle du rivage, chassée par le vent vers l'horizon.

Une semaine plus tard, nous sommes de retour à Whitehorse. Assis dans un café de Main Street, nous mangeons, pour un certain prix, des salades et des tartines d'avocat préparées avec du pain au levain. Notre serveuse nous apporte des smoothies aux légumes. Des scènes sylvestres sont tatouées sur ses bras. Le menu inscrit sur le tableau propose douze sortes de cafés différents et il y a des pains à la cannelle gros comme des soucoupes. J'ai les cheveux coupés et un pantalon neuf. Il fait encore chaud ici, comme si les saisons étaient elles aussi emportées par le fleuve. Le Yukon qui traverse la ville paraît étroit et inoffensif, avec ses eaux cristallines. Un véhicule sur deux semble avoir un canoë retourné sur le toit, tel un stetson. Dans un moment nous rentrerons à pied chez Hector, où nous logeons. Peut-être mettrons-nous un disque ou prendrons-nous un bain. Il n'y aura ni ours ni tempête. Nous avons rangé notre équipement dans le canoë et expédié l'ensemble à Fairbanks par avion. De notre côté, nous avons pris un vol pour St Mary's, où nous avons emprunté une correspondance pour Anchorage. Nous sommes descendus dans un motel, avons bu deux bières après lesquelles nous étions complètement bourrés, puis nous sommes allés au restaurant, où nous avons inexplicablement commandé du saumon. Le lendemain matin, nous sommes montés à bord d'un autre vol pour Fairbanks, où nous avons récupéré notre canoë et l'avons revendu. Après quoi des amis nous ont emmenés en voiture à Whitehorse. Nous sommes revenus au Canada et l'avion qui nous ramènera à la maison décollera dans moins d'une semaine.

Nous passons une journée à récurer notre crasse aux sources thermales de Takhini. Nous en consacrons une autre à la découverte de la réserve faunique du Yukon, à regarder des lynx et des chèvres de montagne derrière des barreaux. À l'accueil des visiteurs du barrage, il est possible d'observer à travers une vitre l'intérieur du bassin situé en haut de la passe à poissons. Notre guide, une fille de Teslin venue là pour un job d'été, nous explique qu'un seul chinook est passé hier et aucun aujourd'hui. Il n'y a pas d'autres touristes. Même ici, à la source du Yukon, l'été s'achève.

Nous nous rendons à l'écloserie pour voir comment se portent mes cinq mille œufs. Je n'avais nul besoin de m'inquiéter : ils vont bien. Lawrence Vano, l'un des deux responsables, est encore présent, seul au bureau – à cette période de l'année, il n'y a pas grand-chose à faire. La plupart des smolts ont été relâchés. Je lui demande comment s'est déroulée la saison. Les remontes par l'échelle à poissons ont été à peu près conformes aux prévisions, légèrement au-dessus de la moyenne de 1 500, mais la proportion de femelles par rapport aux mâles a chuté : moins de 18 %. Bien sûr, il pourrait s'agir d'une anomalie passagère ; en trente ans d'expérience ici, Lawrence a connu pas mal de fluctuations. Une année, seuls 162 poissons étaient revenus. Mais il trouve ce déficit inquiétant.

Comme toujours, impossible de savoir ; compilations de données, opinions, cultures s'opposent sur le sujet. En 2016, le nombre de chinooks relevé à l'entrée du fleuve était dans le haut de la fourchette des estimations d'avant-saison et supérieur à la moyenne des cinq années précédentes, même si les chiffres demeuraient encore bien inférieurs à leurs maxima historiques. 72 300 poissons avaient franchi la frontière, soit presque 20 000 de plus que le minimum imposé par le Yukon River Salmon Agreement. Cette amélioration des chiffres fut mise sur le compte des politiques de préservation de la ressource, à cause desquelles de nombreux pratiquants de la pêche de subsistance se sont plaints de ne pouvoir atteindre le seuil de captures nécessaire du fait des multiples fermetures. Un optimisme prudent prévaut, quoique lourd de réserves. « Si le retour de femelles est inférieur aux attentes ou si la montaison présente une structure par âge biaisée, c'est toujours un signe qui nous incite à ne pas trop nous emballer en nous basant uniquement sur les chiffres », tempère Mary Ellen Jarvis, du Canadian Department of Fisheries and Oceans.

Il n'y aura peut-être jamais de consensus sur les raisons de l'effondrement des remontes de royaux. Mais nous savons où nous en sommes, maintenant : une gestion stricte semble favoriser le retour du saumon vers les frayères, mais les poissons qui reviennent sont encore de petite taille et pondent moins d'œufs, ce qui signifie que le rendement est proche de un pour un. Le système n'est peut-être pas en péril, mais il est extrêmement précaire. Stephanie Quinn-Davidson, responsable des populations de chinooks à l'ADF&G jusqu'en 2015, m'avait dit : « Nous avons aujourd'hui une occasion de repeupler les camps de pêche. Nous avons une occasion d'essayer d'y ramener les pêcheurs et de permettre la transmission de la culture et des traditions. Mais je crois que les gens craignent que nous ne soyons pas encore tirés d'affaire. »

Il existe une possibilité de sauver le saumon. Après une absence de deux cents ans, il nage de nouveau à Sheffield, en Angleterre, depuis que les rivières ont été nettoyées. Il est réapparu à Portland, dans l'Oregon, comme à Paris, en France. Ils ne sont pas nombreux, mais c'est un début. Et le futur des royaux du Yukon ne paraît pas bouché lui non plus, si l'on parvient à réconcilier des intérêts divergents. Réconcilier pêche commerciale et pêche de subsistance, populations de l'estuaire et populations de la source, pêcheurs qui voient leur droit à la nourriture, à la richesse et à la culture remonter le fleuve sous leur nez et pêcheurs qui professent une approche de préservation, voire une interdiction totale et définitive. Ainsi que je l'ai découvert, la vie d'un fleuve et d'un cours d'eau est incroyablement complexe.

Nous sommes un élément du paysage et l'histoire du saumon est la nôtre. Ils sont la sève qui irrigue les vaisseaux de cette terre et ils sont la sève des sociétés qui ont encore un lien avec ce territoire, qui luttent pour façonner leur avenir en ce XXIe siècle. Une véritable vision de la gestion du chinook ne peut être qu'holistique : la création d'un réseau écologique capable d'intégrer culture et politique, d'intégrer les histoires aussi bien que les légendes et les croyances. La Nature n'est pas une chose indépendante, isolée, distante ; elle fait autant partie de nous que nous faisons partie d'elle, et tout changement qui affecte l'un ou l'autre ne peut qu'avoir des répercussions sur l'ensemble. Quelles que soient les initiatives que nous prendrons, nous ne pourrons pas prétendre que nous ne savions pas. Ce qui est certain, pour le saumon royal au moins, c'est que le Yukon est la dernière chance de réparer les dégâts.

Il reste quelques smolts à l'écloserie, souvenir d'un projet pédagogique, et Lawrence nous demande si cela nous plairait de les relâcher dans l'un des affluents de l'amont. Les mains posées sur le bord de la cuve, il les considère avec un léger sourire, tel un père qui observe ses propres enfants depuis le bord d'un terrain de sport. Il prend son épuisette et l'enfonce dans l'eau, la plongeant au hasard comme s'il était à un stand de fête foraine.

« Le plus dur, c'est d'éviter de les tuer », dit-il.

Il prend les premiers assez facilement, mais les autres se montrent plus retors et décampent aux quatre coins du bassin, leurs petites queues vibrant frénétiquement. Nous nous retrouvons avec trente et un petits poissons répartis dans deux seaux. Nous en emportons chacun un et Lawrence nous accompagne jusqu'à la voiture. Nous les plaçons sur le siège arrière et les calons à l'aide des ceintures de sécurité. Lawrence nous regarde et, l'espace d'un instant, je me demande de manière saugrenue s'il ne va pas se mettre à pleurer.

Nous quittons la ville en passant devant l'aéroport pour nous diriger ensuite vers Carcross, qui abritait jadis l'un des pensionnats indiens avant qu'un incendie ne le réduise en cendres. Au loin se déploient des montagnes qui, plus au sud, deviendront les Rocheuses. Il est agréable de bouger de nouveau après plusieurs jours passés à l'intérieur. Je songe que nous pourrions aussi continuer à rouler : cette route mène en Californie. Je jette un coup d'œil aux seaux dans le rétroviseur. Les routes sont larges et spacieuses, parcourues par de rares camions solitaires. Quelques kilomètres après Whitehorse, nous empruntons l'embranchement qui mène à Wolf Creek, une étroite rivière qui se jette dans le Yukon. Il est un peu plus de midi et, en ce milieu de semaine, nous avons le site pour nous tout seuls. Des panneaux expliquent le cycle de vie du saumon. L'eau jaillit d'une buse sous la chaussée et suit les limites du parking avant de bifurquer pour disparaître entre les arbres. Nous sortons les seaux de la voiture et les transportons jusqu'aux bois. Je regarde autour de moi. Je n'arrive pas à me défaire de la sensation que je suis en train de préparer un mauvais coup.

Sous le feuillage, le froid est plus sensible et, dans l'ombre de la frondaison, Wolf Creek se pare d'une couleur ardoise. Large de trois ou quatre mètres, la rivière coule vivement sur des roches basses à la surface lisse, charriant les premières feuilles d'automne. Un merle d'Amérique bondit dans les broussailles. Je soulève le couvercle de l'un des récipients, qui s'ouvre avec un bruit sec, et examine les saumoneaux qui décrivent des cercles. Les tachetures de leur robe sont nettement plus présentes que chez l'adulte, leur petite tête affiche une expression ferme et déterminée. Je m'interroge sur le geste que nous nous apprêtons à accomplir. J'ai l'impression que c'est un nouvel exemple absurde de l'écosystème aberrant dans lequel nous nous sommes enfermés et qui veut que la reproduction d'une autre espèce dépende à présent de nous. Les petits de la grue blanche élevés par des humains et que l'on doit accompagner en ULM pour leur apprendre le chemin migratoire, les pommiers de Chine qu'il faut désormais polliniser à la main. Et pourtant je me souviendrai toujours de ces saumons. Tout comme les enfants qui ont pris soin d'eux dans le cadre de leur projet pédagogique et qui, dans quelques années, les regarderont peut-être gravir à leur retour l'échelle à poissons. Peut-être que se retrouver prisonniers de cet écosystème est notre lot, non comme dieux mais comme compatriotes, là où les légendes d'ici nous ont toujours placés.

Nous trouvons un endroit où la rivière a formé un trou d'eau moins agité que le reste. Des araignées d'eau frôlent la surface. Je lève mon seau et Ulli le sien. J'ai le sentiment que nous devrions prononcer quelques mots, pour conférer à cet instant les apparences d'un petit rituel, mais je ne sais pas quoi dire. Alors nous nous contentons de les vider dans la rivière. Tandis que le liquide se déverse, les smolts se blottissent dans l'espace qui se réduit de plus en plus, jusqu'à ce qu'ils n'aient plus d'autre choix que de dégringoler à leur tour. Le monde devient plus vaste que ce qu'ils auraient jamais pu connaître. Il n'y a pas de transition, de moment de réflexion. Les voilà partis, emportés au loin par le courant. Cela ne peut pas se passer comme ça. Je suis pris de panique. Je trottine le long de la rive au rythme de l'onde. Il me semble en apercevoir un brièvement, plus en aval, en train de franchir un rapide, puis il n'y a plus que le son du bouillonnement des flots et ensuite plus rien du tout.

Je remonte la berge pour rejoindre Ulli et nous demeurons là, à côté de nos seaux vides. Dans cinq ou six ans, nous en reverrons peut-être un, s'il a eu beaucoup de chance. D'ici quelques minutes, ils seront catapultés hors des turbines du barrage. Un tiers d'entre eux n'y survivront pas et ce n'est que le début. Seul un 0,03 % de ces poissons a un petit espoir de revenir ici vivant. Nous remontons dans la voiture pour rentrer prendre un café à Whitehorse.

Il nous reste un dernier voyage à accomplir. Nous empruntons la Klondike Highway en direction du nord. Nous descendons au nord, comme on dit ici, c'est-à-dire dans le sens du fleuve. C'est la route de Dawson, que l'on peut atteindre en six heures de voiture. En canoë, c'est deux semaines. Les arbres sont jaune vif, aussi primaires que le ciel. Des familles garées au bord des lacs pour pique-niquer font griller de la viande au barbecue. La radio diffuse soit du rock soit de la country. Nous écoutons la musique jusqu'à ce que nous soyons trop loin. Nous croisons un flot continu de camping-cars qui partent hiverner sous des cieux plus cléments avant que les routes d'ici soient prises par les glaces. Au-dessus de nous, continuant leur migration vers le sud, les outardes calent leur vitesse sur la leur.

Le ruban d'asphalte se déroule, suivant le fleuve, épousant ses courbes, le quittant un moment avant de le retrouver, l'un et l'autre cherchant l'itinéraire le plus facile dans ce paysage. Ici une cabane, puis une centaine de kilomètres, et là une autre. À trois heures au nord de Whitehorse apparaît Carmacks, 500 habitants, notable uniquement parce que c'est la seule localité sur près de 500 kilomètres d'une route autrement déserte, et mémorable pour un hamburger que j'y ai mangé la première fois que j'étais venu avec mon canoë. À une demi-heure au nord de Carmacks, la Klondike Highway plonge dans une vallée, au fond de laquelle une bifurcation mène au camping de Tatchun Creek. Nous quittons la route pour nous engager sur le chemin d'accès. Quelques voitures et un camping-car sont disséminés parmi les arbres, et des feux de camp flamboient dans le crépuscule. C'est convivial, de camper avec d'autres. Il y a des chiens dans le camping-car, qui jappent après l'obscurité.

Tatchun, ou « dos de poisson » en vieil athabascan. Le ruisseau, peu profond et au cours rapide, prend sa source à Tatchun Lake pour se jeter dans le Yukon quelques centaines de mètres plus bas. Nous descendons le sentier qui aboutit au confluent. Je me souviens d'être venu ici et d'avoir regardé cet affluent au passage. Il y a deux canoës là-bas, à présent. C'était autrefois un important camp de pêche et un lieu d'échanges commerciaux pour les tribus des environs, ainsi que nous l'apprend un panneau informatif au bois fendillé et un peu moisi. Des fouilles ont permis de retrouver dans la région des lamelles pour outils vieilles de sept mille ans. « *Gyò* signifie “saumon chinook”, explique l'écriteau. *Tatchun* signifie “dos de poisson”. *Tachän Gyò Huch'än* signifie “le peuple qui voit le dos des saumons dans l'eau peu profonde”. » Aujourd'hui, il n'y a rien sur le site, hormis un van installé là pour économiser les douze dollars de camping, un séchoir à poissons qui est soit une reproduction soit une relique, et les vestiges d'une soirée de beuverie : verre brisé, mégots de cigarettes, papier d'aluminium carbonisé dans les résidus d'un feu.

Nous sommes ici pour rechercher des royaux. Je suis fébrile. Malgré mes quatre mois à pagayer, à évoquer chaque aspect de leur vie, mes quatre mois à les cuisiner, à les manger et à les retirer des filets, à les regarder être éviscérés, pantelants, le cœur toujours palpitant, avant d'être accrochés aux séchoirs ; oui, malgré tout cela, il me reste encore à voir un chinook adulte vraiment sauvage. Par là je veux dire préservé de l'interaction humaine et destiné à autre chose qu'à la consommation. J'ai vu des bips sur des sonars, j'ai vu des photos sur des iPhone et des boîtes de saumon en lamelles ou encore des lamelles de chair séchée. Et bien que ce soit par-dessus tout une histoire de relations, de la symbiose entre l'homme et le poisson, de l'empreinte que chacun laisse sur l'autre, il y a une partie de moi qui ne peut s'empêcher d'encourager les autres, ceux qui s'en sortent, qui échappent aux rets, ni vus ni connus, et qui reviennent.

Tatchun Creek reçoit quelques-uns des tout derniers poissons frayants de la saison. Al von Finster, un ancien ichtyobiologiste du Canadian Department of Fisheries and Oceans, désormais à la retraite, m'avait envoyé un e-mail dont le caractère d'imminence avait provoqué en moi un sentiment d'excitation et d'affolement. « Vous allez arriver à la fin de la montaison, avertissait-il, et elle peut se terminer TRÈS rapidement. Un jour il y aura du poisson, le lendemain plus du tout. Ça peut se jouer à un jour près. » Nous étions en septembre et c'était limite – Al en avait vu la semaine précédente. Chaque jour perdu à Whitehorse accroissait mon anxiété. « Emportez un fusil de gros calibre ou du répulsif à ours et n'y allez ni au crépuscule, ni à la nuit, ni à l'aube », conseillait-il encore.

Le lendemain matin, bien après l'aube, nous nous mettons en route. L'air est froid, transpercé par les rayons du soleil. Les berges sont hautes, un enchevêtrement d'arbres, d'arbrisseaux et de plantes, et les coudes n'offrent aucune visibilité. Les feuilles ne cessent de tomber, s'accrochant à la surface de l'onde. « Hé, l'ours ! » crions-nous avant chaque méandre pour ne pas risquer d'en effrayer un. Nous pourrions crier n'importe quoi, bien sûr, mais cette interjection-là nous semble appropriée. Notre espoir est que s'il y a toujours des plantigrades ici, et s'il y a des saumons, alors les premiers s'intéresseront beaucoup plus aux seconds et à leurs protéines riches et grasses qu'à nos produits de supermarché ou à nos petites personnes. La veille au soir, nous étions partis à la recherche d'un ours avec la voiture, tels des gamins qui mijotent un coup, enhardis par notre véhicule. Mais nous n'en avions pas trouvé ; j'en avais conçu à la fois de la déception et du soulagement. Comme ils aiment se nourrir au crépuscule, quand les saumons remontent en grand nombre, nous nous étions postés sur le chemin qui longe le promontoire en surplomb de la rivière, admirant le coucher de soleil pendant que nous attendions. Un martin-pêcheur avait piqué à plusieurs reprises vers la surface de l'eau en trajectoires rectilignes pour finalement ressortir avec un poisson dans son bec. Mais les ours n'étaient pas venus.

Les feuilles des épilobes en épi qui tapissent les rives sont maintenant rouge et rouille ; certains sont encore coiffés d'une ou deux fleurs, mais la plupart n'offrent plus que des tiges nues saupoudrées d'un nuage de graines semblable à de la barbe à papa. Le sablier de l'été achève de s'écouler. Il y a de nouveau eu un soupçon de givre sur la toile de tente ce matin. Plus déroutante encore que la lumière sans fin de la belle saison est la vitesse à laquelle l'automne s'installe à présent, comme s'il lançait un assaut, signant la sénescence rapide de l'été. Cette nuit, il y aura encore sept minutes d'obscurité supplémentaires par rapport à la nuit précédente. La température baisse de jour en jour. Les cynorrhodons accrochent la lumière faiblissante et commencent déjà à blettir sur leurs branches. Il pourrait neiger d'un jour à l'autre.

Au plus profond le ruisseau nous arrive à mi-cuisse, mais le courant est fort, l'eau froide, le fond meuble et glissant. Nous prenons appui sur des branches que nous avons coupées et avançons péniblement vers l'amont, tels des mimes imitant des voyageurs fatigués. Sur l'extérieur des courbes, là où le courant s'accélère, nous nous donnons le bras pour nous arrimer l'un à l'autre tout en accordant notre pas. Nous passons d'un banc de gravier à un autre, puis replongeons dans les flots. Je cherche les zones de frai, les endroits où le lit caillouteux est plus clairsemé, et notre postulat me paraît soudain insensé. Remonter vers l'amont, où les ours viennent peut-être se nourrir, patauger au milieu d'une rivière dans l'espoir de voir des poissons craintifs qui, selon toute probabilité, ont disparu depuis plusieurs jours. Des poissons qui auraient parcouru 2 400 kilomètres depuis l'océan pour se poser juste à mes pieds. L'absurdité de leur cycle de vie semble manifeste en cet instant. Comment *pourraient-ils* être ici ? *Juste ici* ? Au loin, j'entends le camping-car repartir.

Et alors j'en aperçois un.

Un éclair rouge glisse sur le lit de l'affluent. C'est une femelle qui, alarmée par notre présence pataude, abandonne la frayère pour s'engouffrer dans un bras mort en direction de l'amont. Sous la surface, ses contours sont flous, mais impossible de s'y tromper. Elle n'est pas grosse, mais elle est là. Nous nous arrêtons, puis nous nous asseyons à califourchon sur un chicot surgi des flots, les pieds hors de l'eau, et nous observons en silence. Ils sont *là*. Nous avons réduit un océan au lit d'une rivière et c'est là qu'ils se trouvent. Nous attendons.

Au bout d'un certain temps, elle revient prudemment dans le flux, puis louvoie pour l'affronter et retourne doucement vers son lieu de ponte en luttant contre l'eau afin de maintenir son équilibre. Elle reste en suspension, comme pantelante dans l'onde. Elle fait partie des un sur dix mille qui ont réussi. Je me demande si elle a une idée des chances qui étaient contre elle. Dans ce milieu liquide, quand elle bande ses muscles contre le courant elle miroite à la façon d'un vitrail. Ses mouvements sont empreints de calme et de détermination. Des mois durant, ces animaux ont ferraillé contre les flots, mais à présent le combat est équitable. Des mois durant, ce combat a été leur constante comme la gravité est la nôtre et, de même que notre effort perpétuel est tellement instinctif que nous ne nous en rendons pas compte, sans doute sont-ils eux aussi inconscients du leur jusqu'à ce qu'ils commencent à faiblir. Tandis qu'ils nous examinent à travers la surface, ils sont vraisemblablement stupéfaits que nous puissions passer toute notre existence en équilibre sur deux pieds. Quelle manifestation plus évidente de notre vieillissement que la première chute, la hanche cassée ? Et cette femelle, avec son corps flasque qui n'obéit plus à sa volonté, s'efforce de demeurer stable dans l'ondoiement tout en gardant sa progéniture près d'elle. Mais une altération soudaine du courant l'entraîne et son corps a perdu son instinct, sa force, ou sa faculté de réagir. Les flots l'emportent, la bringuebalent au fil de la rivière, la mer exerçant une fois encore son attraction. La femelle se rétablit, retrouve son équilibre et repart laborieusement à l'assaut du courant contraire. Forçant comme si elle nageait dans de la boue, elle regagne difficilement la zone de frai.

Elle finira par succomber. L'ardeur de l'eau à rejoindre l'océan aura raison d'elle et elle rendra les armes pour se renverser, le ventre en l'air. Elle dévalera la rivière, roulant sur les rochers, et basculera dans le Yukon, ou alors elle sera arrachée à son milieu et se décomposera, se dissoudra dans la terre, se fondra parmi les champignons et le paillis de feuilles. La saison se poursuivra sans elle. La glace commencera à s'insinuer discrètement. Lorsque tomberont les premiers flocons, elle ne sera guère plus qu'une épine dorsale.

Nous continuons à avancer. À chaque détour, j'ai la sensation que nous tentons le diable. C'est la peur palpable de l'inconnu, une émotion que je n'avais plus éprouvée depuis l'enfance, quand les monstres étaient réels. Chaque fois nous nous étions laissé dominer par ces instincts, mais là nous passons outre et poussons plus loin. Sur les rives gisent des saumons au ventre déchiqueté. Nous apercevons deux autres royaux sous l'onde, côte à côte, peut-être un couple. Encore un coude. Et maintenant la rivière forme un entrelacs, alimentée par des affluents qui se déversent de toutes parts, déboulant entre les ronces et serpentant autour des touradons. Des tapis d'herbes d'un brun foncé ploient sous le courant, mortes sous la surface. Les berges reculent et le cours d'eau s'élargit, offrant de larges échappées sur le ciel. Les arbres les plus proches sont tombés en grand nombre, éparpillés par le vent selon des angles improbables comme des baguettes de mikado, soutenus par les autres. Au-delà, l'eau inonde la forêt d'épicéas, dont aucun n'a survécu, leurs racines noyées, les aiguilles toujours sur les branches comme si elles avaient été pétrifiées sur-le-champ. Un pygargue à tête blanche observe la scène, perché sur la cime d'un des arbres. Brindilles ou rondins longs de un mètre sont empilés en une courbe sinueuse qui barre presque toute la largeur de la vallée et, après la digue de castors, le lac ainsi constitué est si profond qu'il paraît noir et sans fond, des écheveaux d'herbes se balançant dans la légère brise du courant. Au cours de toutes ces semaines de voyage, je n'ai presque rien vu qui ait aussi radicalement modifié le paysage. Quelques rares saumons tournent en rond dans ce gouffre de ténèbres. D'autres jonchent le haut-fond et se putréfient dans le sol.

L'eau est trop profonde pour que nous puissions aller plus avant. Je suis nerveux, j'ai la chair de poule et je suis prêt à rebrousser chemin. Nous regardons une dernière fois le panorama. Le firmament, la forêt, la rivière, les poissons. Au sud, les dernières hirondelles de l'année se dispersent en bourrasques au-dessus des montagnes telles les braises de l'été.

Et les œufs attendront le printemps sous le lit de la rivière, tous orphelins désormais.

REMERCIEMENTS

Il s'avère qu'une expédition dans l'une des contrées les moins densément peuplées de la planète requiert l'aide d'un nombre important de personnes.

Mille mercis aux sociétés qui nous ont fourni gracieusement le matériel nécessaire au voyage : Klean Kanteen pour les gourdes, Ocean Signal pour les radiobalises, Smidge pour les répulsifs, Varg pour une grande partie des vêtements et Frost River pour une tente particulièrement luxueuse. Kanoe People et Up North, de Whitehorse, se sont montrés très généreux de leur temps et de leur matériel. MSR, Big Agnes, Peak UK, Overboard et la cartothèque de Stanfords ont également été extrêmement précieux pour optimiser les limites du budget.

J'ai rencontré au cours de mon périple sur le fleuve un nombre incroyable de gens qui ont partagé avec moi leurs histoires, leurs pensées, leur temps, leur hospitalité et leur poisson, beaucoup plus que tous ceux que j'ai pu citer dans ce livre. Nombreux sont celles et ceux dont je n'ai jamais su le nom, mais merci à : Stephanie Quinn-Davidson, Mary-Elle Jarvis, Jan Conitz, Warren Kapaniuk, Lawrence Vano, Jesse Trerice, David Neufeld, Sandy Johnston, Chris Stark, Todd Brinkman, Karen Dunmall, Reed Morisky, Virgil Umphenhour, Scott et Robbie MacManus, Robert Neu, Gillian Rourke, la Première Nation des Tlingits de Teslin – notamment Bert Goodwin, Duane Aucoin, Madeleine Jackson, Bob Magill, Sandy Smarch et Richard Dewhurst –, la Première Nation des Tr'ondëk Hwëch'ins – en particulier Roberta Joseph, Peggy Kormendy, Debbie Nagano, Percy Henry, Angie Joseph-Rear et Julia Morbery –, Jody Beaumont, Tim Gerberding, Cor Guimand, Natasha Ayoub, Emmanuelle Gauthier, Kate Rorke, Andy Bassich, Rhonda Pitka, Cliff Adams (qui a disparu tragiquement sur le fleuve en mai 2017 avec son épouse Ai Nakjima-Adams), Paul Williams Sr, Richard Carroll, Mary Jackson et sa famille, Walter Chuck, Andrew Firmin, Joe, Jessica et Jason Burgess, Charlie Wright et sa famille, Stan Zuray, Steve O'Brien, les Campbell, Don et Annie Honnea, Delbert Mitchell III, Joey Katches et tout le monde à la colonie chrétienne de Kokrine Hills, Isky et Ed Sartin, Jenny Pelkola, Amy Graham, Ellie Stickman, Richard Burnham, Mike Maillelle, Tawnya Richardson, Kathy Chase, Connie, Bergen et Mary Demientieff ainsi que Mary Junior, Kyle Schumann et tout le monde au sonar de Pilot Station (merci pour nous avoir appris à jouer au cribbage, Dave), Donn Gallon, Janice Kelly, John Tinker et sa famille, Jack Schultheis, Jim Freidman, Judi Murdock et tout le monde chez Kwik'Pak, Lindsey, Tyrone et John, Max Ropner et la société New England Seafood, Jim Davis, Wouter Redelinghuys, Jenn Round, Mike Williams, Felix Flynn, Michael Cresswell, Ivan Ivan, Noah Okoviak et Samuel Jackson. Merci aussi à tous ceux qui nous ont aidés à préparer notre expédition avant notre départ : Jim Hamer, Dom Kawalec, Kirsty Porter, John Lengthorn et Rob Davis, sans oublier Jock Barge pour une balade en kayak de mer particulièrement mémorable.

Dans les cultures des Premières Nations et des Autochtones d'Alaska, les légendes sont traditionnellement transmises de manière orale et le travail de leur transcription à l'écrit n'a été entrepris qu'assez récemment. Toutes les personnes que j'ai rencontrées étaient averties que j'écrivais sur le chinook et elles ont décidé de partager avec moi leurs histoires. Merci à elles. Les histoires du jeu de ficelle et du poisson noir m'ont été contées par Grant Kashatok à Newtok, en 2013. Celle du Garçon-Saumon a plusieurs origines, mais la version qui figure ici est tirée de *Monuments in Cedar*, d'Edward L. Keithahn. L'histoire de Corbeau et de la rivière qui coule dans les deux sens provient de *Make Prayers to the Raven*, de Richard K. Nelson.

Il n'était pas dans mes intentions de fournir toutes les références du texte, mais il y a certains ouvrages sur lesquels je me suis davantage appuyé que d'autres pour ce qui est des informations et des idées qui ont façonné ma réflexion autour de ce voyage : *Salmon*, de Peter Coates, *Les Exilés de l'Éden*, de Hugh Brody, *Coming into the Country*, de John McPhee, *Yuuyaraq : The Way of the Human Being*, de Harold Napoleon, *Finding Our Way Home*, par le K'änächá Group, *The Fall of the Yukon Kings*, de Dan O'Neill, *The Last Breakup*, de Ted Genoways, *Carry On*, de Tim Attewell et *Rêves arctiques*, de Barry Lopez. *Paddling the Yukon River and its Tributaries*, de Dan MacLean, ainsi que les cartes de Mike et Gillian Rourke nous ont permis de parcourir le fleuve de bout en bout en toute sécurité.

À vous tous qui avez lu des extraits ou la totalité ou de multiples versions de mes brouillons et qui, ce faisant, avez dû supporter maintes discussions au sujet du saumon : Effie, Dan, Erin, Gerry, James, Gareth, Harry, Mike et Pete, sans oublier bien sûr papa et maman. À Pete Westley et à Al von Finster, pour avoir patiemment répondu aux innombrables questions que j'ai pu leur poser sur le saumon. Merci au Winston Churchill Memorial Trust, qui a financé le premier périple en Alaska en 2013, ainsi qu'à Jenny Rothenberg Gritz, qui travaillait alors au magazine *The Atlantic* et a fait paraître l'article original sur le procès des pêcheurs de la Kuskokwim River. Merci aussi à l'équipe de *Lacuna*, en particulier Andrew Williams et James Harrison, d'avoir publié nombre de mes premiers articles sur l'Alaska, de m'avoir présenté mon agent et, plus généralement, d'avoir permis au projet de décoller.

Mes remerciements à ma formidable équipe d'éditeurs : Helen Conford, Vanessa Mobley et Amanda Betts – votre travail patient et votre perspicacité ont transformé ce texte en un ouvrage beaucoup plus riche qu'il ne l'aurait sinon été. J'ai grandement apprécié votre dévouement et le temps que vous m'avez consacré pour faire avancer ma réflexion sur la façon d'écrire ce livre. Merci également à Margaret Stead, Shoaib Rokadiaya, Richard Duguid et Richard Mason, ainsi qu'aux équipes d'Allen Lane, de Little Brown et de Knopf Canada, d'avoir ordonné les choses et de m'avoir guidé pendant tout ce travail. Je remercie aussi l'équipe de Conville & Walsh, notamment Emma Finn, et j'adresse un énorme merci à Sophie Lambert, qui m'a aidé à développer ce qui, il y a quelques années, n'était encore que l'embryon d'une idée. Je ne pouvais rêver meilleur agent et soutien.

Certaines personnes se sont vraiment mises en quatre pour contribuer à la concrétisation de cette expédition. Merci à Beth Hamer pour toutes ces excursions en canoë et toutes ces discussions – je suis désolé de la manière dont les choses ont tourné et j'espère ardemment qu'il y aura un nouveau départ. Merci à Ben Stevens, Orville Huntington et Ann McKenzie, qui transportent canoës, gens et matériel dans tout le Canada et l'Alaska. À Peter Mather pour toute l'aide qu'il m'a apportée tandis que je mettais au point le projet, et aussi pour cette journée inoubliable sur la Takhini River. À Gale et Erik Vick, pour nous avoir invités chez vous et nous avoir accueillis si longtemps que vous avez dû vous demander si nous repartirions un jour. C'était exactement ce dont nous avions besoin après quatre mois sous une tente. Le voyage aurait été beaucoup plus difficile sans ton aide, Gale. Et à Hector et Miche, pour ces merveilleux repas et ces longues conversations – merci de nous avoir fait nous sentir comme chez nous à Whitehorse. Votre gentillesse, votre générosité et votre hospitalité ont été grandement appréciées et je suis impatient de vous rendre la pareille.

Merci enfin à Ulli. Pour ta présence, pour les souvenirs et pour avoir pêché tous les poissons. Pour toutes les nuits où tu t'es chargée des corvées du bivouac afin que je puisse écrire, et pour ton soutien sans faille pendant la préparation, les recherches et l'écriture de ce livre. Le résultat aurait été très différent si tu n'avais pas été là. Je suis si heureux de t'avoir à bord avec moi.

Composition : Nord Compo
Impression CPI Bussière en mars 2020
Éditions Albin Michel
22, rue Huyghens, 75014 Paris
www.albin.michel.fr
ISBN : 978-2-226-44323-6
N° d'édition : 23555/01 – N° d'impression : 2049672
Dépôt légal : avril 2020
Imprimé en France